重塑出行

自动驾驶时代的"出行即服务"

MASTERING MOBILITY-AS-A-SERVICE WITH SELF-DRIVING VEHICLES

INVENTING MOBILITY FOR ALL

［瑞士］安德烈亚斯·赫尔曼 （Andreas Herrmann）
［以色列］约翰·荣维尔斯 （Johann Jungwirth） 著

韩政 编译

中国科学技术出版社
·北 京·

This translation of Inventing Mobility for All by Andreas Herrmann, Johann Jungwirth is published under licence from Emerald Publishing Limited of Howard House, Wagon Lane, Bingley, West Yorkshire, BD16 1WA, United Kingdom, ISBN: 9781800431799
Simplified Chinese edition copyright © 2023 by China Science and Technology Press Co., Ltd.
All rights reserved.
北京市版权局著作权合同登记　图字：01-2023-5192。

图书在版编目（CIP）数据

重塑出行：自动驾驶时代的"出行即服务"/（瑞士）安德烈亚斯·赫尔曼（Andreas Herrmann），（以）约翰·荣维尔斯（Johann Jungwirth）著；韩政编译. — 北京：中国科学技术出版社，2023.12
书名原文：Inventing Mobility for All: Mastering Mobility-as-a-Service with Self-Driving Vehicles
ISBN 978-7-5236-0306-2

Ⅰ.①重… Ⅱ.①安… ②约… ③韩… Ⅲ.①汽车驾驶—自动驾驶系统 Ⅳ.① U463.61

中国国家版本馆 CIP 数据核字（2023）第 218022 号

策划编辑	杜凡如　何英娇	责任编辑	何英娇
封面设计	东合社·安宁	版式设计	蚂蚁设计
责任校对	吕传新	责任印制	李晓霖

出　　版	中国科学技术出版社
发　　行	中国科学技术出版社有限公司发行部
地　　址	北京市海淀区中关村南大街 16 号
邮　　编	100081
发行电话	010-62173865
传　　真	010-62173081
网　　址	http://www.cspbooks.com.cn

开　　本	710mm×1000mm　1/16
字　　数	261 千字
印　　张	23
版　　次	2023 年 12 月第 1 版
印　　次	2023 年 12 月第 1 次印刷
印　　刷	河北鹏润印刷有限公司
书　　号	ISBN 978-7-5236-0306-2/U·104
定　　价	89.00 元

（凡购买本社图书，如有缺页、倒页、脱页者，本社发行部负责调换）

序言一

出行是一个与我们所有人都相关的话题，也是我们日常生活的重要组成部分，例如上班、探亲访友、看医生，或者前往当地的图书馆、博物馆、体育馆。

出行是文明的胜利，也是城市化的根基。城市生活的本质是由我们可以使用的出行方式所决定的。一个城市的身份与它标志性的交通系统密不可分：伦敦的黑色出租车、东京的地铁、曼谷的嘟嘟车、孟买的三轮车、洛杉矶和达拉斯的高速公路。根据马克·吐温的说法，出行可以使人开阔眼界；此外，出行还使人们能够利用自身的经济潜力去实现自己的梦想。但是，出行的代价是否太高了？

安德烈亚斯·赫尔曼和约翰·荣维尔斯将带领我们踏上一场后疫情时代下的热门话题之旅，从个人、社会、技术和经济等角度展开对出行的讨论，并对全球各地正在形成的新的出行概念进行广泛且深入的探讨。

鉴于城市中出行成本的显著增长，交通堵塞、车位紧张、空气污染和交通事故等问题越发突出，简单地走"一切照旧"的道路是不可取的，进行系统性的变革则是不可避免的。在一个车辆共享、不同交通方式以数字方式连接和协调的系统中，交织自动化、智联化和电动化，这

重塑出行
自动驾驶时代的"出行即服务"

将有望为开发一个全面的解决方案提供技术基础。两位作者选择将他们的书命名为《重塑出行：自动驾驶时代的"出行即服务"》，也是希望能吸引更多的读者。

在通往这种新的出行方式的道路上，我们会遇到哪些经济和行为阻力？汽车工业是一个关键的经济因素，也是提供就业岗位的重要来源之一。一方面，向电动出行方向的转变正在创造新的就业机会；另一方面，它也使许多工作岗位面临淘汰——特别是供应商行业里的一些中小型企业。然而，汽车不也是身份的象征、快乐的源泉和我们不愿意与他人分享的安全港湾吗？人们真的准备好从个人主义的"游戏之城"到功利的"速度之城"的飞跃了吗？"15分钟城市"（15-minute city）的节奏与人类生活的自然节奏相吻合，这是我们许下的美好愿景，但要实现这个目标，每个人都需要付出诸多努力。在许多地方，这意味着实体基础设施的缩减，我们将与原有的日常出行习惯告别。

"出行即服务"是否具有经济意义？它是否会创造繁荣？到目前为止，还没有找到完全令人信服的商业模式，而汽车行业也正在衰退。显然，"出行即服务"只有在许多人都接受它的情况下才能成功，这主要是特大城市中千禧一代和数字原住民的情况，他们是与共享经济共同成长的一代。但是，那些生活在农村落后地区的人呢？新的出行方式在那里会是什么样子？它能有多大的经济效益呢？还有那些生活在大城市贫民窟里的人，他们无法充分使用当地的公共交通系统，只能接触到有限的工作机会和公共设施，新的出行方式在那又将是什么样的情况呢？

一个奖惩并施的系统可以是什么样子的？它应该既能让人们参与进来，激发他们的积极性，同时还能通过适当的政策和改进的基础设施，

序言一

引导他们完成系统性的转变。

本书包含了丰富的可行方案和未来创新实例,采用全球视角并面向国际读者,代表了乐观主义和批判主义之间一种巧妙的平衡。

克里斯托夫·沃尔夫(Christoph Wolff)
世界经济论坛执行委员会
"塑造未来交通出行"平台全球负责人

序言二

世界各地的人们都在抱怨交通拥堵和行程延误。当我们环顾四周时，我们所钟爱的出行方式似乎在许多地方都已经达到了极限：在非洲、亚洲以及拉丁美洲的部分地区，交通伤亡人数持续上升；在欧洲也是同样的情况，有太多人死于交通事故。"零伤亡愿景"（Vision Zero），即完全消除道路交通事故，要想实现这一目标，我们还有很长的路要走。此外，汽车尾气让世界上一些地区的人们不得不戴上防雾霾口罩。与此同时，每年都有越来越多的宝贵土地被占用，以应对日益增长的交通流量。还远不止这些，我们目前的出行方式也是导致气候危机的一个主要因素：大约有25%的二氧化碳排放是由交通部门产生的。

毫无疑问，如果我们想要克服上述挑战，我们将不得不重新考虑我们的出行方式。我们需要一场出行革命。在此，我们的主要挑战将是如何成功协调两个明显矛盾的目标。一方面，出行无疑是使人们能够找到工作和谋生的重要前提条件，没有出行人们就无法参与社会生活，文化、国家以及各个大陆之间也无法交流。因此，从根本上限制出行或全面提高出行成本是不可行的。

另一方面，如果我们不改变现状，人类、气候和环境将付出巨大代价。如果我们要实现《巴黎协定》中规定的目标，而不是给我们的子孙后代留下一个破碎的星球，我们就需要立刻采取行动。我们需要停止围绕交通来建设城市，而是塑造交通以满足人们未来的需求。试想一下：如今，一个城市大约三分之一的土地用于交通运输，这无法提高市民的生活质量，也无法打造出宜居的城市空间并提高城市的经济效率！

那么，我们该如何协调这两个目标呢？随着强大的本地公共交通服务、铁路网络和自行车交通的大规模扩张，该问题答案的关键词可以归纳为"电动化"、"智联化"、"自动驾驶"和"共享"。

在动力传动系统（drivetrain systems）方面，乘用车领域已成定局：在实现气候中和（climate neutrality）的道路上，几乎所有领先的汽车制造商都选择了电动汽车。与使用氢燃料电池以及有朝一日将使用合成燃料的以内燃机为动力的汽车相比，电动汽车的优势在于，它几乎可以直接利用绿色能源。在燃料转换的过程中，使用合成燃料的汽车所需的电量是电池驱动型汽车的5~6倍。而交通电气化（electrification）的关键因素是，我们能够成功地从可再生能源中产生足够的电力。可以说，出行革命也是能源革命，没有能源革命，出行革命就无法实现。

同时，我们还需要确保车辆间的相互连接以及车与基础设施的连接。例如，交通信号灯可以通知接近的车辆它们即将从绿色变为红色；然后，汽车将自动减速并在变绿时到达信号灯处；此时，它们会再次加速，而这个过程将有可能节省下大量的能源。自动驾驶将让交通出行有更进一步的改变：车辆会像一条整齐的串珠一样，在车流中行驶。而这个过程将是平稳的，不断制动的交通成为过去——这将对能源消耗和排放产生巨大影响。

这一切设想都很好。但从气候活动的角度考虑，只有我们说服越来越多的人进行拼车，自动驾驶才能真正发挥作用。试想一下：作为一个独立的模块，自动驾驶有一个经常被提及的风险，即它实际上会增加道路上的车辆数量。对于气候和我们自身而言，无论自动驾驶车辆是一辆可以行驶数英里[①]到达市中心停车场的运动型多功能车（SUV），还是一辆可以在市中心或交通不便的偏远地区运行的穿梭巴士，都会对世界产生很大的影响。如果我们可以通过顺风车服务和拼车服务更有效地使用车辆，我们将可以显著减少所需的出行次数以及道路上的车辆。这不仅会降低能源消耗，我们的城镇也会有更多的空间。

所有这一切都不会自行发生，推动出行革命向前发展需要正确的框架和智能催化剂。摆在我们面前的，是创造现代的、清洁的、安全的和负担得起的出行方式的机会。为了人类、环境和气候的利益，让我们最大限度地利用它。

策姆·奥兹德米尔（Cem Ozdemir）
德国议会交通和数字基础设施委员会主席

---

① 1英里约为1.61千米。

序言三

出行是成就感和自由的源泉。

我相信,这种自由与保护地球和创造更好的生活是密不可分的。对未来的汽车制造商来说,预测和构建未来的出行方式是一个真正的挑战。

新的共享出行服务(shared mobility services)的发展依赖于产业连续体(industrial continuum)。汽车原始设备制造商(OEMs)的本质是在持续理解消费者趋势和用途方面发挥领导作用,以提供最能满足现在和未来需求的运输服务。

近年来,得益于共享出行服务和微出行(micro mobility),出行的模式越来越多。如今,出行业务模式的多样化进程不断加速,预计到2035年,出行市场将增长60%。而在新的出行价值链中,车载智能系统是新的驱动力。

面对这一技术挑战,协作至关重要——不仅在大公司和政府机关之间,也在大学和研究中心之间。在塑造未来的出行方式时,我们需要一种生态系统的方法,而软件和算法将在其中起到主要作用。

因此,我们需要挑战自我,减少个人对气候和资源的影响,让出行对每个人来说都更包容、更安全。通过出行实现包容性,是该行业在未来几年想要实现的一个坚定目标,因为出行可能是造成不平等的根源,

重塑出行
自动驾驶时代的"出行即服务"

有时它甚至是人们在获得工作、参与培训或想长期保住一份工作时所必须克服的障碍。事实上，有 50% 的求职者表示，交通不便是他们无法参加培训或工作的根本原因。

为了实现一个更加可持续的未来，原始设备制造商需要塑造全新的出行解决方案和配套服务，以完善传统的汽车购买方案，并通过循环和共享经济促进资源利用。同时，它们必须始终将消费者、企业、运营商和地区的期望放在首位。

卢卡·德·梅奥（Luca De Meo）

雷诺集团首席执行官

前言

是什么驱使我们写一本关于"出行即服务"（Mobility-as-a-Service，简称 MaaS）的书？首先，我们关心以人为本的出行解决方案，这将决定 21 世纪的出行方式。当然，它也涉及技术，更确切地说，是与通过应用程序召唤的电动化（electric）、智联化（connected）以及自动驾驶（autonomous）的车辆有关。它涉及通过出行平台来控制自动驾驶私家车和公共汽车。同时，它也涉及将所有的公共汽车、私家车、火车以及各种形式的微型交通工具（Micro-Mobility）连接起来，并创造无缝交通（Seamless Transportation）。试想一下，在没有方向盘的情况下驾驶，那该是多么有趣？这种新型的出行方案，可以为我们的生活、通勤以及我们的交通出行带来一个全新的选择。我们可以重新定义出行的概念。

"出行即服务"这一概念的细节仍需完善，有些方面还比较模糊。尽管如此，我们依然需要踏上这条路，因为很少有其他方面能像电动化、智联化以及自动驾驶的车辆与其他交通方式的结合一样，给我们的生活带来这么大的改变。因此，现在是时候开启对"一键出行"（mobility at the push of a button）解决方案的探讨，并鼓励公众参与该话题的讨论，让这种出行方式带领我们走向更加美好的生活。

对笔者而言，参与这个话题的讨论让我们深受触动。对车辆、传

重塑出行
自动驾驶时代的"出行即服务"

感器、算法和出行平台的讨论只触及了问题的表面，探索"出行即服务"背后的一些故事则更令人感动。尤其是在世界各地的一些特大城市中，我们每天都能看到，出行是实现个人自由和个人发展的最重要的先决条件之一。通过按需出行（mobility on demand），我们能够以更快的速度、更便捷的方式把人们送到更远的目的地，人们将能够获得更好的工作机会和更高水平的薪资，并更好地掌控自己的生活。想想那些残障人士、老年人和儿童，在许多国家和城市，他们需要依靠外界的帮助才能获得参与社会生活的机会。在一些农村地区，年轻人基本都离开了，只留下了老人，商店也关门了，甚至像家庭医生这样的基本服务也不再提供了。通过自动驾驶汽车为人员、货物和服务提供更具包容性的"出行即服务"，至少可以解决现存的部分问题。

此外，还有一层利害关系。2015年12月，在巴黎举行的联合国气候变化大会上，197个国家签署了一项新的全球气候保护协定，旨在将全球平均温度限制在比工业化前时代低1.5摄氏度的范围内。实现这一目标意味着，要在21世纪下半叶实现全球碳中和（carbon neutrality），即产生的碳排放量不能超过森林和其他碳库所能封存的数量。因此，交通部门在实现碳中和目标方面必须发挥自己的作用。

对人类来说，节能减排的重要性不言而喻，众多例子都可以说明这一结论。例如，许多亚洲和非洲城市的人们，正面临着道路上激增的车辆所排放出的尾气的危害。并且许多大都市正在开展大型项目，旨在扩大交通基础设施，以应对不断增长的出行需求。当我们考虑到数以百万计在道路交通事故中死亡或受伤的行人、骑车人、驾驶员和乘客时，就无法回避真正的决定性问题：我们是否需要更好地组织我们的出行方

前　言

式？社会成本是否太高了？我们能负担得起这种更好的出行方式吗？为了回答这些问题，让我们继续这段旅程吧，沿着"出行即服务"的思路，看看这个全新的概念能给我们带来什么样的惊喜。

许多来自政界、商界和社会学界的教职员工、同事、专家以及领军人物为我们提供了思路和灵感，在此我们要感谢他们愿意分享他们的知识和经验。我们与克里斯·乌尔姆森（Chris Urmson）讨论了自动驾驶和智联驾驶（connected driving），与阿纳特·邦什蒂恩（Anat Bonshtien）共同探讨了以色列的新型出行产业，与金胜元（Seung Won Kim）讨论韩国"大邱智慧城市"，与策姆·奥兹德米尔（Cem Özdemir）一起探讨政府和社会即将面临的挑战，这些都是非常有意义的交谈。此外，衷心感谢来自爱墨瑞得（Emerald）出版社的尼尔·肯尼迪（Niall Kennedy）对本书的支持，他从一开始就是这个项目的热心支持者。

我们希望，这本书从多个角度阐释了这一主题，并有助于对"出行即服务"进行公开、诚实、多层次和细致的讨论。笔者对"出行即服务"的发展秉持着乐观的态度，我们真的渴望改变！我们相信，在"出行即服务"的世界中，电动化、智联化以及最重要的自动驾驶将改变我们的生活、我们的环境以及我们的社会。当然，关于"出行即服务"，我们也会有疑虑和担忧，这些也会在本书内容中做进一步阐述。

目录

第一部分 PART 1
出行，繁荣，环境

第一章 我们还能自由出行吗 003
旅行即教育 003

出行是个人的权利 008

第二章 社会繁荣与出行息息相关 012
纽约的通勤者 012

芝加哥的工人们 013

墨西哥城、圣保罗和瑞士 015

玛丽亚和奥莉维亚 018

福特公司和美国中产阶级 021

第三章 出行的社会成本 023
快乐与悲伤 023

车辆使用情况 025

交通堵塞 026

交通事故 028

排放 030

土地利用 033

如今的出行成本是多少 036

基础设施也要花钱 039

第四章 所有这些只是一个误会吗 041
关于汽车以及我们如何使用它们 041

不言而喻的真理——对汽车行业高管而言 044

001

第二部分 PART 2
走进城市

第五章 城市化 051
从农村到城市 051
城市正变得拥挤不堪 054
城市推动文明进步 058

第六章 城市交通拥堵加剧 060
汽车、道路和停车场 060
儿童与交通 063
关于城市的不同看法 064

第七章 城市正在进行反击 067
欧洲 067
亚洲与澳大利亚 069
北美 071
汽车禁行区 074
零伤亡愿景 075
C40 076

第八章 农村地区正在发生哪些转变 077
郊区城市化 077
乡村生活 080

第三部分 PART 3
汽车工业迎来巨变

第九章 供应链正在崩溃 087
增值服务的变化 087
变革的驱动力 092

第十章 自动化、电动化和智联化 095
自动化 095
电动化 104

目录

　　　　　　　　智联化　111

第十一章　齐心协力　117

　　　　　　　　通过共享减少车流量　117

　　　　　　　　我们真的想要共享吗　125

第四部分 PART 4
"出行即服务"的前景展望

第十二章　让出行更美好　131

　　　　　　　　出行即服务　131

　　　　　　　　新型出行方式可能存在的优点　136

　　　　　　　　关键点——共享　139

　　　　　　　　城市乌托邦　141

第十三章　万能的应用程序　144

　　　　　　　　应用程序——驾驶"出行即服务"的方向盘　144

　　　　　　　　应用程序的设计　150

　　　　　　　　选择应用程序还是方向盘　152

第十四章　价值链重塑　156

　　　　　　　　价值链的元素　156

　　　　　　　　出行的概念　162

第十五章　多式联运　166

　　　　　　　　它必须是无缝的　166

　　　　　　　　交通枢纽　172

第十六章　自动驾驶座舱和自动驾驶穿梭巴士　176

　　　　　　　　我们不一定需要真正"拥有一辆车"　176

　　　　　　　　配送服务　182

第十七章　该项目是否会盈利　187

重塑出行
自动驾驶时代的"出行即服务"

第十八章 "出行即服务"是对未来的赌注吗 191
　　选择全新的出行方式 191
　　新型商业模式 193
　　未来将会从哪里出发 197
　　"出行即服务"与新冠疫情 201

第五部分
PART 5
客户的需求是什么

第十九章 我们是否能如愿以偿 205
　　全球各地的希望和祝愿 205
　　我们应该和必须做的事情 208

第二十章 出行——以不同的方式 214
　　对"出行即服务"的期望 214
　　一个全新的虚拟世界 218
　　如何度过车上的时光 220

第六部分
PART 6
公司可以做什么以及需要做什么

第二十一章 对公司而言,哪些影响因素至关重要 225
　　出行作为社交活动的一种方式 226
　　思考机器 228
　　内饰是新的外观 231

第二十二章 急需一种商业模式 235
　　改变需要努力 235
　　这一切都取决于你的观点 237
　　在路上的自动驾驶座舱和自动驾驶穿梭巴士 239
　　生态系统是关键 243

目录

第七部分 PART 7　城市引领潮流

第二十三章　想法、项目和愿景　251

这都是有条件的　251

15 分钟城市　253

超级街区、开放街道和广场　255

全速前进的亚洲地区　257

微出行正在兴起　259

需要规则吗　263

第二十四章　还有另一种方式　266

一切都与激励有关　266

城市类型和交通概念　268

典型城市　269

模拟　271

方案　273

交通规划　276

结论　279

第八部分 PART 8　"出行即服务"的社会效益

第二十五章　就业与繁荣　283

"出行即服务"牵扯甚广　283

出行就是一切　286

第二十六章　多一点生活，少一点交通　289

更少的交通堵塞　289

更少的交通事故　291

更少的排放　294

更多的空间　295

005

第二十七章　重塑出行　299

　　还有一些工作要做　299

　　一座城市的自我迭代　302

　　包容性出行　303

第二十八章　新的地点，新的国家　306

第二十九章　怎样才能成功　310

　　多式联运，而不是各归各的　311

　　以人为中心进行设计，而不是以盈利为目的　311

　　采取激励措施，而不是禁令　312

　　使用，而不是拥有　312

　　以人为中心，而不是以汽车为中心　313

　　合作，而不是单打独斗　313

　　向前进，不后退　313

　　为了一个更美好的世界，而不是维持现状　314

　　参与，而不是不作为　315

　　人人享有出行权利　315

参考文献　317

后记　343

第一部分

PART 1

出行，繁荣，环境

第一章
我们还能自由出行吗

旅行即教育

"聪明的人认为,旅行即教育",歌德用这句话鼓励人们走出家门看世界,而不是枯坐在家中。许多伟大的作家和思想家都表达了类似的思想,特别是马克·吐温,他认为出行是"偏见、偏执和狭隘"最好的解药。他断言,出行会使人形成"更有维度,健康且善良的人生观"。而且最重要的是,出行能够带来快乐。关于出行,更多的是不断探索新事物,寻求更加广阔的天地,而不是仅仅满足于熟悉和近在咫尺的事物。19世纪德国诗人威廉·布施是这样来概括这种深意的:"所以,我的朋友,我要做的就是收拾行李,和你一起上路。"(Drum o Mensch sei weise,pack die Koffer und verreise.)[1]

很少有一些建议会被人们广泛遵循,但是也有例外——例如鼓励出行。当前,出行在我们的社会已十分重要。事实上,许多人甚至认为出

重塑出行
自动驾驶时代的"出行即服务"

行有助于帮助人们过上充满趣味且令人向往的充实生活。出行早已不再是简单的地点变化，它成了一种习惯，停滞在原地则是罕见。过去人们只有在一个特定的地方才能做的事情，现在却可以在任意地点进行：工作、冥想、上网、购物、打电话、看电视、独处、休息，出门在外有时甚至感觉就像在家一样。

尽管我们中的许多人都对出行充满热情，但我们也在日复一日中逐渐意识到，出行正在达到极限。由于这种旅行嗜好（wanderlust）对自然和人类造成了如此严重的破坏，一些人呼吁我们回到更慢、更悠闲的生活，他们认为我们已经带着不安走得太远了：人们漫无目的地从一个目的地奔向另一个目的地。人们开始反思永无止境的出行是否是必需的，而对这个问题的质疑已经在汽车禁行区（car-free zones）、空中旅行（air travel）和市中心停车位过多等相关议题的辩论中表现出来。当许多城市居民都因交通拥堵而倍感焦虑之时，人们真的需要亲自去到任何地方吗？

新冠病毒的流行不是向我们展示了一条完全不同的道路吗？即使我们足不出户，也可以做很多事情：视频会议软件 Zoom 和 Teams 使虚拟会议和线上旅行成为可能，单击一下即可环游世界。所以，你其实不必去任何地方！你可以做很多事情而无须到场。当然，这条道路也有另外一面：远程办公、幽闭症、害怕错过，在某些情况下甚至有被束缚的感觉，甚至患上"新冠抑郁症"。对于人们而言，出行的意义是否不仅仅在于从 A 地移动到 B 地？难道在旅程中就没有一些美丽的、使人开怀的、充实的甚至令人振奋的事物吗？当目的地不明确时，我们就不需要出行吗？长久停留在一个地方难道不也意味着一个人的止步不前吗？

第一部分
出行，繁荣，环境

　　想象一下童年的公路旅行，开车去意大利或国家公园度假，酷暑和拥挤的交通也阻挡不了我们对阳光、海滩、山脉的期待。在亚得里亚海沿岸或美丽的自然保护区，8 小时的路程，可以用来自由畅想即将在亚得里亚海岸或美丽的自然保护区度过的 14 天假期。汽车上载着的除了家人，还有你的想象力和充沛的情感。或者想象一下你下班后开车回家的情景，到达终点后，你独自一人，终于获得了平静——没有同事，没有电话，也没有待办事项清单。旅行是对不甘困囿于平淡沉闷的日常生活的逃离，它带我们迎接不同的风景和思想见地。就像对于热爱慢跑的运动者来说，他们更加关注运动的过程，而不是到达目的地才会产生幸福感。米哈里·齐克森米哈里（Mihaly Csikszentmihalyi）将这种感觉称为"心流"（flow），当我们像上述例子中描述的，将精神力完全投注在某项活动上时，这种感觉就会出现[2]。

　　当然，我们首要关注的问题仍然是尽可能快速地、便捷地、安全地到达目的地：去购物、去工作、去体育锻炼、去学校、去见客户或供应商……而这一切，都与高效出行密不可分。重要的不是旅程，而是你能快速便捷地到达目的地。但出行的意义远不止于此！出行不仅是一个人要去的地方，还包含他们的想法、梦想、愿望等。这种情况并非在每一次的出行中都会出现，但也时常可以看见。这就是为什么我们通常在到达目的地时感到高兴，但也同时感到空虚，直到我们决定下一步去哪里。我们每个人在人生的不同阶段都经历过这种感受。我们似乎是被到达某个地方的欲望驱使着，但当我们最终到达时，又会感到泄气。

　　出行的欲望不仅是指身体从一个地方移动到另一个地方，它更多的是想要不断向前迈进，真正在身体和精神层面都取得长足的进步。或许我们应该这样说：生命中的重要旅程出现时，不仅意味着体魄上的进步，而且也意味着精神上的进步。从这个角度来看，出行有两层含义[3]：一方面是个人的高效出行，另一方面是个人在情感、智力乃至精神层面上的进步。这告诉我们，怎样出行是一个非常重要的问题！它与运输方式的高效性以及人类进步都息息相关。本书中，笔者计划从这两个层面出发，对出行展开讨论。

让我们回到前文提到的一些顾虑点，即对人们渴望不断出行的担忧，以及出行对社会和环境的有害影响——包括全球气候变化。这些担忧会让人们重新对出行进行根本性的思考。许多人要求进行的转变包括减少甚至放弃物质享受，提倡回归自然和保护环境，以及结束充满压力的、仓促的和持续不断的出行。这将使生活节奏更加缓慢且从容，并且宜于沉思，人与故乡之间的联结也将更为紧密。当我们在出行问题上变得过度兴奋、过度投入时，这对我们有什么好处呢？答案是"放慢你的脚步吧"，让身心都慢下来，你会从生活中收获更多。

毫无疑问，今天我们对出行的批评，特别是对出行的组织方式的批评是合理且必要的。近年来，与出行相关的社会成本急剧攀升甚至超过预期，例如交通事故造成的各类损失，尾气排放对人体的危害，以及日益增长的道路空间和停车位需求。但这并不是谴责出行本身并消除它的理由。如我们前面所提到的，出行是最好的教育，它能开阔我们的视野，带给我们更多样的思考以及更平衡的世界观。

而且我们不应该忘记，出行创造了就业机会，为很多人带来了富裕的生活。它甚至可能是经济繁荣和社会稳定的决定性因素。因此，我们有必要从多角度对出行的未来展开讨论，从而让它变得更好。它不是一个零和博弈（zero-sum game），即要么放弃出行，要么污染环境。我们认为存在一个中间地带：人们可以去不同的地方旅游，去体验世界的美好。但我们也认为，我们需要一种新的、兼顾考虑环境因素的出行方式。

从政治地图就可以看出，出行是必要的。就像法国大革命初期那样，让政府屈服的不再只是人民生计，而是不合规的或者过于昂贵的出行方式。还记得在2014年的巴西以及在2019年的智利和厄瓜多尔发生的内乱吗？这些内乱都是由火车票或汽油价格上涨所引发的。除此之外，在苏丹、伊朗和海地，汽油价格的上涨也导致了内乱。仅在2019年，出行成本的急剧增加就导致了7个国家发生重大社会事件。想想每周六都在法国进行的"黄背心运动"吧！这场始于反对提高燃油税的草根运动，最终以削减所有税收、提高最低工资和养老金、对所有重要政治决策举行公投而告终。

这引发了两点思考：第一，我们必须改变我们的出行方式。许多对出行的负面作用的批评大同小异。毫无疑问，出行方式需要持久的改进：交通状况堪忧，特别是在一些特大城市中，我们很难继续容忍这种拥堵。第二，我们不能轻易放弃出行的权利。出行是将我们的社会凝聚在一起的黏合剂，它对个体的发展至关重要。出行是一种非常特殊的商品，是我们文明的标志。放弃出行将带来巨大的倒退，这是极端鲁莽的行为。这就是为什么本书有一个重要的目的，即重新思考出行，并勾勒出一种新型出行方式的轮廓——其唯一目的是确保我们在未来仍然可以出行，而不会破坏我们的地球。

所有这些想法的核心是将出行作为一种服务。是否拥有某一种出行工具——例如汽车，这并不重要。与之相反，智能地连接多种交通工具，如火车、汽车、电动滑板车和自行车，可以在许多方面改善出行。除此之外，更重要的是将自动驾驶车辆添加到组合当中，例如以自动驾驶座舱和自动驾驶穿梭巴士的形式出现。这将使出行变得更安全、更便宜、更方便，而且往往更快。但更重要的是，"出行即服务"将在大幅降低出行的社会成本方面发挥决定性作用，有利于减少交通拥堵和交通事故、道路和停车场用地紧张、噪声和空气污染等负面问题的产生。我们将在下文对这些问题展开详细讨论[4]。

需要明确的一点是，笔者无意劝阻人们放弃享受驾驶汽车的乐趣。我们也不是要寻找更多的禁令和法律来对个体进行限制，我们也无意遏制任何人对旅行和运动的热情。相反，我们鼓励出行。但是，我们的星球确实需要我们对当前的出行模式进行革新和优化——这种情况应该在所有人的意料之中。汽车发明于约140年之前，火车发明于约200年之前[5]，从那时起，世界就发生了根本性变化，现在我们却仍以大致相同的方式在使用这些交通工具。在未来，出行可以更加智能，可以变得更好。是时候踏上一段激动人心的旅程了！

—— 出行是个人的权利 ——

全世界约有10亿人患有某种残疾，这约占世界人口的15%[6]。他们大多生活在发展中国家，在那里，没有别人的帮助，通常无法从一个地方去往另一个地方。公共汽车和火车往往是无法到达的。因此，许多残疾人必须忍受贫困的生活，无法实现职业和个人的发展。这些国家的

第一部分
出行，繁荣，环境

许多残疾人没有机会接触教育、艺术和其他文化活动，仅仅是因为他们无法离开自己的家乡。贫困与残疾往往是相互关联的：贫困个体遭受残疾的风险更大，有残疾的人也更容易遭受贫困[7]。

关于残疾人如何更好地融入公共生活的讨论，往往集中在薪酬公平、全面的医疗保险、获得职业培训和工作机会等方面。这样的讨论往往忽略了一个事实，即提供便利的、可靠的和安全的出行方式也同样重要。一个惠及所有人的出行方式，可以为每个人提供职业机会，使人人都有一种自由、独立和融入社会的感觉。

让我们来听听两位权威人士对这个问题的看法。美国全国盲人联合会执行主任阿尼尔·刘易斯（Anil Lewis）将失明对其行动能力的影响描述如下："最糟糕的是我不得不放弃开车。在我失明之前，驾驶汽车会让我感到快乐。"美国联合脊柱协会的代表、轮椅使用者迈瑞欧·迪克森（Myreo Dixon）对出行有如下论述："这关乎独立、自信和自尊，所有这些都对残疾人的个人发展至关重要……"[8]

世界各地的研究反复描述了同样的情况：残疾人往往无法使用公共汽车和火车，原因可能是缺乏无障碍车辆，也可能是由于公共汽车站和火车站的结构性障碍。让我们把注意力转移到伦敦，从第一手考察资料来看，笔者可以确认，即使是优步（Uber）驾驶员也屡屡拒绝运送视障者。为什么呢？这是因为视障者并不总是能够准确描述自己的位置，因此往往很难被找到。这些视障者通常会有一只服务犬陪伴在身边，而这只服务犬也必须上车。这一切都很不方便，而且费时费力。

考虑到这些，世界各地有越来越多的声音呼吁将出行视为一项人权。这个想法并不新鲜：联合国《世界人权宣言》第 13 条将迁徙自由描述为每个人的基本权利，指出：

人人在各国境内有权自由迁徙及居住。人人有权离开任何国家，包括其本国在内，并有权返回他的国家。

这是一个明确的说法，但尚未得到普遍实践。

从第 13 条可以推断出每个人有基本的出行权。但这对许多人来说还远远不够。他们更进一步、更大胆地要求为每个人提供普遍的、基本的出行方式，即所有人（包括年轻人、老年人、病人和残疾人）都必须能够随时使用各种交通工具。这是本书作者共同的愿景：重塑出行。交通工具需要在设计上兼具包容性和无障碍性！这是一个机会平等的问题，每个人都应该得到公平的机会，我们不能让 10%~30% 的人（取决于国家和地区）依然无法自由出行。

不仅是残疾，社会处境也可能是一个几乎无法逾越的障碍。例如在新德里，除了最低的收入、最简陋的住房和最贫穷的生活方式，最糟糕的是人们被困在自己的城市里。他们中的许多人参与经济发展或社区生活的机会为零。他们买不起汽车票和火车票，出行对他们来说太过于昂贵。因此，他们也被排除在许多生活机会之外，无法到达城市其他地区的学校或工作场所。他们中的大多数人，一生都在自己的街区度过。

这一切都告诉我们：出行是让人们有机会获得工作和薪水，并增强其社会和专业进步能力的首要条件。公共汽车、火车、自行车和电动滑板车，当然还有最重要的汽车，这些交通工具使每个人有能力扩大自己的活动范围，能够去上学，进而获得专业技能，并实现个人发展的跃升。从这个角度来看，对社会来说，没有什么比提供有效的出行方式更为重要——我们的意思是，出行必须"真正有效"！换句话说，它必须

第一部分
出行，繁荣，环境

是安全的、可获得的、清洁的、可靠的和所有人都负担得起的。

让我们用一些给我们带来希望的消息来总结上述这些想法：东京的轻轨正在消除尽可能多的障碍，如台阶以及轮椅无法通行的出入口；班加罗尔政府正在努力通过提供票价极低的特殊公共汽车，为收入较低的人提供进入城市其他地区的机会；在墨西哥城，残疾人可以免费使用所有的快捷巴士；在爱沙尼亚，所有居民都可以免费搭乘公共巴士。

第二章
社会繁荣与出行息息相关

在当今的社会讨论中有一个很重要的观点，人们逐渐认识到，社会繁荣与出行息息相关。无论在城市还是农村，出行方式的改善都意味着人们可以获得更好的工作和更高的收入，同时还能降低失业风险。出行更加自由，人们就可扩大自己的活动半径和自身影响力，从而实现职业和个人的发展。如果这些论点成立，那么对于政府来说，确保能够提供可用的出行工具是非常重要的。从这个角度来看，交通政策也是社会层面的政策，即提供可靠的、负担得起的、安全的交通方式是一项十分重大的民生工程。现在让我们进一步讨论这个观点。

—— 纽约的通勤者 ——

我们先来看看纽约，对于这个特大城市中的居民来说，可靠、高效、安全的交通方式是摆脱贫困的好机会[1]。纽约大学的一项研究表明，私人和公共交通的可用性对实现社会繁荣做出的贡献是其他因素难以企及的。个人从居住地可以到达的工作岗位越多，他们在个人、职业和社会发展方面的选择就越自由。

根据这项研究，在纽约，搭乘公共交通工具通勤的人与开私家车通勤且不会遇到严重拥堵的那些人相比，他们的工作都同样顺利。处境最糟糕的是那些既没有汽车又不方便搭乘公共交通工具的人。这项研究对纽约市的177个社区进行了排名，排名依据是这些社区的居民在周一早上乘坐汽车或公共交通工具在一小时内可以到达的工作岗位个数。此外，该研究还调查了这些社区居民的收入和失业情况。

研究表明，排名最差的地区失业率非常高，同时平均收入也非常低。史坦顿岛的托滕维尔（Tottenville）、榆树公园（Elm Park）和安纳代尔（Annadale）社区的居民在周一早上的一小时通勤时间内只能接触到几万个工作机会。并且，他们中的许多人因为买不起车，而不得不面临着漫长而艰苦的通勤。久而久之，工作机会的匮乏加上交通不便，这些人在城市发展中被遗忘，因此成为最不幸的居民之一。相比之下，曼哈顿的南切尔西（South Chelsea）、东北中城（North-East Midtown）和南翠贝卡（South Tribeca）的居民拥有截然不同的就业机会。这些社区中的居民乘坐轨道交通或汽车，一小时能到达400多万个工作地点。

—— 芝加哥的工人们 ——

现在让我们去看看芝加哥。在这里，我们可以看到一个特别鲜明的例子，来帮助我们理解获得出行的机会与经济和个人发展之间的联系。这个位于密歇根湖畔的城市群占地超过2.8万平方千米，几乎与比利时一样大。芝加哥大都市区地域广阔，囊括了几十个郊区，而这些郊区与城市本身交织在一起。天黑后到达芝加哥奥黑尔机场的乘客会看到令人印象深刻的灯光阵列，一直延伸到远方。然而，这种郊区扩张所带来的后果是，大约有300万人生活在只能称之为"落后"的地区。其中最夸张的是芝加哥南部的库克县，那里的许多居民没有自己的汽车，几乎也没有任何公共交通工具，这让他们很难发展经济，也缺乏个人发展机会。这样的结果并不令人惊讶。许多居民没有接受过良好的教育，工作能力差，因此赚不到很多钱[2]——进而形成一个老生常谈的恶性循环。

研究芝加哥时，我们发现一种类似的情况频繁出现[3]：如果公共汽车和火车出现故障或运行不稳定，人们就无法去上班。因此一些公司将被迫削减生产——这种结果足够令人头痛！当火车运行出现故障时，一些上班族因迟到而失去工作是常有的事。然后，这个循环又开始了：申请职位，参加面试，找到工作，希望当地的交通系统能送你去上班。公共交通数量不足，运行得不到保障，某些路段时常出现故障，这对某些公司而言意味着大额支出，因为他们必须持续雇佣和培训新员工。这种持续的人员流动也会不断耗费公司的时间和金钱。虽然缺乏确切的数据，但一些公司认为，糟糕的公共交通可能会造成高达5%的营业损失。

对这种情况，我们或许还有一种解决方案。目前一些公司已联合购买公共汽车，并在居民区和工作地之间建立起了定期服务，穿梭巴士定期、准时地运行，便于员工的通勤，例如博世（Bosch）、苹果和谷歌都借此办法来留住他们的员工。麦当劳甚至在40多年后，将其总部从奥克布鲁克搬到了西环。为什么呢？因为以前的地点员工们太难到达，工作申请人数也因此减少了，但自从总部地点搬迁后，申请人数又有了回升。

第一部分
出行，繁荣，环境

墨西哥城、圣保罗和瑞士

一些街区由于道路网络或公共交通的不畅而被落在后面的情况不仅仅只在纽约市或芝加哥出现。尽可能多地建立与新兴地区的快速交通是非常重要的。以圣达菲为例，这是墨西哥城西部一个蓬勃发展的商业区。该地区分布了办公大楼、零售店和超市，以及3所大学校园和许多住宅。然而，由于当地公共汽车和铁路网络没有覆盖圣达菲，人们只能开车上下班。后果可想而知：道路拥堵，特别是在早上和晚上，伴随着许多交通事故和严重的空气污染，同时给员工们带来巨大的通勤压力，他们每天花在通勤上的时间长达6小时。

在圣保罗，据估计，每天的交通堵塞总长度达600千米。这意味着居民总是被迫根据当前的交通状况来计划他们的一天。在早晚高峰时段，道路完全堵塞。这也是农村人口在城市找工作会面临的一个问题：公共汽车很少按时运行，而且由于缺乏公共汽车道，公共汽车就像其他汽车一样陷入交通堵塞，这使得市中心和偏远地区之间很难建立安全可靠的通勤。由于市中心的高房租对许多人来说是负担不起的，所以公共汽车站设有临时的庇护所。由交通堵塞导致的结果是，求职者被困在城市里——他们可以进去，但不能再出来，也无法在城市里找到负担得起的住所。但如果交通在任何时候都能畅通无阻，人们就可以在市中心的工作地点和郊区的住宅之间通勤。这将使进城务工的人可以在市中心从事低薪工作，同时能在郊区找到负担得起的住房。由此可见：要想确保日益增长的城市化进程不会让许多满怀希望涌入城市的人们陷入苦难，运作良好的交通出行保障将是至关重要的。

重塑出行
自动驾驶时代的"出行即服务"

这一讨论也提出了一个有趣的观点：我们难道不应该开始更加持续地关注交通基础设施的有效运作问题吗？政府难道不应该尽其所能，确保居民能够在一小时的车程内乘坐小汽车、公共汽车或火车到达尽可能多的工作岗位吗？毫无疑问，正如图 2.1 中的数字所示，我们在公路和铁路上的投资已经非常巨大。按人均投资计算，瑞士排名第一，其次是中国、日本、美国和德国[4]。然而，中国仍在迅速加快对交通基础设施的建设。

	2019 年人均 GDP（以美元计）	2017 年人均在交通设施上的投资（以欧元计）
瑞士	82484	824
德国	46473	241
美国	62254	282
墨西哥	9862	32
印度	2098	16
中国	10522	455
日本	40256	356
土耳其	9151	97

图 2.1　交通基础设施投资

来源 经济合作与发展组织（OECD）2020 年数据。

第一部分

出行，繁荣，环境

近 10 年来，中国交通固定资产投资持续增长，投资总额从 2011 年的约 2.05 万亿元增长至 2020 年的 3.48 万亿元，累计增长超过 50%，年均增长 4.4%。大规模的交通固定资产投资，一方面有力支撑了综合交通基础设施网络的快速完善，为社会经济发展和民生改善奠定了坚实基础，另一方面作为全社会固定资产投资的重点领域，在"稳增长"中发挥了重要作用。截至"十三五"末，中国铁路营业里程达到 14.6 万千米，其中高铁营业里程达到 3.8 万千米；公路网总里程达到 519.8 万千米，其中高速公路里程 15.5 万千米；中国港口拥有生产用码头泊位 22893 个，内河航道通航里程 12.76 万千米；拥有民航机场 241 个，城市道路 49.3 万千米，总体已形成庞大的交通基础设施存量资产。"十三五"期间，中国铁路、公路、水运、民航和邮政分别占财政交通运输领域投入总规模的 15%、76%、3%、5% 和 1%。[1]

到目前为止，还没有研究从降低失业率和提高收入的角度来详细说明这些交通投资的好处，充其量只知道这些变量之间存在一般相关性。这并不意外，因为不仅只有交通基础设施，还有许多其他因素会影响失业率和收入。然而，有研究表明，纽约市所证实的交通出行和经济机会之间的联系，在许多其他城市和国家也存在。

密集和高效的铁路和公路网络将整个瑞士塑造为一个巨大的就业市场。无论你是住在伯尔尼、苏黎世、卢塞恩还是巴塞尔，你都可以在一小时内乘汽车或火车通勤到达其他城市。这创造了大量的就业机会，但如果没有这种高效的交通出行方式，这些机会就不会存在。每年每个居

---

[1] 资料来源：中国交通信息网。——译者注

民为此需要付出的成本约为 800 欧元。这种出色的交通基础设施实际上是该国经济成功的决定性因素。

无论如何，经济合作与发展组织（OECD）成员国平均都会将约 1% 的国内生产总值（GDP）用于失业福利，约 20% 用于其他社会服务。毫无疑问，这些数额相差巨大，而且各个国家的这些数字不容易比较。每个国家对其社会福利的定义和结构都不同。不过，无论你如何计算处理这些数字，图 2.1（见第 016 页）中所示的数字都不高，甚至可以说是很低。这表明，对交通基础设施的进一步投资可以减轻社会保障体系的负担[5]。尽管我们不能确切证明对交通出行进行更多的投资可以促进经济发展，但目前的信息已经证实：投资交通基础设施，为所有人创造出行机会，让人们接入交通网络，拓展他们的活动范围，以提升他们的职业和个人发展前景，这些投资最终都会得到回报，特别是对社会财政而言。

玛丽亚和奥莉维亚

所有支持运作良好的交通出行的论点最终都是关于人及其命运的。玛丽亚和奥莉维亚的故事向我们讲述了两个城市的人们痛苦的日常通勤，以及这些城市面临的日益严重的交通拥堵。这些案例清楚地表明，交通出行的不便不仅影响职业机会，而且还将影响相关人员的社会生活和家庭关系。交通出行不仅意味着从 A 地到 B 地，同时它还关乎个人生活和职业选择。

受美国交通项目的启发，自 20 世纪 60 年代以来，巴西圣保罗政府对其交通基础设施的扩建主要集中在汽车方面。然而，这座城市拥有欧

第一部分

出行，繁荣，环境

洲的城市结构，与美国其他城市不同，它的人口密度一直很高。一个有效的公共交通系统所需的铁路网络被完全忽视的后果是：噪声污染、尾气排放和单一的汽车交通。任何买不起汽车的居民都要依靠公共汽车服务，但公共汽车也会遇到交通拥堵。这导致居民平均的出行时间大约需要 93 分钟，其中 95% 以上的旅程都要超过两小时[6]。

像圣保罗的 2100 万居民中的大多数人一样，玛丽亚负担不起住在市中心的费用，因而她住在伊塔卡克塞图巴（Itaquaquecetuba）的郊区，由于大都市地区的庞大规模，这里距离市中心有 50 多千米远。由于公共交通效率低下，像许多人一样，玛丽亚有时需要花上 4 小时的时间通勤。在 14 岁离开学校后，她先是在路边卖软饮料，之后又换了一份工作。女儿出生后，她曾尝试数次想要去完成学业，但耗费在公共汽车和火车上的漫长通勤使得这难以实现。

"公共交通是如此糟糕，以至于人们一有钱就会第一时间给自己买一辆车。人们希望这将为他们的生活带来新的机会——只要他们不像其他人一样最终陷入交通堵塞。"玛丽亚在采访中说道。

现在，她每天早上都会在 7 点前到达公共汽车站。有时她会在那里等上 10 分钟，甚至 30 分钟，因为没有确切的公共汽车时间表。如果公共汽车太满或者没有按时出现，她就得等下一辆，而这样上班也就迟到了。8 点 30 分，公共汽车到达布拉斯（Brás）郊区，玛丽亚一下车就被卷入了前往地铁站的拥挤人群里。几分钟后，她终于来到了站台上，但前两趟列车已经满员，只有几个人可以挤进去。"车上真的挤满了人，而且由于没有单独的女性车厢，我曾遭遇过多次的性骚扰。"玛丽亚说，"因为我是黑人，时常能听见周遭猥亵的言论。但这些侵犯人身的事件很少被报道出来。这对女性来说是非常糟糕的事,但一旦走下车,她们就选择忘记这件事。反正警察也只会嘲笑我们。"

玛丽亚挤上了第三趟列车,如果她所有的换乘都顺利的话,她会在两小时后到达公司。伊塔卡克塞图巴有 30 万人口,但没有足够的就业机会。"所有高薪的工作都在圣保罗的市中心。"玛丽亚说,她目前在检察官办公室做一名薪水很低的实习生。此外,每个月有一个周末,她需要在一家美发店上两个 12 小时的轮班,因为她迫切需要这些钱来养她的女儿。休息的时候,她会在夜校上课,这是一门法律方面的继续教育课程,每个工作日的下午 6 点到晚上 10 点是上课时间。在这之后,精疲力竭的她会踏上回家的旅程,幸运的是,她能在午夜时分到家。她会立刻上床睡觉,因为闹钟很快就会再次响起,而这预示着又一次前往圣保罗市中心的通勤的开始[7]。

美国的洛杉矶时常发生交通拥堵,每个上班族每年都要在交通拥堵中花费许多时间,同时私家车尾气排放也造成了大量的环境污染[6]。公共交通也受到影响,因为公共汽车和私家车被堵在同一车道上。由于道路拥堵,公共汽车经常不能按时抵达规定的站点,导致许多上班族错过转车时间,进而上班迟到。无论你在哪里,都能看到同样的故事不断上演。造成这种交通拥堵的原因众所周知:在洛杉矶周围的农村地区没有足够的工作机会,而且农村地区的工资通常比城市低得多,而大多数人又负担不起市中心急剧上涨的房租。

这就是为什么住在距离洛杉矶 150 千米的郊区赫米特(Hemet)的奥莉维亚每天早上 3 点起床,这样她就可以在 3 点 30 分出门。她开车去火车站,然后在 4 点前赶上火车,并在 7 点到达洛杉矶的联合车站。

第一部分
出行，繁荣，环境

在搭乘20分钟地铁后，她会在7点30分左右到达办公室。这标志着一个长达9小时的工作日的开始，然后她要到晚上8点30分左右才能回家。在向孩子们道了晚安后，她就直接上床睡觉了，因为过不了多久闹钟就会再次响起。

奥莉维亚忍受了这一切，因为她在城里当秘书的收入比在郊区的公司要高。即使把她的通勤费用考虑在内，市中心的工资也更有吸引力。她在赫米特只需支付800美元的房租；而在洛杉矶市中心，她必须花费比其高3倍甚至4倍的房租。此外，在洛杉矶所需要支出的孩子的学费和家庭的医疗费用几乎是她无法承受的。她一次又一次地考虑，驾驶汽车是否会大大减少她在通勤中花费的时间。然而，这样一来，她就有可能被堵在路上，上班迟到，还可能失去工作。虽然奥莉维亚错过了大量与孩子相处的时间，但她能够留出一些钱来支付他们上大学的费用，从而为他们提供更好的未来[8]。

福特公司和美国中产阶级

我们可以讲述许多类似的故事，比如来自广州的俊，来自开罗的纳菲，来自伊斯坦布尔的米雷，或者来自布宜诺斯艾利斯的劳塔罗。所有这些故事的共同点是：汽车在让人们工作和实现繁荣方面起着决定性的作用，只要它能最终把人们带到目的地。然而在交通堵塞的情况下，汽车也无能为力。此外，还有一个特别的故事。在1914年1月的严寒中，成千上万的人在底特律福特工厂的大门口排队。亨利·福特为一个8小时的班次提供每天5美元的工资，这比当时的平均工资要多出3美元。在那之前，工人总是经常离职，公司必须时常培训新来的工人如何工作，而且工人还时常犯错误。亨利·福特希望员工不会那么快离开公司，他的计划成功了：高工资让他留住了工人。这反过来又让工人越来越熟练地掌握工作技能，并最终导致生产力的巨大提高[9]。

亨利·福特利用生产率的提高逐步降低了T型车的价格，从1909年的825美元降至1923年的364美元，共计降低了56%。一方面是工资上涨，另一方面是物价下跌，在20世纪10年代和20年代，美国出现了一个全新的社会阶层，即备受吹捧的中产阶级。这些人收入不错，而且汽车价格下跌，他们也能买得起汽车。到1927年，T型车被A型车取代时，大约2750万个美国家庭至少拥有一辆汽车。这对社会来说是多么大的成就啊！

从这个角度来看，汽车不仅是个人的出行工具，它在推动我们都特别引以为豪的社会阶层的发展方面也发挥了至关重要的作用。中产阶级构成了全世界的社会支柱和经济支柱，甚至可以说是将社会凝聚在一起的黏合剂。如果没有汽车，它可能永远不会像现在这样出现，但我们也无法确定是否会有不同的发展。无论如何，可以说汽车在塑造社会阶层以及促进经济和社会进步方面都发挥了关键作用[10]。本章中对它的赞美之词已经足够多了，在下一章中，我们将进一步探讨现代交通出行所带来的社会成本。

第三章
出行的社会成本

快乐与悲伤

驾驶汽车对世界各地的许多人来说都具有特殊意义。笔者还记得那些我们迫不及待地想要年满18岁拿到驾照的日子。这种对汽车的迷恋可以轻易地从过去120年里汽车销量的增长中看出。1900年，全球共售出约1万辆汽车；1920年，这个数字已经达到了100万。到了1950年，汽车销量已经突破了1000万大关。预计2020年汽车销量将超过1亿辆，收入约为2.5万亿美元[1]。虽然新冠疫情抑制了这一增长，但市场肯定会再次复苏。

在许多国家，车辆不仅用于运输，而且还具有特殊的情感和象征意义。它反映了车辆持有者的个性，同时还彰显着他们的社会地位及身份认同。似乎许多人的梦想和抱负都体现在他们的汽车上，这促使他们在近几十年里愿意在汽车上花费大量的金钱。几乎没有任何其他产品能

重塑出行
自动驾驶时代的"出行即服务"

像汽车一样，恰如其分地传达你对生活的态度，提升你的自尊心，让你能怡然自得地面对他人的嫉妒和怨恨。而现在，有人说要放弃汽车所有权，这的确是一个雄心勃勃的目标！

毫无疑问，驾驶汽车是一种乐趣：乘坐敞篷车穿过蜿蜒的阿尔卑斯山，或者驾驶跑车在高速公路上疾驰。但这种经历也有另一面，开车也可能是乏味和折磨人的，而且还要考虑噪声和尾气排放等负面影响。人口的快速增长和对出行永不满足的渴望加剧了交通拥堵、空气污染、噪声、超建空间以及急剧增加的交通事故的数量，这一现象在亚洲和非洲尤为突出。

"出行即服务"，即从拥有车辆转变为拥有交通服务，通过一体化交通出行和一站式服务，改善市民公共出行体验——这种方式能否对现存问题有所帮助？通过这种方式，至少其中的一些问题可以得到解决。也许不是一次性完成，但确实可以一步一步加以解决。但在我们将目光转向这些问题的解决方案之前，我们应该查看当前交通出行的一些数据。在这一领域已经进行了许多研究，每项研究得出的数字都略有不同。这也难怪，出行数据需要花费大量时间和精力来收集，为了分析经济影响，特别是交通拥堵的经济影响，我们必须做出大量的假设并进行复杂的计算。在这里讨论所有这些相关的研究很快就会模糊我们对总体情况的看法。因此，下面将只列出几个重要的数字用以说明出行的社会成本[2]。

第一部分
出行，繁荣，环境

── 车辆使用情况 ──

拥有一辆车仍然是许多人的首要目标。有些人不满足于只有一辆车，而是拥有好几辆。虽然发达国家的汽车销售正逐渐达到饱和点，但发展中国家的数百万人仍然渴望拥有自己的汽车。因此，全球约有 12 亿辆尚在使用中的汽车也就不足为奇了。其中平均每一辆车每年行驶里程超过 1.3 万千米，这加起来每年约有 16 万亿千米[3]。这是一个令人难以置信的距离，它相当于从地球开车到月球 4200 万次。

但在被热情冲昏头脑之前，我们应该考虑一下这些车辆的实际使用情况。有两点特别突出，平均而言，车辆在 24 小时内仅行驶了 55 分钟，这根本不算什么：余下时间里它们只是被停放在一旁。然后是产能利用效率低下的问题：即使在高峰时段，我们也会看到一辆接一辆的汽车的大部分座位都是空的，每辆车上通常只有一个人。实际上，在高峰时段，每辆车的平均载客量仅为 1.5 人，然而这些驾驶员每年却要花相当多的时间在车辆驾驶上，总计约 4000 亿小时。如果加上乘客，人们每年花在汽车上的时间是 6000 亿小时。

让我们以一个国家为例来算算账：在德国，登记在册的汽车有 4770 万辆，其中大多数是 5 座车。如前所述，每辆车使用 55 分钟。车内有 1.5 人，平均利用率为 1.1%〔（55 分钟 × 1.5 人）/（24 小时 × 5 人）〕。因此，在大约 2.385 亿个汽车座位（4770 万辆汽车 × 5 个座位）中，平均只有 260 万个座位得到了有效利用，大约有 2.36 亿个座位被闲置并占用了巨大的空间。即使在早晚高峰时段，德国的车辆使用率也不到 50%。很明显，出行可以被设计得更为高效。

但众多的铁路运营商，特别是中欧和亚洲工业化国家的运营商，在这方面做得并不好：大多数火车的载客率都不到50%。例如，如果我们看一下瑞士联邦铁路，这里载客率的平均水平仅略高于30%。在新冠疫情期间，这个数字甚至更低。在高峰时段之外，许多火车几乎空无一人，载客率远低于20%。我们的火车和汽车上有太多的座位，它们既花钱又占用空间。同时，我们也难以忘记在巴西、印度、墨西哥、菲律宾和其他发展中国家，火车上摩肩接踵、人满为患的场景，但这也是另一个不争的事实。

交通堵塞

特别是在美国，交通堵塞是一场噩梦，交通状况每况愈下，问题日益严峻。总的来说，在2019年，美国通勤者因交通拥堵损失了约65亿小时，平均每人约99小时。排在榜首的是波士顿的居民，损失时间为149小时，其次是芝加哥和费城的居民，纽约、洛杉矶和其他城市紧随其后。但这些情况可能还不是最糟糕的：哥伦比亚的波哥大是世界上最拥堵的城市。在2019年，通勤者的车辆因交通拥堵停滞了约191小时，紧随波哥大之后的是里约热内卢、墨西哥城和伊斯坦布尔；此外，欧洲城市罗马、巴黎和伦敦也不甘落后。2019年，波哥大汽车行驶的平均速度约为每小时15千米[4]。相较之下，在其他交通堵塞的城市中，驾驶员的移动速度也并没有快多少。从这个意义上说，骑自行车或电动滑板车反而更快！

造成这种情况的原因有很多：公共交通系统不堪重负，如波哥大；

第一部分
出行，繁荣，环境

海洋和山脉使得交通基础设施难以发展，如里约或伊斯坦布尔；私家车迅速增加，如墨西哥城；而且几乎所有这些城市都不鼓励车辆共享。除此之外，糟糕的道路和混乱的十字路口导致了如此多的严重事故，更不用说骑自行车的人、行人、卡车和汽车都挤在同一条车道上。洛杉矶周围的主要交通干线特别容易发生交通拥堵，尤其是美国101国道和5号州际公路。在高峰时段，驾驶员必须为行程预留出大约80分钟的时间。华盛顿特区周围的通勤者必须忍受类似的行程延误，特别是在往返邻近的弗吉尼亚州和马里兰州的主要路线上。

许多研究都致力于探讨这样一个问题，即这些交通拥堵实际上给我们造成了多少损失，但这很难找到答案。一些研究着眼于人们在车内所浪费的时间，另一些研究着重关注被浪费的燃料，还有一些则对环境的影响和货物交付的延误进行追踪研究。英瑞克斯公司（Inrix）发布的《全球交通记分卡》（Global Traffic Scorecard）关注的是"停滞时间"（dead time）的价值，即在交通拥堵期间浪费在车内的时间。根据这一衡量标准，2019年美国因交通拥堵而造成的损失约为880亿美元，人均损失约1400美元。其他研究，如得克萨斯农工大学（Texas A&M University）发布的《城市出行记分卡》（Urban Mobility Scorecard），甚至认为损失将高达2000亿美元[5]。但让我们再回到英瑞克斯公司发布的《全球交通记分卡》，它指出，在2019年，德国与交通拥堵相关的成本为28亿欧元，英国则高达52亿英镑。德国的通勤者只在交通拥堵中耽搁了46小时，而英国的通勤者不得不忍受平均115小时的交通拥堵。正如人们所预料的那样，伦敦、贝尔法斯特（Belfast）、慕尼黑和柏林的居民必须对道路的拥堵有足够的包容。

重塑出行
自动驾驶时代的"出行即服务"

── 交通事故 ──

2019 年，全世界约有 130 万人死于道路交通事故。其中，大约 40 万是汽车乘客，4 万是骑自行车的人，38 万是骑摩托车的人，31 万是行人[6]。虽然欧洲的道路被认为是世界上最安全的道路之一，但每年仍有 2.55 万人死于道路交通事故。在美国，每年有近 4 万人死于交通事故；在中国，这个数字约为 25.7 万。大约 90% 的交通死亡事故发生在发展中国家和新兴国家，尽管这些国家的注册车辆还不到全球的一半。特别是在非洲和亚洲，经济的快速增长同时也带来了机动车辆数量的大幅增加，也因此每年有越来越多的人死于交通事故。在其中一些国家，交通事故甚至是 30 岁以下人群最常见的死亡原因。

在所有道路交通死亡事故中，约有 27% 是行人和骑自行车的人。这两个群体在非洲、亚洲、中美洲和南美洲面临的危险尤为严重。为什么呢？这是由于那些地方的基础设施很薄弱，人行道和自行车道较少，孩子们在上学路上必须穿过繁忙的多车道，或者选择在交通拥挤的高峰时段骑自行车上学。因此，毫不意外，在泰国、喀麦隆和委内瑞拉等国家，2019 年每 10 万名居民中就有 30 多人死于交通事故。而在瑞士、挪威、德国和瑞典，这个数字仅为 2~4 人。美国、波兰、巴西和墨西哥排位居中，每 10 万名居民中有 9~19 人死于交通事故。在中国，2022 年道路交通事故万车死亡人数为 1.46 人。①

除此之外，每年约有 5000 万人遭受轻伤或重伤，即使提供了最好

---

① 资料来源：中国国家统计局。——译者注

第一部分
出行，繁荣，环境

的医疗服务，但已然产生的生理或心理上的损害往往是持久且难以磨灭的。每一个冰冷的数字背后，都隐藏着一场本应避免的人间悲剧。出于对上述情况的深切忧虑，2010年的联合国大会上通过了一项决议，宣布正式启动"道路安全十年行动"（Decade of Action for Road Safety）[7]。然而，到目前为止，这种做法收效甚微：道路交通事故和伤亡的人数仍在不断上升。

无论你走到哪里，导致事故的都是相同的不安全行为：驾驶员在开车时玩手机或打电话，超速行驶，被乘客分散注意力，行驶时受到酒精、药物或毒品的影响，开车时未系安全带，未让孩子坐在合适的安全座椅上。以骑摩托车和自行车的人为例，他们通常不戴头盔。然而，迄今为止，很少有国家改变其法律来解决这些风险因素中的任何一个。这意味着，世界上一些国家，在颁布交通法规时仍未贯彻落实最新的道路安全理念，而这些国家居住着世界上90%以上的人口。而在现代法律更加完备的一些地方，往往缺乏执行这些法律的资源。

在美国，道路上的死伤者还包括越来越多的骑摩托车的人、骑自行车的人和行人。这就是为什么多年来，美国高速公路安全管理局（NHTSA）一直在大力推动在车辆上安装更多的驾驶辅助系统（Driver Assistance Systems）。这个系统具体包括车道稳定系统（Lane Keeping Assist）和制动辅助系统（Brake Assist System），以及所有可以检测其他道路使用者的传感器。美国高速公路安全管理局估计，这种驾驶辅助系统已经在美国防止了超过40万起交通死亡事故的发生[8]。但是，由于其中许多功能仅作为可选功能提供，因此它们通常只在高档车中才能找到。另外，自动驾驶座舱和自动驾驶穿梭巴士甚至装备了比上述这些更完备的安全系统及传感器。这是"出行即服务"的一个巨大优势!

这里笔者想引用一个很有说服力的轶事来作为本节的结束。在继续教育课程中,如果学员认为自己的驾驶水平明显高于平均水平,我们会要求学员举手。将会发生什么呢?没错,每个人都会举手。这就指出了问题所在:我们倾向于高估自己的能力。我们的自我形象与现实形成了鲜明的对比。毕竟,根据对我们所关注国家的调查,90%~95% 的事故都可归因于人为错误。问题不在于车辆,而在于方向盘前的人。让我们行动起来吧,利用所有的可用技术让交通出行变得更加安全!

—— 排放 ——

2019 年 11 月 3 日星期日,在新德里,印度教徒穿着五颜六色的多蒂斯和纱丽(传统服饰),庆祝太阳神节(Chhath Puja Festival)的结束,向他们信仰的太阳神致敬。但是厚厚的空气污染层让人们甚至看不到城市上空的太阳,可见度只有 200 米。这些画面令人痛心:许多儿童和老人患有呼吸系统疾病;一些人感到眼睛刺痛;太阳再也无法穿透雾霾的面纱,那漫射而朦胧的光线令人恐惧。因此,市政府宣布进入紧急状态。次日,所有学校继续停课,所有车辆禁止上路,全市各个建筑工地都停止了施工。大都会政府负责人在推特上发布了关于"难以忍受的空气污染"的推文。

类似的场景在其他城市也经常上演,特别是在亚洲和非洲。或许情势并不会一直如此严峻,但严重的空气污染足以危及居民的健康。世界卫生组织报告称,90% 的人受到空气污染的影响,每年约有 400 万人

第一部分
出行，繁荣，环境

因此而死亡[9]。显然，并非所有的排放都来自车辆——它们也来自许多供暖系统、燃煤发电厂、垃圾焚烧厂、钢铁厂、水泥厂……让我们看一些数字[10]：在全球范围内，2019年仅部分交通工具（包括汽车、火车、飞机、轮船和微型交通工具）就排放了超过80亿吨的二氧化碳，约占所有二氧化碳排放量的25%。2000年，这个数字达到58亿吨。10年后，这个数字已经攀升到70亿吨。这不能完全归咎于汽车，但运输部门约70%的排放确实是由道路交通产生的。

最新研究表明，将近20%的温室气体排放，主要是二氧化碳，仅来自100个城市[11]。位居榜首的是首尔，纽约、洛杉矶、新加坡、芝加哥、利雅得和迪拜等城市紧随其后。在接受调查的187个国家中，研究人员发现总排放量占全国排放量25%以上的始终是前三大都市区。这指向了一个潜在的方案：减少排放首先需要市长和市政府合作，而不是与国家政府合作。因为前者通常更灵活，拥有更多的可支配财政资源。此外，多数关于发展交通工具、基础设施和土地使用的决定权都掌握在他们手中。相比之下，各国政府往往行动迟缓，众多政治层面的束缚让他们无法就重大而深远的交通政策做出决定。

除了二氧化碳排放，我们还应该关注日益严重的颗粒物污染（PM Pollution）。颗粒物包含微小的烟尘颗粒，它们可以通过肺部进入血液，引起呼吸道炎症、血栓和心脏问题。PM2.5监测标准被用来衡量细颗粒物污染。根据该标准，PM2.5指大气中直径小于或等于2.5微米的颗粒物。基于此，世界卫生组织将年平均PM2.5污染的阈值定义为不超过10微克/立方米。2019年11月初，在PM污染最严重的城市新德里测得的数值为900微克/立方米。在一年中的大部分时间里，这个数值都在100微克/立方米左右。紧随新德里之后的是达卡、雅加达和许多其他非洲及亚洲城市。同样地，这些现象并不完全是由交通出行引起的，但交通出行确实是其中的一个因素[12]。

另一种对人类和环境特别有害的排放是氮氧化物。它来自发动机释放到大气中的一氧化氮。然后一氧化氮与空气中的氧气会反应形成有毒的二氧化氮，二氧化氮会破坏人体黏膜，引起呼吸道炎症和眼睛发炎，并损害人体的心血管系统。现在有一种由尿素和水制成的溶液，称为尿素溶液（AdBlue），能有效防止氮氧化物排放。另一种替代方案是氮氧化物储存催化转换器（NOx storage catalytic converter）。然而，与柴油颗粒过滤器一样，它会导致发动机无法以最佳效率运行。

在我们讨论空气污染时，关注减排方面取得的进展也很重要。能够使氮氧化物排放量显著减少的发动机已经在测试当中。尽管柴油发动机一直为人所诟病，但它在二氧化碳减排上的效果确实是其他机器难以企及的。使用颗粒物过滤器可以大幅降低颗粒物排放，柴油发动机一直都配有颗粒物过滤器，现在汽油发动机也有了。然而，在过去几年中，越来越多的重型和大型车辆（如SUV）将之前取得的进展毁坏殆尽。这些所谓的越野车（All Terrain Vehicles）是交通部门二氧化碳排放量增加的一个主要因素。遗憾的是，仅仅因为这些车辆如此受人喜爱，很多新技术并没有应用在这种车上。借此机会，我们可以广泛地应用自动驾驶座舱和自动驾驶穿梭巴士，但我们需要保证，这些车辆既能由电动机驱动，也能直接使用可再生能源提供的电力充电来驱动，但我们不能使用燃煤发电站的电力为它们充电——这将不会给我们带来任何好处！

第一部分
出行，繁荣，环境

—— 土地利用 ——

2019年10月，《南华早报》刊登了一则有趣的报道：在中国香港地区，一位匿名买家以96.9万美元的价格购买了12.5平方米的停车位。我们再来看看波士顿：纽伯里街（Newbury）和达特茅斯街（Dartmouth）之间有一个不起眼的停车场，它可容纳大约50辆汽车。2019年，这块约1300平方米的地块以4000万美元的价格售出，这并不便宜！因为这是附近最后一个未开发的地块，足以吸引一些感兴趣的买家并抬高它的售价。

从卫星拍摄的下午2点的柏林快照可以看出：只有大约6万辆汽车在道路上行驶，而超过120万辆汽车并未使用，只是停放在街道或停车场。它们占据的总面积超过13平方千米，是中央公园的4倍。行人和骑自行车的人对这种情况抱怨不休：他们更希望这些地方用来建造步行街、非机动车道和低速区（low-speed zones），或者说他们更希望看到市中心再也没有车辆。在一些大城市，市民似乎正对有限的可用空间的使用开展激烈的争论。

在世界各地，汽车交通占用了大量的土地用于道路和停车。特别是在美国城市，街道宽阔，停车场占地面积大，这一数字可能高达城市面积的40%。所以有时从空中往下望，感觉城市只有道路和停车位。真的是这样吗？为了找到答案，让我们发挥我们的想象力：想象地球在我们眼前，我们把它展开成一个平面。如果将所有停车位加起来，面积是15万平方千米，大致相当于3000万个足球场[13]。诚然，这只是一个估计——没有人知道确切的数字。

> **重塑出行**
> 自动驾驶时代的"出行即服务"

但是建设铁路也要用到许多土地。这里有一些来自德国的有趣数字：从高速公路到县道的所有主要道路的总面积为2085平方千米，城际铁路网的面积为354平方千米。总的来说，目前道路上的所有车辆每年完成约9600亿千米的载客里程（passenger kilometres），而德国铁路的长途服务仅达到960亿千米的载客里程。可见，道路用6倍于铁路的交通容量实现了10倍的载客里程[14]。人们批评汽车占用的空间过多，这无可厚非，但是火车也没好到哪里去。

与其他运输方式相比，由于吞吐量低，小汽车占用的空间更大。换句话说，在给定的路段上，一小时内可以运送多少人呢？图3.1给出了

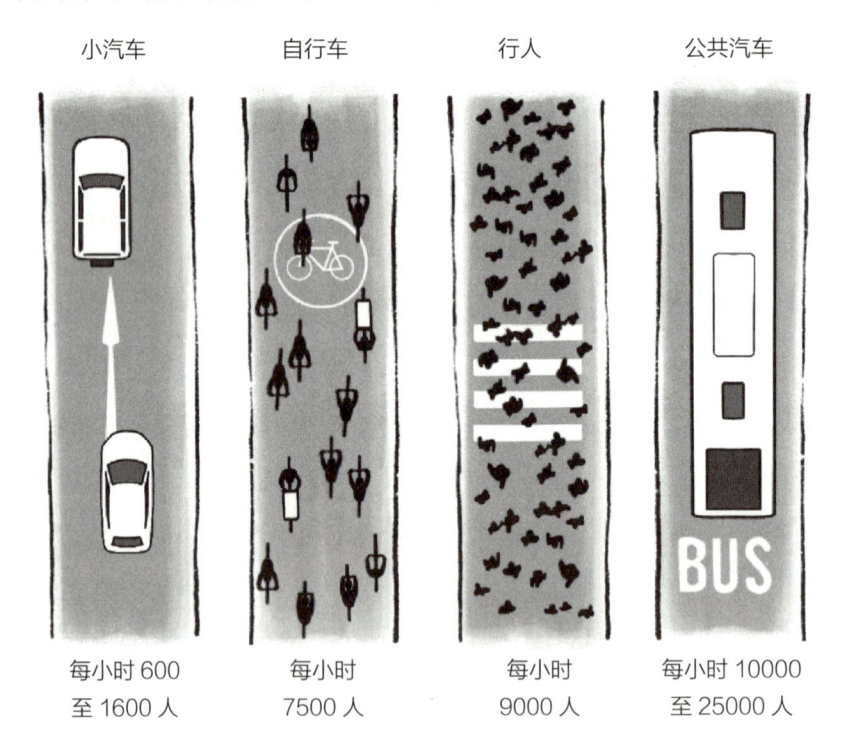

小汽车	自行车	行人	公共汽车
每小时600至1600人	每小时7500人	每小时9000人	每小时10000至25000人

图3.1　不同运输方式的吞吐量

来源 Original material.

第一部分
出行，繁荣，环境

答案。我们看到小汽车在这方面没有获得高分。然而，小汽车和公共汽车的吞吐量也取决于它们的容量利用率。当公共汽车和小汽车满员时，它们每小时可分别运送多达 2.5 万名和 1600 名乘客。在一天中的非高峰时段，即车辆占用率较低时，这一数字明显较低[15]。最重要的是，如果我们想解决流量问题，我们就必须提高吞吐量。

如图 3.2 所示，任何交通模式所占用的面积不仅取决于交通工具的长度和宽度，还取决于它的速度[16]。

静止　　30 千米/时　　50 千米/时

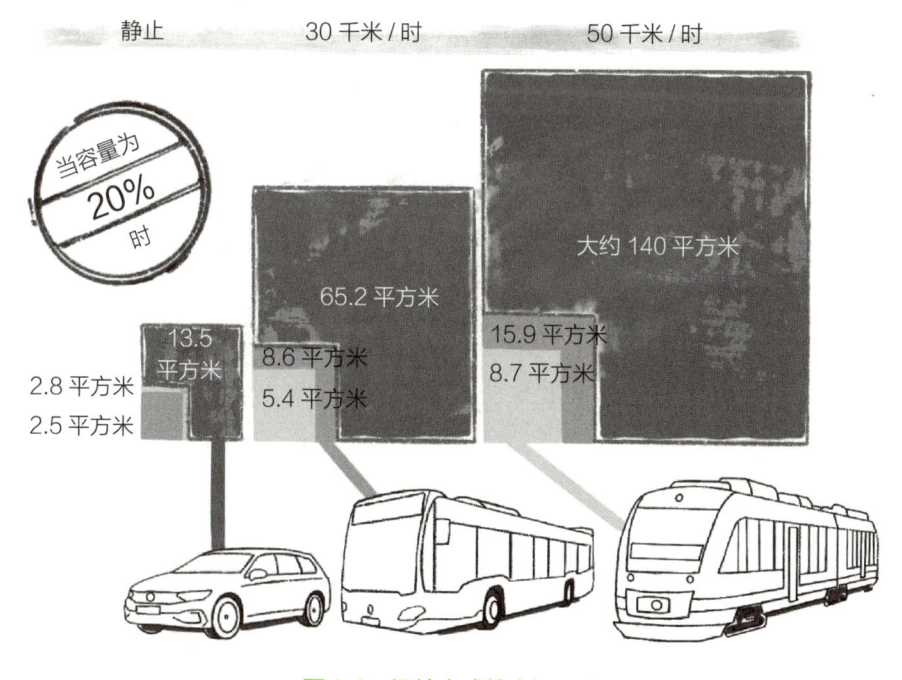

当容量为 20% 时

2.8 平方米
2.5 平方米

13.5 平方米

65.2 平方米
8.6 平方米
5.4 平方米

大约 140 平方米
15.9 平方米
8.7 平方米

图 3.2　运输方式的空间足迹

来源 Original material.

小汽车、公共汽车或火车行驶得越快，由于反应时间的原因，制动的距离和所需的额外空间就越多。对容量为 20% 的不同运输方式的比较表明，根据不同的速度（静止，30 千米/时，50 千米/时），公共汽车需要的空间是火车的 16 倍。而这正是挑战所在：高速行驶的车辆与约 1.5 人的低载客率相结合，导致私家车运输需要大量空间。

而在市中心，停车位是稀缺的。在德国，驾驶员平均需要 10 分钟才能找到停车位；而放眼全球，这个数字是 20 分钟。在他们找寻停车位的过程中，驾驶员行驶了大约 5 千米，而他们的车辆排放了近 1 千克的二氧化碳。在市中心开车的人中有 30% 以上在寻找停车位。在内罗毕、班加罗尔、布宜诺斯艾利斯、马德里、墨西哥城、巴黎和深圳寻找停车位尤其困难，在这些城市，通勤者平均需要 40 分钟才能找到停车位。其中很多人根本找不到车位，只能沮丧地离开。目前中国车位配比只有 1∶0.5~1∶0.8，和国际上一些发达国家的 1∶1.2~1∶1.4 相比，中国停车位比例严重偏低；其中车位配比指小区"总户数"与"车位总数"之间的比例。①

── 如今的出行成本是多少 ──

这个问题让我们首先想到什么？当然是火车或电车的车票价格、月票或年票的价格；一箱汽油或柴油，甚至可能是为电动汽车、电动滑板车或自行车充电花费的数额。但正如每个汽车驾驶员都知道的那样，还有额外的成本：轮胎和机油更换、检查、税收和保险等。毫无疑问，这些成本使开车变得更加昂贵。但这些成本实际上并不是我们讨论的焦点，因为出行的社会成本更高。

---

① 资料来源：https://www.hfyili.cn/a/54458。——译者注

第一部分
出行，繁荣，环境

多年来，美国高速公路安全管理局一直在与兰德公司合作，研究出行的社会成本[17]。该分析旨在评估对车辆交通最为显著的影响，如拥堵、空气污染、事故和噪声。其中有些影响是恒定的，有些影响随时间而变化，还有一些则取决于地理位置。然而，有一点是肯定的：除了燃料成本和先前列出的每千米行驶费用，还有比其高出许多倍的社会成本。虽然这个数字因国家而异，但它确实表明，出行的社会成本远远超出了可衡量的燃料消耗成本。这就是为什么它们必须被纳入所有关于出行革命的讨论中。

这很难计算，每个研究团队都会研究不同的变量并做出不同的假设。然而，他们的分析都指向同一个方向。例如，根据美国高速公路安全管理局的数据，美国交通事故的社会成本每年接近9000亿美元[18]。这是2010年的数字——因为暂时无法得到更新的数据，其中包括了所谓的"交通事故相关产业"（crash industry）的活动。这包括所有医疗、拖车和维修费用以及事故的所有其他后续费用。在道路上造成伤害的风险反映在：美国驾驶员每年必须支付的大约1400美元的汽车保险费。

关于拥堵、噪声和空气污染造成的成本的计算，各个研究机构的分析结果差异很大。世界银行估计，运输总成本约占各国GDP的3%~5%[19]。世界经济论坛也研究了这个问题，并得出结论：在未来几年内，仅交通堵塞问题造成的成本就可能增长到某些国家GDP的5%[20]。让我们引入一个真实数据来说明这一点：2019年全球GDP约为87万亿美元。我们之所以选择这一年，是由于新冠疫情，2020年的全球GDP下降了约4%。假设87万亿美元中的3%作为交通的社会成本，大约为

重塑出行
自动驾驶时代的"出行即服务"

2.6 万亿美元。虽然这是一笔巨款,但这个数字可能还太低了。想想我们用这笔钱可以做多少有意义的事情。这个话题我们稍后再谈。

笔者承认我们喜欢旅行,并且承认像许多其他人一样,我们也喜欢汽车。然而,我们也知道,必须降低出行的社会成本。出行的社会成本实在太高了!它们危害环境,造成太多的人类苦难和经济损失,如图 3.3 中给出的一些关键数字所示。我们需要发明智联化和自动驾驶的车辆。我们需要制造由环保的动力传动系统所驱动的汽车,无论是电池

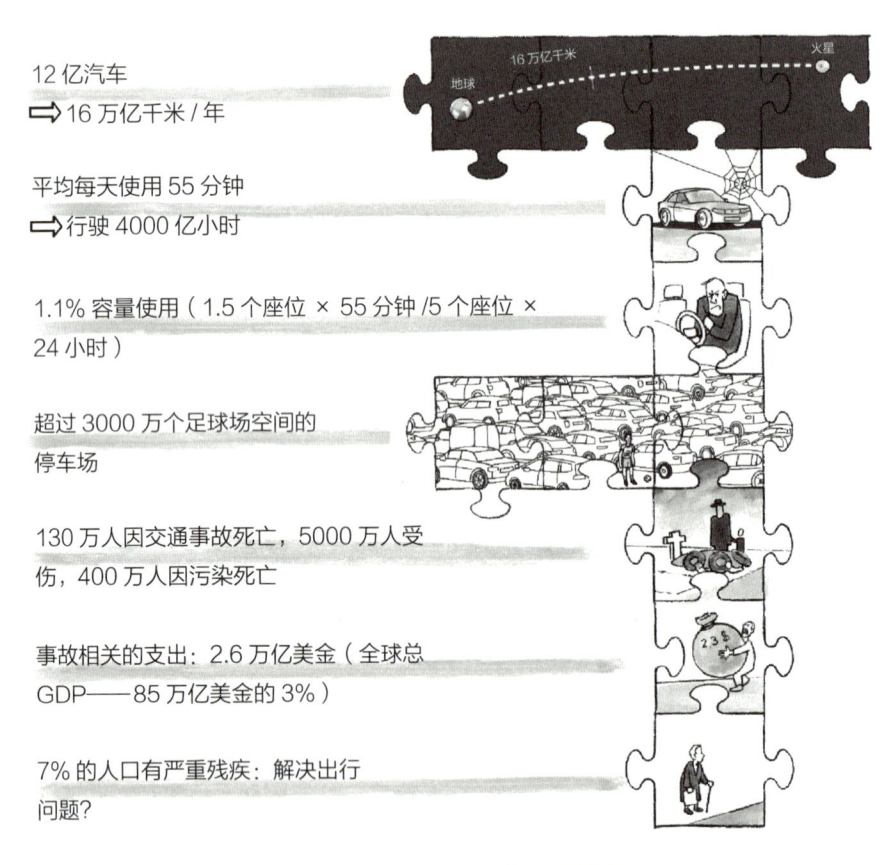

12 亿汽车
⇨ 16 万亿千米/年

平均每天使用 55 分钟
⇨ 行驶 4000 亿小时

1.1% 容量使用(1.5 个座位 × 55 分钟/5 个座位 × 24 小时)

超过 3000 万个足球场空间的停车场

130 万人因交通事故死亡,5000 万人受伤,400 万人因污染死亡

事故相关的支出:2.6 万亿美金(全球总 GDP——85 万亿美金的 3%)

7% 的人口有严重残疾:解决出行问题?

图 3.3 一些关于汽车交通的数字

来源 Original material.

第一部分
出行，繁荣，环境

驱动的还是潜在的基于氢或合成燃料的汽车，我们需要实现碳中和。我们需要放弃对不同交通模式的盲目思考，使其成为真正的多模式。我们需要共享车辆——即使我们知道不是每个人都对汽车共享服务和网约车服务的想法感到兴奋，所以这可能意味着需要政府提供财务和税收优惠。我们需要为每个人提供出行，包括年轻人、老年人、病人和残疾人。我们需要有将交通的社会成本逐年降低的雄心壮志，所以，让我们开始吧！

基础设施也要花钱

当我们谈论出行时，我们通常指的是汽车、火车或各种形式的微出行。然而，我们都很容易忘记，这些交通方式也需要公路和铁路形式的基础设施。在全球许多国家，包括美国，这种基础设施的状况不是很好。实际上，只有少数国家有能力不断修缮其交通基础设施以适应需求的变化，更不用说扩大交通基础设施了。美国的例子说明了所需的投资规模，在美国，2019 年约有 2.5% 的 GDP 用于维护交通基础设施。这笔费用不少于 5000 亿美元，这可不是一个小数目。

每年，美国土木工程师协会（ASCE）都会审查基础设施的状况，并为公路、铁路、桥梁、隧道等进行从 A 到 F 的评级。在美国最近的审查中，土木工程师给公路的平均等级为 D、桥梁为 C+[21]。据他们估计，许多公路状况不佳，实际使用已经超过道路所能承受的极限。大约 20% 的道路已经完全无法使用。40% 的桥梁年龄超过 50 年，许多已经破旧不堪，急需维修。更重要的是，美国的交通基础设施处于糟糕的境地。

重塑出行
自动驾驶时代的"出行即服务"

根据美国土木工程师协会的数据，需要大约 2 万亿美元才能使美国公路和桥梁达到 B 级，需要 8360 亿美元才能立即改善这种情况。如果没有这些投资，到 2025 年左右，美国将面临严重后果：GDP 可能减少 3.9 万亿美元，250 万个工作岗位可能流失。根据计算，到 2025 年，由于基础设施落后，美国每个家庭每天的生活支出将增加 9 美元。距离很远的通勤意味着我们能接触的工作受限，能够到达的区域很少，我们也无法随心所欲地选择各种产品和服务。无论我们是否愿意相信这些数字，它们都明确指出一件事：如果不对交通基础设施进行投资，出行革命就不可能实现。

第四章
所有这些只是一个误会吗

── 关于汽车以及我们如何使用它们 ──

汽车的成功故事真的是从误会开始的吗？如果你看早期的汽车广告，尤其是在 20 世纪 20 年代，你会注意到几乎所有的海报和电影中，汽车都是以农村为背景进行展示的。这让我们得出了一个可能有点大胆但仍然合乎逻辑的假设：汽车是为乡村制造的，而不是为城市制造的，它们旨在让农村居民有机会参与充满活力的城市生活，体验科技进步，并且不会错过他们那个时代的社会、公民和政治发展。另外，汽车为城市居民提供了探索乡村、在城外度过闲暇时光和探索自然的选择。汽车原本是基于开阔的道路和广阔的空间而设计的，那时候，以汽车为基础的城市交通的概念从未被提上议程。

然而，通常情况下，决定如何使用产品的并非制造商，而是他们的客户。所以，汽车在城市而不是在农村实现了突破性的进展，正是城市

重塑出行
自动驾驶时代的"出行即服务"

居民采用了这种新的交通运输方式,汽车相较于马车、有轨电车和自行车更受城市居民的欢迎,这为汽车的进展铺平了道路。如果事先知道这一点,汽车的制造方式会有所不同吗?也许并不会,看看我们今天所使用的车辆就知道了。最重要的是 SUV,它在近几年吸引了许多消费注意力,这种车辆具有宽轮胎、长轴距、强劲的发动机、稳定的系统、粗尾管和最新的技术,并且非常适合在崎岖不平的地形上行驶!实际上,大多数 SUV 在我们的城市中被用于接送小孩、办差事和日常通勤。事实上,这是不可避免的,因为富裕的城市居民买得起这些车辆。这表明,在过去 100 年里,没有发生任何改变:我们为农村制造的车辆却在城市中使用。

在 1939 年的纽约世界博览会上,诺尔曼·贝尔·盖迪斯(Norman Bel Geddes)受通用汽车公司委托,提出了未来城市(Futurama City)的概念,即一个围绕汽车设计的大都市。根据诺尔曼·贝尔·盖迪斯当时的说法,这个愿景可能会在 1960 年左右成为现实。未来城市包括了约 50 万座建筑物、数千条街道和数百万棵树,更不用说无数的河流、湖泊,以及一条也许是最重要的多车道、多层次的高速公路。该设计传达出一条明确的信息:到 1939 年,汽车的发展将不可阻挡。这意味着,在诺尔曼·贝尔·盖迪斯看来,未来城市必须围绕道路网络建造[1]。

这座理想城市符合世博会的理念:特别是通过城市规划和建筑的各个方面重新设计城市生活,来摆脱 20 世纪 20 年代美国经济危机的后遗症。受到这些想法的启发,1944 年,美国总统富兰克林·罗斯福通过了《联邦助建高速公路法案》(Federal-Aid Highway Act),其中包括未来城市设计的许多元素[2]。然而,诺尔曼·贝尔·盖迪斯的预测偏离了现实:

第一部分
出行，繁荣，环境

1960 年，美国道路上已经有了 7400 万辆汽车，是他在 1939 年预测的数值的两倍。

除了匹兹堡，美国其他城市几乎没有受到由诺尔曼·贝尔·盖迪斯提出的和由富兰克林·罗斯福实施的未来城市概念的影响。由于位于两条河流之间的便利位置以及拥有巨大的铁矿石和煤炭矿藏，匹兹堡成为美国钢铁工业的重要地点之一。在这个蓬勃发展的行业的推动下，匹兹堡在 20 世纪 60 年代达到了经济和社会发展的顶峰。到 1955 年左右，其基础设施已无法跟上快速增长的钢铁工业的需求。没有足够的道路，而现有的道路又太窄，建筑物太小而且不够高，城市的建筑根本无法容纳越来越多的汽车[3]。

这就是为什么要采取激进措施。在短短几年时间里，市区被完全拆除并重建，高层建筑和地下停车场取代了以前钢铁工人居住的社区，许多小而曲折的车道被多车道取代，最后剩下的绿地用于建造汽车经销商店、加油站、洗车场和停车场。当时担任纽约市规划专员的罗伯特·摩西（Robert Moses）总结道："城市是由交通创造的，也是为交通而创造的。"根据匹兹堡的经验，美国通过了一项 10 年计划，以重建尽可能多的城市并建造新的高速公路，所有这些都是为了创造一个"车轮上的国家"[4]。

无论你在世界的哪个地方，直到今天，城市都在围绕交通走廊和道路网络来建设。以汽车为中心的城市设计的胜利进程，正如"未来城市"模式的发展一样，是不可阻挡的。事实上，在当今世界的许多地区，人们不仅没有抗拒使用这种建设模式，还将它作为当前城市规划的典型范例。看看圣保罗、上海、迪拜、马尼拉、大阪、伊斯坦布尔、首尔、班加罗尔、纽约、伦敦、洛杉矶、布宜诺斯艾利斯、阿布扎比、拉各斯和其他许多大城市，你可以清楚地看到，越来越多的道路和数以百万计的汽车持续影响着这些城市的发展。看起来这些城市正试图通过更大、更宽、更高的结构来超越对方，以应对日益增长的交通流量。这样的交通政策让我们想到刘易斯·芒福德（Lewis Mumford）于1955年提出的"修建更多的道路来防止拥堵，就像一个胖子为了预防肥胖而松开腰带"。

而这正是在全球范围内都可以观察到的情况：当你修完一条新的路之后，人们就会在上面开车！根据所谓的布雷斯悖论（Braess' paradox），高速公路的扩建会带来更多的交通流量。增加一条额外的车道可以提高速度，并提高驾驶的舒适性和便利性。于是，更多的车辆涌上了这条车道。反之亦然，车道数量的减少会导致车辆数量的减少。人往往是随机应变的，如果交通得到了改善，他们就会进行更为频繁、更为远距离的出行。

令人惊讶的是，在过去的100年里，有一个数字几乎没有变化。扎哈维常数告诉我们，许多人愿意每天花大约1小时在汽车上。随着车辆的速度越来越快，人们已经能够在同样的时间里走得更远。然而，由于近年来交通量的显著增加，许多大都市地区汽车的平均速度现在又回到了150年前的水平，当时马匹和手推车是城市的主要景观。

—— 不言而喻的真理——对汽车行业高管而言 ——

一个不争的事实是，汽车制造行业为许多人在创造就业机会和收入方面做出了重要的贡献。更为重要的是，它为人们提供了出行的机会，

第一部分
出行，繁荣，环境

同时也在许多国家的中产阶级兴起中发挥了重要作用。千万别忘了，在一些国家，例如德国、日本和美国，甚至很可能下一个就是中国，汽车产业成了国民经济的支柱产业。汽车行业往往是推动经济增长的引擎，与此同时，其他经济产业也乘着这股汽车技术创新的浪潮，走上了发展的快车道。

然而，这些都不是让我们相信一切都会保持不变，以及许多国家应当不惜一切代价保护该行业的理由。汽车行业的高管们不厌其烦地指出汽车行业的经济重要性。这往往与政府出台的相关法规并行不悖，例如，保护内燃机的法规，车辆有害排放的豁免等。这些都是为了保护他们的业务，这也确实可能有助于维持现状，但这无助于推动他们的行业向前发展。

此外，即使汽车行业的重要性是无可非议的，也并不能让人相信它可以凌驾于批评之上，不必参与公共讨论。关键行业的高管尤其有责任不断审视自身的行为：需要什么才能让他们的公司在未来10年保持竞争力？为了确保就业、收入和富裕，他们必须做出哪些改变？对于许多汽车制造商来说，在危机时刻向国家寻求帮助似乎已经成为一种下意识的反应。但如果这些求助是可以接受的，那么反过来国家和受影响的公民偶尔也有权利问一问，他们是否有在认真考虑自身需要做出哪些改变。

这里有一个很能说明问题的小插曲：笔者在领英上关注了一家德国汽车制造商的一位高管，就在前段时间，这位高管发帖说他的公司计划推出一款新车型，这是一款被吹捧为"大型、宽敞且动力强劲"的汽车。该帖子还提到了这款车拥有巨大的600马力和800牛·米的扭矩，来为这款2.3升排量的涡轮增压发动的SUV提供动力——它甚至被称为

"野兽"。对此，笔者在领英上发布了一个问题，即这辆车是否真的与时俱进。这位高管迅速给出一个明确的答案：虽然人人都有言论自由，但他认为这句话是对他的侮辱。公司将考虑做出适当的回应，不排除采取法律诉讼的手段。此外，这个问题是对德国工程水平的侮辱，对这项技术奇迹表露出如此不屑一顾的态度是完全不能接受的。这就是你敢对看似绝对正确的问题提出批判性的意见的下场！

从本质上讲，这是关于什么是可行的，更重要的是，什么是不可行的，所谓不言而喻的真理或确定性的认识。一个人越有权势、越成功，他们就越认为自己掌握着不言而喻的真理，而且他们会更激烈地捍卫这些真理。这里有一个关于这个话题的有趣故事：当太阳能飞机"阳光动力 2 号"（Solar Impulse 2）被开发出来时，它的翼展应该是 72 米。对此，航空航天工程专家提出了令人信服的论据，表明这样的翼展在技术上是不可行的。他们说，即使是波音 747 也没有这么大的翼展。对于一架重量和中型汽车差不多的飞机来说，这怎么可能奏效呢？

为了解决这个问题，必须抛开之前所有的确定性。贝特朗·皮卡尔（Bertrand Piccard）和他的团队别无选择，只能放弃他们自以为知道的东西，并开拓全新的领域。这使他们找到了新的材料、新的加工技术，并最终找到了建造机翼的新思路。这告诉我们什么？如果你想实现一个伟大的想法，你不能停留在现有的、不存在不确定性的舒适区。汽车制造商也是如此，你可以恐吓你的对手，你可以威胁要搬迁你的工厂，你甚至可以延迟技术进步的脚步，但是你不能阻止一个想法！很多人都在谈论重新思考、重新创造——关于出行的想法。"出行即服务"的轮廓已经在一些方面清晰可见。这就是为什么汽车行业的高管们要记住弗里德里希·迪伦马特（Friedrich Dürrenmatt）的话："任何曾经的想法都无法撤回。"考虑到这一点，笔者坚信在未来几年内，无论是否有汽车制造商的加入，出行都将经历深刻的变革。

第二部分
PART 2

走进城市

第五章
城市化

从农村到城市

几千年来，人类的生活随自然变迁不断进步。起初，人们以狩猎采集为生，后来他们学会了耕种畜牧。农业开始兴起，人们需要越来越多的草地和农田。土地上生活的居民日益增多，它再也无法提供这一大群人所需要的资源。当然，也有一些例外，像巴比伦城、雅典、罗马和特诺奇提特兰等这些古代城市，它们虽然是贸易中心，但大多数人都在务农和饲养牲畜中度过一生。对他们中的大多数人来说，为数不多的城镇与他们的农村居住地相距甚远。

随着工业革命的到来以及随之而来的技术进步，人们从蒸汽机迈向电力和汽车，世界开始发生翻天覆地的变化：生产线量产的技术已经成熟；发达的交通促使更多人定居城市；城市不仅发展成为贸易和科学中心，也成了艺术和文化中心；劳动力分工促使职业更加多样，同时也提

重塑出行
自动驾驶时代的"出行即服务"

高了人们的生产力。随着城镇能够养活越来越多的人，城镇居民人口也在日益增多，城市本身也成为一个适合工作和生活的地方。

在过去的几个世纪里，城市和农村人口的比例一直保持着惊人的一致：30%的人口生活在城市或城镇，70%的人口生活在农村地区[1]。甚至大多数大都市地区，如巴黎、伊斯坦布尔和伦敦，直到20世纪还保持着100万人口的水平。直到20世纪50年代，纽约市才突破了1000万大关，成为世界上第一个超大城市，紧随其后的是东京和墨西哥城[2]。如图5.1所示，以伦敦为例，在过去的几个世纪中，伦敦的人口每200年大约增长到原来的4倍，但在过去的200年里，这座城市人口增长到原来的近10倍，其中大部分的增长都发生在20世纪。

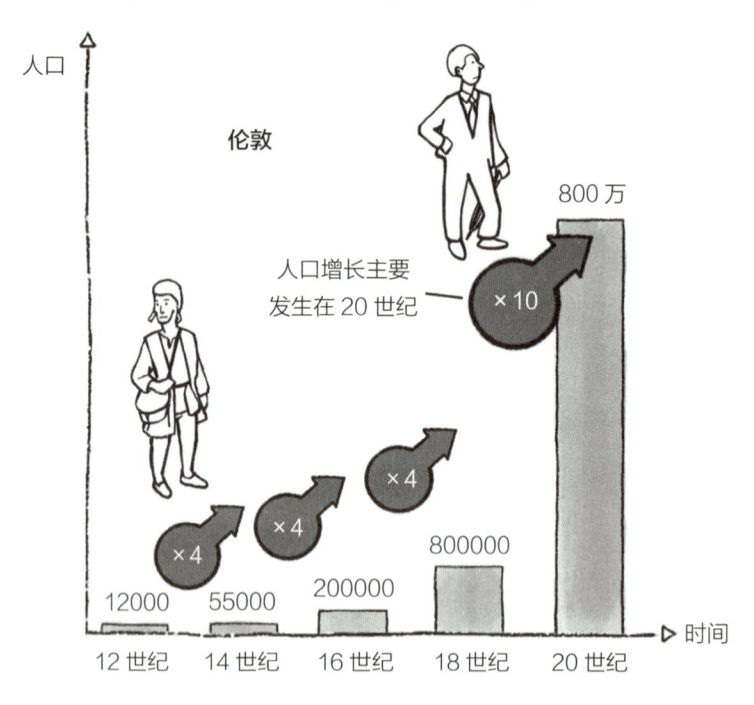

图5.1 伦敦的人口增长

第二部分
走进城市

2007 年是一个转折点。从那时起，越来越多的人以城市为家，而不是以农村为家[3]。目前预计这一趋势将继续下去，并在未来几十年内持续加速（图 5.2）。目前，全球有 548 个城市的人口超过 100 万，其中 33 个城市的居民人数甚至远超 1000 万，这些城市中有 19 个城市在亚洲，6 个城市在拉丁美洲。目前世界上最大的城市是东京，它拥有近 4000 万人口。其次是新德里和上海，人口都在 3000 万左右。大阪、卡拉奇、雅加达、孟买、马尼拉、首尔和北京都市圈的人口都超过 2000 万。在拉丁美洲，墨西哥城和圣保罗是最大的城市之一，它们也正经历着巨大的人口增长[4]。

城市 / 乡村人口趋势

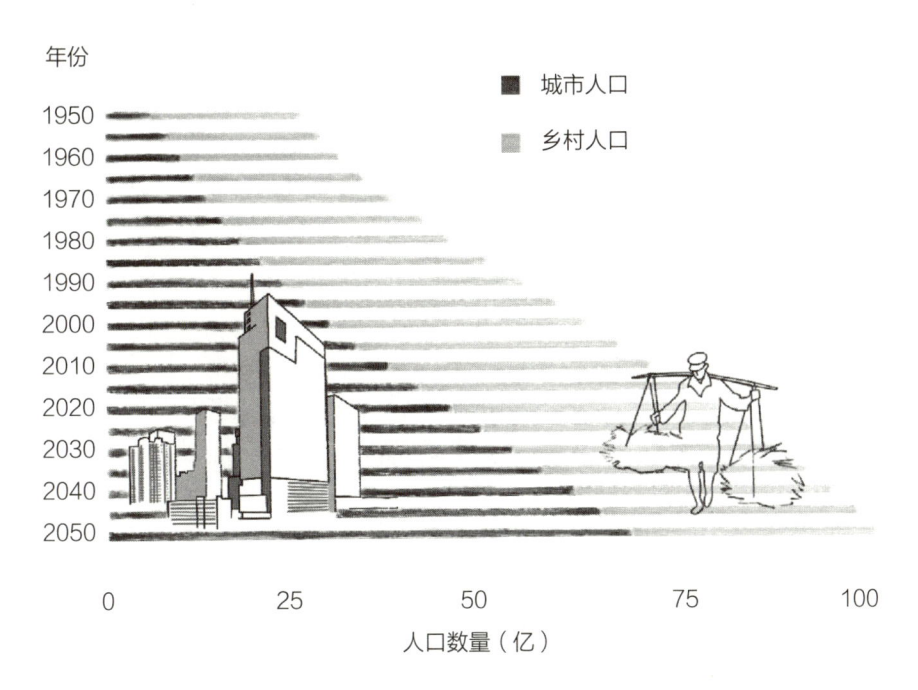

图 5.2　城市人口与农村人口之比

来源　联合国（United Nations）2018 年数据。

> **重塑出行**
> 自动驾驶时代的"出行即服务"

根据联合国预测，到2023年，全球将有706个城市的人口超过100万，其中有43个特大城市，即人口超过1000万的大都市[5]。到那时，新德里很可能已经超过东京，成为世界上最大的城市。在欧洲，预计伦敦将在2030年前赶上伊斯坦布尔、莫斯科和巴黎等特大城市。这意味着世界上大约五分之一的人口将居住在大约600个大都市地区——这些地区的GDP约占全球的60%。这些数字在未来几年可能会进一步增加，因为这些城市中心的人口增速大约是世界总体人口增速的1.6倍。到2025年，这些大都市地区将新增3亿劳动年龄人口（working-age residents），这对交通基础设施提出了前所未有的挑战。城市中产阶级激增和可支配收入增加，人们的出行需求也在增加。这种模式是我们在欧洲和美国已经经历过的：中产阶级无论工作地点是否在市中心，他们都渴望在郊区拥有房子和车子，这样他们就可以经常过去度假。而这些需求都绕不开出行。

—— 城市正变得拥挤不堪 ——

如图5.3所示，近年来，越来越多的城市在人口数量上已经到达了极限。为了更好地生活，每天都有大约2400人涌入新德里，在这座城市里租房或者找寻新工作[6]。如果这一趋势持续下去，新德里人口将从2018年的2900万增长到2030年的近4200万。刚果民主共和国的首都金沙萨亦如此，这里每天有近2000名新居民来到这里。到2030年，这座特大城市的人口预计将从目前的1300万扩大到2400万。从全球范围来看，我们必须每5天建造一座新城市供100万居民居住，才能跟上全球人口向城市迁移的惊人速度。

	2018 年	2030 年	自 2018 年起人口日均增长（人）
开罗	2000 万	2600 万	1200
新德里	2900 万	4200 万	2400
金沙萨	1300 万	2400 万	2000
拉各斯	1300 万	2300 万	1600
上海	2600 万	3500 万	1700
达喀尔	2000 万	2800 万	1900
孟买	2000 万	2500 万	1000

图 5.3 人口向大城市迁移

来源 联合国（United Nations）2018 年数据。

有三个典型城市特别值得我们关注，分别是上海、深圳和新德里。首先是上海，在中国，上海的人口迁入数量是不容小觑的，上海早已成为一个大都市，它与苏州、常州、无锡、杭州和宁波等人口过百万的周边城市合计共有约 9600 万的居民，这些城市总面积与奥地利差不多，但是奥地利只有约 800 万居民。因此，规划长江三角洲的交通也成了一项艰巨的任务。

第二个典型城市是深圳。以深圳为中心，珠江三角洲被认为是"世界工厂"，甚至可能是"世界实验室"，因为它拥有不可计数的制造设施和开发中心。这座城市被铁路、运河和公路网络包围，工厂随处可见，城市道路四通八达，放眼望去，到处都是新建筑和扩建工程。在 40 年的时间里，这个城市的人口已经从最初的 2 万增长到 1500 万。整个大都市圈，包括广州、深圳、东莞、佛山和其他城市，目前约有 6000 万人口。

最后一个典型城市是新德里。今天，新德里有超过 30 万人聚集在仅 1 平方千米的街区[7]。相比之下，巴黎市中心每平方千米只有 2 万多人，而纽约和慕尼黑则只有 1 万多人。1 平方千米要容纳 30 万人生活，除非是拥挤的高楼才可能实现。在新德里，许多家庭都是多人共用一个房间的。

许多大都市地区根本没有准备好接纳每天涌入的大量新人口。这些地区既不能提供足够的住房，也无法提供足够的工作，且交通基础设施已经紧张到了极点。在圣保罗，每天从郊区驶来的汽车数量之多，已经使道路不堪重负。在大量的喇叭声、打手势和争吵声中，没有人能够前行，甚至在道路两旁也没有空间。仅仅去上班就需要花费大量的时间和耐心。那些负担得起的人则会选择直升机出行。

众多的新移民及其对宜居住宅和就业的需求，使许多大城市正面临着全面交通拥堵的威胁。这是一个难以解决的问题，因为亚洲和非洲城市的建筑密度是拉丁美洲大都市区的 1.3 倍、欧洲城市的 2.5 倍、美国城市的近 10 倍。此外，与美国城市不同，大多数欧洲城市都有一个建于数百年前的历史城镇中心。这些老城区由于缺少空间，很难建设急需的基础设施，如铁路和轻轨。加上这些城市同时缺乏财政资源用于解决出行问题，这使得事情变得更加困难。因此，我们需要一个能提高现有交通效率的、更加智能的交通方式。

几乎所有这些城市不仅面临着交通问题，而且还面临着社会挑战，如贫困人口的激增。2018 年，约有 40 亿人居住在城市地区，其中四分之一的人居住在贫民窟。到 2050 年，城市人口预计将增长到近 70 亿人，

第二部分
走进城市

其中约 30 亿人将生活在贫民窟[8]。在大多数情况下，贫民窟在社会和经济上都与城市其他地区隔离开来。这种明显的鸿沟使贫民窟的居民无法实现他们个人的发展。一个典型的例子是孟买，它有亚洲最大的贫民窟，有超过百万的居民。虽然它被几个金融中心包围，但是在经济上、社会上和交通上都与其完全脱节。因此，贫民窟的居民往往无法获得医疗服务、教育和文化的机会。而且贫民区也缺乏完备的公共交通系统，很多工作机会无法到达这里。如前所述，贫民窟的居民成了城市的"囚犯"。

这样的贫困社区不在少数，这些地方往往缺乏与城市其他区域的联系。类似的地区还包括发达国家的城郊地区，例如洛杉矶。这些城市的公共交通系统仅在市中心运行，郊区的居民几乎无法坐公交抵达市中心，他们的活动范围也因此受到限制。这些郊区的居民享受不到良好的教育、众多的就业机会和市民本应享有的服务。这种困境源于城区和郊区之间交通方式的失联，它们彼此独立运作，相互间缺乏连接。最终，由于郊区公共交通系统的不完善，许多人转而使用汽车，这也使得道路更加拥挤。

毫无疑问，城市化有其积极的一面。但是，越来越多的土地正在被过度建设，可以用于休闲的自然区域正在被压缩，人们开始担心失去可以自由呼吸的森林和使人放松身心的野外。在德国，随着越来越多的土地被开发，土地开发比例已达到 7%。如果每个人都想住在市郊，那么这一比例将被迫提高至 40%[9]。从这个角度来看，之前讨论的城市化问题，其实是一件好事。某种程度上，假如德国人都搬到像慕尼黑这样人口密集的地区，那么只需要 2.5% 的土地面积，而不是 7.2%。至少在涉及划分禁止开发区时，就应该说："如果你热爱自然，你应该住在城市里。"

城市化聚居有利于节约能源，例如，在城市中我们可以用更低的成本供应水电。城市化聚居也影响人们的交通选择，城市居民出行可以选择步行或骑自行车，即使是选择汽车、火车或者任何其他形式的交通工具，出行时间也比乡村的出行时间短。此外，生态友好型产品和服务以及其他环保的生活方式在城市比在农村更受欢迎。城市化推动社会变革，同时也提高了人们的环保意识。

城市推动文明进步

城市从来没有像现在这样进步过。最重要的是在许多国家和地区，具有进步思想的市民正在离开农村。如今，许多城市的政府正逐渐承担起过去属于地区和国家政府的职责。城市正在成为财富、现代思想、自由思想和对其他生活方式开放的中心。城市是国家经济和文化发展背后的驱动力，城市也为新型出行概念铺平了道路。如果"出行即服务"能够找到积极的倡导者，那么这群人一定是在城市里。

因此，越来越多的人被吸引到大都市，希望共享大都市的经济发展和文化进步。这些迁居城市的人渴望得到个人发展的机会，更高的收入，更好的医疗服务，更加优质的教育机会，以及最重要的——为他们的孩子提供一个更好的未来。这也使城市成为希望之地：让人们能够摆脱单调且发展落后的农村。城市对我们所有人都产生了独特的吸引力，即使我们知道在城市中不一定会成功，但是城市最后一定会记录成功者的故事。

有一个例子很好地论证了城市自信：当美国退出 2019 年的《巴黎气候协定》时，特朗普宣布他当选为匹兹堡的公民代表，而不是巴黎的。匹兹堡市长比尔·佩杜托（Bill Peduto）立刻回应道："我可以向你保证，为了我们的人民，我们的经济和未来，我们将遵循《巴黎气候协定》。"他还宣布到 2035 年匹兹堡将采用可再生能源进行供电的计划。与此同时，科学和商业领袖正努力实现更清洁的未来，其中包括一个市属的电动汽车车队。这种绿色的崭新未来正吸引着人才和企业来到匹兹堡这座"东方硅谷"。谷歌在匹兹堡的员工数增加了一倍。匹兹堡也是福特、阿尔戈和奥罗拉测试自动驾驶汽车的地方。而且，顺便说一句，美国后来又重新加入了《巴黎气候协定》。

早在 2005 年，世界几大强国达成协定（第二部分第七章），以追求 3 个目标：减少排放，阻止全球变暖，以及敦促国家政府保护气候。如今，全球 90 多个城市，包括匹兹堡、莫斯科和上海，都参与了这一协定。这些城市拥有约 6.5 亿人口，贡献了全球四分之一的 GDP，这些城市也是新型出行方式最理想的试点城市。

第六章
城市交通拥堵加剧

—— 汽车、道路和停车场 ——

我们会用令人充满希望的数字、统计数据和各种精美插图来描述城市，吸引更多人来促进城市的繁荣。在这样的背景下，个人的得失显得微不足道。一个有效的交通系统是人们实现梦想的第一步。而这样的交通愿景在许多国家都难以实现。从图6.1中我们可以看到未来几年出行的发展趋势，尤其是城市。根据经济合作与发展组织的国际交通论坛（International Transport Forum）的估计，到2050年，经济合作与发展组织国家城市中心的交通总量，以载客里程计算，可能会比现在翻一番[1]。

尽管高效的交通基础设施的重要性是毋庸置疑的，但到2050年，所需的设施中，约有80%目前既不在建也没有建造计划。世界经济论坛估计需要花费约1万亿美元来实现基础设施的现代化[2]。这笔金额甚至

交通趋势

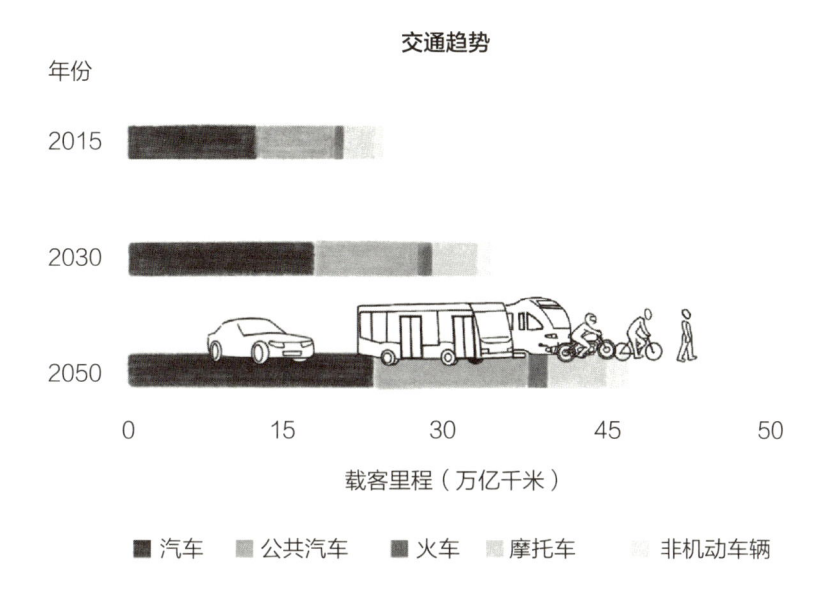

年份

2015

2030

2050

载客里程（万亿千米）

■ 汽车　■ 公共汽车　■ 火车　■ 摩托车　■ 非机动车辆

图 6.1　经济合作与发展组织国家城市交通的发展

来源　国际交通论坛（International Transport Forum）2017 年数据。

还没有考虑到为应对急剧增加的交通量所需的额外道路和停车位。由此可知，我们需要付出巨大的努力才能满足城市化带来的出行需求。

我们得到了一些有趣的数据：保守的交通政策要求到 2050 年建设更大规模的交通基础设施。我们甚至可以测算出我们具体需要多少道路：全球公路网目前覆盖约 3200 万千米，未来 30 年预计还需要增加 2400 万千米的公路[3]。道路宽度从 7.5 米到 10.5 米不等，视路面是否平整而定。假设路面平均宽度为 9 米，如果交通政策保持不变，我们将需要增加 21.6 万平方千米的道路面积，这个面积大约相当于英国或乌干达的面积。换句话说，我们用来建设道路的区域将是巨大的。

在确定我们需要多少额外的停车场时，各种数据出入较大，估计会有很大差异，其中部分原因是很难确定停车位的具体数量。关于停车位数量的研究目前并不充分,有一项研究的结论是美国现有大约 3.3 万平方千米已完工的停车场[4]。如果我们加上未完工的停车位,停车场总面积可达 4 万~5 万平方千米。在许多统计数据中,美国通常占世界交通总量的三分之一左右。全球范围内我们需要约 15 万平方千米的停车面积,以便让我们有足够的空间来停放到 2050 年世界上所有的新增车辆,估计还需要 7.8 万平方千米的土地[5]。这相当于捷克共和国或阿拉伯联合酋长国的面积。我们真的非要造这么大的停车场而别无他法了吗?

当我们和驾驶员聊天时,总会谈及城市车位不够的现象。经常有报道说,在市中心行驶的所有车辆中,约有 30% 的驾驶员在寻找停车位。目前,有许多学者对这一现象展开研究。其中,一家知名研究所发布了欧亚大都市"驾驶员寻找停车位所需时间"的排名。此外,美国住房研究所(the Research Institute for Housing America)的一项研究显示,至少在美国,这种情况是高度分化的[6]:该研究使用卫星图像、谷歌地图和建筑当局的记录对美国 5 个城市的停车区进行测绘,发现较小的城市比较大的城市拥有更多的停车位。例如,艾奥瓦州的得梅因市约有 160 万个停车位,可容纳约 8.4 万套住房(比率系数为 19.0)。而宾夕法尼亚州的费城只有 220 万个停车位,可容纳约 58.8 万套住房(比例系数为 3.7)。在怀俄明州的杰克逊,这个系数高达 27.0,纽约市中心的系数仅为 0.6,西雅图的系数也只有 5.2。

产生这种车位矛盾的主要原因,是建筑法规定了每栋楼对应配备的车位数量。在市中心的黄金路段为众多建筑物预留足够的车位时,就不得不拉开建筑物之间的距离,由此导致人们更加需要利用汽车出行,从而产生更多的停车位需求。这种恶性循环只有在出行被重新定义为一种服务——"出行即服务"时才能被打破。我们理想的场景是：自动驾驶电动汽车采用顺风车的模式，将乘客送往市中心，然后再把他们接回来，这样不断循环往复。如此，仅仅在车辆无载客需求或需要进行维护时才需要停车区。

—— 儿童与交通 ——

交通规划人员很少考虑到儿童的需求。因此，全世界每天有近600名儿童死于交通事故也就不足为奇了。根据联合国《儿童权利公约》，在交通规划和实施过程中应更多地考虑到儿童的需求。在这方面，我们迫切需要采取行动。尽管目前已经有一些倡议，但仍有许多工作要做，特别是在非洲、亚洲和南美洲。例如印度古鲁格拉姆（Gurugram）的儿童总是害怕上学。在印度，据估计每年有大约有11000名儿童遭受致命的交通事故伤害[7]。在亚洲，每发生一起交通事故死亡事件，就有大约4名儿童成为永久性残疾。

事情也并非毫无办法。在坦桑尼亚的达累斯萨拉姆（Dar es Salaam），学校周围修建了人行道和自行车道后，交通事故的数量迅速减少。在印度的罗塔克（Rohtak），在关键的十字路口设置了标记和路障后，事故数量也迅速下降。在另一个例子中，在哥伦比亚的波哥大，在学校附近的所有道路上设立了30千米/时的标志。此外，汽车按时段限行的政策也被有效落实，这不仅可以促进微出行，还可以促进人类的团结。无论是在印度、拉丁美洲还是非洲，儿童总是在未开发的路段嬉戏玩乐，这也提醒了所有驾驶员：道路并不是完全属于他们，它也属于孩子们，因此他们需要在驾驶时更加谨慎小心。

空气中大部分的细颗粒物都漂浮在低处,因此身材矮小的儿童吸入的污染物要比成人多 30%。世界卫生组织报告说,由空气污染造成的死亡中,有 10% 是 5 岁以下的儿童。此外,在发展中国家和新兴国家,有 98% 的儿童吸入了过量的细颗粒物。因此,英国的 40 所学校已经开始限制学校周围的交通,并建立了清洁空气区。目前,有许多其他城市也开始效仿这一做法。其实,这当中的许多问题都可以通过"出行即服务"、电动化与自动驾驶汽车来解决。这将减少汽车数量和交通事故,同时减少尾气排放及噪声污染。

── 关于城市的不同看法 ──

城市不仅带来了希望,也制造了紧张和冲突。它要求我们忍受着拥挤的街道,在超市收银台和人行横道上摩肩接踵,忍受交通噪声,不得不接受多样的文化,以及在数百万人中面对孤独。然而,这些生活方式的矛盾和差异对于城市的运作是至关重要的。正如理查德·桑内特(Richard Sennett)的"开放城市"(open city)所倡导的,即人们能够更熟练地处理生活中的复杂情况,并且能够利用意料之外的机会[8]。差异性和模糊性有助于培养我们的发展和我们在此环境中成长和成熟的能力。当然,这样做的前提是,不同社区的居民能够相遇。但这对于贫民窟的居民而言是不可能的——这就强调了出行系统的重要性,它可以让人们在不同的社区之间轻松、快速、低成本地出行。

在伦敦进行的一项关于幸福指数的研究发现了城市居民一些有趣

的心理[9]：那些希望不断体验新事物的人更愿意住在城市中心而不是郊区。他们往往富有创造力、好奇心，不仅对创新产品和服务持开放态度，而且渴望新的生活方式。此外，许多外向型的人倾向于居住在伦敦市区，这些人善于交际、开朗、乐观，渴望结识其他居民。相比之下，更内向且小心谨慎的人则倾向于在城市郊区定居——这是非常合理的，因为他们可以在这里找到一个易于管理且充满秩序的环境。而这种环境正如理查德·桑内特所定义的那样，几乎不存在差异性和模糊性。

城市被认为是快节奏和紧张的，而城市居民也经常被认为是高负荷的。究竟是什么影响了一个城市的生活节奏？是交通、人们的心态、气候还是建筑起了作用？维也纳和温哥华被认为是随和、轻松的，而孟买、开罗和雅典则被认为是极其紧张和不安的，这些是由许多因素造成的。但这些对城市或城市节奏的看法真的与实际相符吗？

为了解情况，我们记录了32座城市行人的步行速度[10]。其中，新加坡人的速度最快，平均只需要10秒就能走完18米。相比之下，纽约人需要12秒，瑞士伯尔尼和巴林麦纳麦的居民需要17秒，而马拉维布兰太尔人则用了32秒来完成这个距离。这些发现似乎证实了一种共识：在亚洲的大城市或者某一个"不夜城"，人们没有时间去悠闲地散步。人们总是匆匆忙忙，总有许多事情要做。这与一位在时代广场生活了两年的笔者的经历相吻合。相比之下，瑞士人以慢著称的步伐在伯尔尼人的走路速度上体现得淋漓尽致。而在巴林，无论人们走得快还是慢，生活似乎都按照自己的轨迹如常进行。我们还在瑞士亲自进行了测量[11]，结果发现男性比女性走得快一点。在瑞士中部地区，尤其是卢塞恩（Lucerne），居民的步行速度很快，每秒可步行1.5米。相比之下，位于阳光明媚的提契诺州的贝林佐纳（Bellinzona），这里的居民就比较轻松。与快节奏的卢塞恩相比，他们每秒钟少走 20 厘米的路程。如果按小时计算，提契诺州的居民比中部地区的居民少走 720 米，前提是后者没有气喘吁吁。与所有的假设相反，伯尔尼的居民并不是最慢的，巴塞尔的居民甚至更慢。有趣的是，尽管巴塞尔居民的步行速度很慢，但它在许多方面都领先于其他城市。巴塞尔每 1000 名居民所拥有的车辆数量最少，通勤者的比例最高，但是它的人均 GDP 最高，竞争力水平也最高；但该地区居民的预期寿命却是最低的。

第七章
城市正在进行反击

一些改变正在悄然发生着：越来越多的城市正在推出大量的举措来改善交通状况。这些措施涉及的范围之广令人印象深刻，从推出驾驶禁令和道路通行费到改变道路布局和城市建筑，再到使用最新的交通控制技术，可以说，城市正在尽最大努力来改善人们的出行。我们没有将所有城市的项目一一列举，而是选择了几个来自世界各地的代表性项目。其中，许多负责企业的规模不大且无其他支持，所以这些项目的实施备受质疑。值得庆幸的是，市政府依然对从根本上改变出行充满希望。这一章不会提到巴黎、松岛或巴塞罗那，别急，因为它们将在本书的第七部分第二十三章中得到详细的介绍。话虽如此，本章仍将对城市所提出的有关改变出行的美好愿景进行简要介绍[1]。

—— 欧洲 ——

目前正在建设中的伦敦尖塔（The Spire Tower）是欧洲最高的住宅

建筑。它高235米，共67层，拥有860套公寓。虽然这座摩天大楼只有9个汽车停车位，但它有1000个自行车停车位。它距离伦敦地铁站只有几分钟的路程，附近还有一条自行车专用的"高速公路"。对于那些仍然离不开汽车的人来说，这里既有电动汽车充电站，也有共享汽车网点（car sharing station）。这个建筑项目是私人投资者与市政当局合作的一个典型例子：投资者带来了资金，而市政府则保证了现代交通基础设施的发展。事实上，目前伦敦也有一些类似的项目正在进行中。

相较以往，伦敦对汽车出行也采取了更为严厉的手段。自2003年以来，驾驶员需要支付一定的费用才能进入市中心，而市中心包括了整个伦敦金融城、银行区以及西区，换句话说，这里就是城市的商业和娱乐中心。自2017年10月起，驾驶不符合欧Ⅳ排放标准（Euro Ⅳ emissions standard）汽车的驾驶员必须在正常费用的基础上额外支付10英镑后，他们的汽车方可进入市中心。此外，自2018年1月起，只有新注册的电动或混合动力出租车才可以进入市中心。2019年4月，这笔费用被提高到了12.50英镑。该措施全天候适用，并于2021年推广应用到城市的其他区域。

芬兰赫尔辛基市提出了一个远大的目标：到2025年，该市将在市中心建成汽车禁行区。这种情况发生的可能性很大，届时，所有公共出行和共享出行方式都会整合到一个按需服务系统（on-demand system）中。所有旅行者所要做的就是输入他们的目的地以及一些旅程中的特殊要求；然后，该应用程序将会规划他们的路线，并让其在该平台上完成相关费用的支付。在这个系统中，所有的交通方式都将被连接起来：公共电动巴士，自动驾驶穿梭巴士，当然还有电动自行车和电动滑板车，所有这些都将以共享模式运行。

挪威的奥斯陆也已经在逐步实施这些想法。在这里，市政府之所以重新考虑出行方式，不单单是因为严重的颗粒物污染，还因为市政府希望能通过促进邻里生活来提高社会凝聚力。这就是为什么市政府打算改变出行方式，将奥斯陆变成一个"15分钟城市"。在这样的城市中，居民能够步行到他们的工作场所、商店、公园和体育馆。这为其他城市开创了一个先例，许多城市都表示有兴趣效仿这种做法。例如，斯堪的纳维亚半岛上的城市正在为出行革命铺平道路。

巴塞罗那、哥本哈根、马德里和奥斯陆等大都市区（Metropolitan Areas）已经开始禁止汽车进入市中心，即使不是永久禁止，至少也要连续几天禁止。在英国，约克则采取了更为严厉的手段。以奥斯陆为榜样，从2023年起，约克古城的市中心将不再允许车辆进入。此前，许多市民受到了支持气候保护的示威活动的影响，向市政当局施加压力以期望政府能够采取行动。因此，市政府计划迅速采取行动，购买电动巴士和按需穿梭巴士（on-demand shuttles）。此外，市政府还计划修建一些新的自行车道和步行区。最终，这些想法都将取决于居民是否愿意改变他们的出行方式，以及他们是否支持这场交通革命。包括伯明翰在内的英国其他城市也曾试图采取这种做法，但它们都遭到了市民的抵制。

亚洲与澳大利亚

新加坡政府早在1998年就引进了电子收费系统（Electronic Toll Collection System，ETC）。该模式下，道路上配备了传感器和摄像头，每辆车都被分配了一张现金卡。通行费是根据行驶的千米数计算的，在旅程结束后会被立即扣除。但是，通行费的费率将根据一天中的时间和经常出入该道路上的交通量而有所不同，这使得人们会仔细考虑他们开车出行的时间和地点。从各方面来看，这种基于时间和位置的收费方式已被证明在引导交通流量方面是有效的。

然而，新加坡政府希望在交通管理方面取得更大的进展，并为此启动了许多项目：按需巴士（On-demand bus）服务（特别是在郊区），连接住宅区和公共铁路服务的自动驾驶穿梭巴士，以及复杂的收费系统——它能将交通尽可能均匀地分配到不同的主要道路上。此外，政府还计划利用卫星密切监测交通流量，这些数据将使得控制交通信号灯、实时调整某些路段的收费、关闭或开放个别车道成为可能。

马斯达尔城（Masdar City）是阿拉伯联合酋长国的一个城市发展项目，该项目于2008年2月启动。在这个示范城市中，交通是多模式的，不同的模式之间可以相互协调。这种交通网的主骨架是一个地下的个人快速交通网络，自动驾驶座舱将会把乘客带到目的地。因此，马斯达尔城将成为全球打造"无车城市"（car-free city）的榜样。车辆禁止在地面街道上行驶，这些街道将留给行人和骑自行车的人。在它们上方，一条高架铁路将马斯达尔城与其他地区和机场连接起来。不幸的是，由于一系列技术挑战，该项目目前处于暂停状态。然而，人们并没有完全准备好放弃他们的私家车，这证明改变出行行为，不仅是在马斯达尔城，在任何地方都是一个相当大的挑战！

墨尔本计划在2050年之前建成一个"20分钟城市"（20-minute city）。就像在巴黎、奥斯陆和其他城市中心一样，目标是让居民能够在 20 分钟内从家里步行到工作场所、体育馆、学校、公园和商店。然而，创造一个平衡和健康的城市环境需要良好的土地组合使用。市政府正在传达这样的信息：并非所有区域都应该保留给汽车，城市规划者正专注于在市中心创建聚会场所，人们可以在那里聚会、运动，或者只是放松和漫步于公园——换句话说，规划者更关注社会互动（social interaction）。为了实现这个计划，市政府需要制定符合这一计划的交通方式，因此，墨尔本计划扩大步行区、自行车道以及公共交通，也就不足为奇了。

—— 北美 ——

让我们看一个有趣的例子：2011 年，凯蒂高速公路（the Katy Freeway）的一个新路段开通，最终让休斯敦市区的交通拥堵得到了极大程度的改善。政府在这一新路段上耗资 28 亿美元，将高速公路拓宽到令人瞠目结舌的 26 车道[2]。然而，这条高速公路开通后不久，交通状况就恶化了。该地区的交通拥堵不仅没有减少，反而越来越多，拥堵时间也更长！此外，通勤交通量也大幅增长，早上增加了 30%，晚上增加了 55%。这是布雷斯悖论的另一个例子，该悖论假定更多的道路将吸引更多的汽车。

毫无疑问，汽车统治着美国和加拿大！在加拿大和美国的许多地方，没有汽车的生活似乎是不可能的。然而，在亚利桑那州坦佩市的郊区库德萨（Culdesac），情况并非如此。如果你选择住在这里，则必须放弃你的私家车。也许该镇的规划者听说过关于凯蒂高速公路的故事！

重塑出行
自动驾驶时代的"出行即服务"

在这里,一个拥有公寓、餐馆、商店和健身公园的无车社区(car-free neighbourhood)正在建设中。有轨电车将居民运送到市中心、机场和大学。但即使在库德萨,也不能做到完全没有汽车。为了在指定站点接送乘客,各种汽车共享服务和网约车服务被允许进入该城市。无论如何,库德萨可能只是一场出行运动的开始,发起这个项目的人希望其他城市也能很快效仿这一模式。

在墨西哥城,多年来人们一直在与交通拥堵和汽车废气做斗争。因此,市政府决定在每周的某些日子限制一些车辆进入市区。基于车牌号的轮换制度(rotation system)旨在确保每天在街上行驶的车辆减少约200万辆。纽约也在采取行动:决定不再允许汽车进入中央公园,其目的是为行人、跑步者和骑自行车的人保留这个绿色空间。该市交通部门已经发起了一个项目,计划逐步禁止汽车在该区域的通行。

与此同时,渥太华的目标是到2046年成为北美最宜居的中型城市。像澳大利亚的墨尔本以及其他城市一样,渥太华正计划建立一个这样的社区:居民步行15分钟就能拥有包括商店、医院在内的所有必要服务。出行系统也正在被改造:到2046年,市政府希望超过50%的出行将使用可持续公共交通、步行、拼车或骑自行车。然而,重点是扩大轻轨系统,并提供自动驾驶穿梭巴士,将通勤者从车站带到家中。

多年来,美国交通部一直在进行财政拨款,以激励城市改善居民的出行方式(图7.1)。许多大都市地区已经开始为实现现代化交通系统而竞争这些款项,并以私人资金来补充预算[3]。例如,得克萨斯州的奥斯汀(Austin)市政府正在努力创建一个出行市场,以增加老年人、残疾人、病人和低收入居民的流动性。为此,市政府已邀请所有边远地区受影响的居民提供意见。

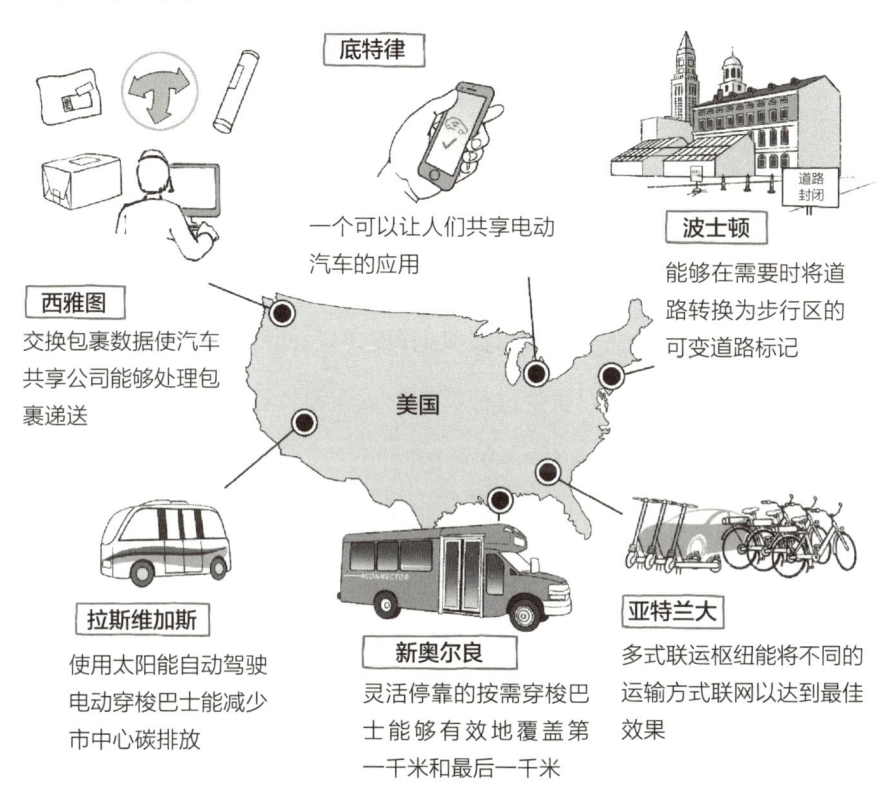

底特律
一个可以让人们共享电动汽车的应用

波士顿
能够在需要时将道路转换为步行区的可变道路标记

西雅图
交换包裹数据使汽车共享公司能够处理包裹递送

拉斯维加斯
使用太阳能自动驾驶电动穿梭巴士能减少市中心碳排放

新奥尔良
灵活停靠的按需穿梭巴士能够有效地覆盖第一千米和最后一千米

亚特兰大
多式联运枢纽能将不同的运输方式联网以达到最佳效果

图 7.1　改变美国出行方式的举措

来源　2021 年 1 月美国交通部网站。

俄亥俄州的哥伦布市做法尤为创新：所有预约了医疗服务的居民都将有一个多式联运（multimodal transportation）的时间表和自动发送到他们手机上的支付系统。对于残疾人而言，该市还将提供无忧乘车服务。除此之外，市政府还计划增加一条公交线路，以连接目前无法使用公共交通工具的部分地区，并对交通信号灯进行编程，以确保这些公共汽车始终拥有优先通行权。

> **重塑出行**
> 自动驾驶时代的"出行即服务"

—— 汽车禁行区 ——

每当一个城市大胆地改变街道布局并设立步行区时,伴随而来的都是媒体铺天盖地的质疑和抨击:这是浪费纳税人的钱,是政治家的纪念碑,是对商业的致命打击,是当地发展的一大阻碍。维也纳也不例外,当该市对中心街区的人行道进行了扩建,并将另一条街道重新构想为共享空间后,也受到了来自媒体的类似批评。但与此同时,也有一些人对这种规划表示支持,他们认为这种类型的重新设计将吸引更多的行人来到这些街道,并愿意在街道停留更长的时间,进行更多的消费。

为了进一步确认可能产生的影响,学者们对选定的改造项目的经济和财务影响进行了研究。结果是明确的:街上的人越多,商店的收入就越高。尽管这听起来合乎逻辑,但许多企业主都对这种联系持怀疑态度。平均而言,每个经常光顾维也纳购物区的行人都会产生约27欧元的额外销售额。在一些街道,这个数字甚至接近90欧元。一条街道上的商品种类越多,流连忘返的人就越多,这反过来又增加了销售额。这所导致的结果是:在改造项目上投资的约100万欧元为该市带来了巨大的回报,不仅产生了额外的销售额,还带来了近500万欧元的额外税收收入。

在马德里也有类似的例子:在圣诞节购物季期间,关于禁止汽车进入市中心的讨论和谈判永无止境。尽管对这一举措店主们感到很失望,驾驶员们十分生气,政客们也对此表示怀疑,但最终他们仍然同意了这一举措。最终,结果打消了所有人的疑虑:禁止汽车通行的区域销售额有了显著的增长,而且与交通不受限制的地区相比,它们的增长更为明显。例如，在市中心著名的格兰维亚大道（Gran Via），销售额比上一年显著增长了 9.5%。另一个有益的影响是，在此期间，市中心的空气质量有所改善：氮氧化物排放量下降了 38%，二氧化碳排放量也减少了 14%。

零伤亡愿景

"零伤亡愿景"是瑞典为预防道路事故而发起的一项倡议，其主要思想是提高车辆及基础设施的安全性[4]，直至交通事故伤亡降为零。近年来，包括美国在内的许多国家纷纷效仿，目前有 33 个城市实施了"零伤亡愿景"倡议。洛杉矶在这方面是领头羊，它使用路边摄像头和传感器来收集各种交通数据。通过分析这些数据，可以发现交通安全方面存在的缺陷，以帮助城市制定必要的改革规划。

新的交通愿景正在成为现实：继奥斯陆之后，来自赫尔辛基的报告也指出，2019 年没有行人或骑自行车的人死于交通事故。可以说，交通安全水平的提高与他们采取的多项举措密不可分，这些措施包括：重新设计了原本事故多发的十字路口，将所有居民区的车辆限速降至 30 千米/时，持续起诉超速者，并要求车辆必须配备辅助系统以保护其他道路使用者。在美国进行的研究表明，先进的驾驶辅助系统可将交通死亡人数减少约 30%。

— C40 —

C40 全称为城市气候领导联盟（Cities Climate Leadership Group），是一个以城市为主体的非政府间国际组织，其致力于推动全球城市减少温室气体排放、积极应对气候变化、提升城市居民健康和福祉，目前共有 97 名成员。这些城市拥有世界约 8% 的人口，创造了全球约 25% 的 GDP[5]。根据《巴黎气候协定》在气候保护上的内容，该组织计划共同制定措施，最终达成"将全球变暖限制在 1.5 摄氏度以内"这一目标。为了让这一目标能够顺利实现，必须从 2020 年开始减少温室气体的排放量。目前，C40 中至少有 27 个城市已经实现了转变。

当然，出行只是其中的一个方面，但也是一个特别重要的方面。C40 城市正在呼吁建立一个出行系统，这一系统旨在利用包括智能交通标志和交通信号灯在内的智能基础设施来改善交通流量。在这一系统中，运输方式将实现同步，以促进人员和货物的无缝流动。此外，车辆必须根据循环经济的原则建造，即使用天然材料和可回收的物质。此外，该出行网络鼓励使用电动汽车，但强调所使用的电力必须来自可再生能源。如果我们把这些事放在心上，我们就有机会去应对未来几十年可能出现的生态和经济挑战。也许现在正是最恰当的时机，让人们了解"出行即服务"在交通出行改革中所做出的重要贡献。

第八章
农村地区正在发生哪些转变

—— 郊区城市化 ——

毫无疑问，人们正在涌向大都市地区。然而，我们有必要先来了解一下目前城市中正在发生的事情：近几年来，由于房租的上涨以及市中心极高的生活成本，越来越多居住在欧洲城市中心地区的居民已经搬去了郊区，包括许多有孩子的家庭、退休人员以及中低收入人群。选择留下来的往往是那些高收入人群，例如，单身人士和没有孩子的夫妇，以及仍在尝试融入当地生活的移民们。

但郊区城市化现象并非起源于欧洲或亚洲。相反，它起源于美国，最早可以追溯至20世纪50年代[1]，在那时就出现了越来越多的居民开始从城市迁往郊区这一趋势。由于人们每天都要在市中心和位于偏远地区的家之间往返，且购物中心、学校和休闲设施都位于市中心，这些都导致了交通量的迅速增长。然而，由于郊区的分布都较为分散，铁路和公共汽车从一开始就几乎不能作为理想的运输方式。也因此，整个交通网都是以汽车为出发点而设计的，许多郊区甚至没有考虑建立自行车道或人行道。

在大约 3.3 亿的美国居民中，目前约有 5000 万人居住在农村地区，有 1 亿人居住在城市中心，还有近 1.8 亿人居住在郊区。甚至在新冠疫情暴发之前，郊区的人口就一直在稳步增长，这一趋势在疫情期间和疫情之后变得更加明显。我们都知道这些拥有广阔郊区的特大城市是什么样子的，一个典型的例子是洛杉矶大都市区：它一直延伸到加利福尼亚州与内华达州的边界，占地近 8.8 万平方千米，该面积比奥地利大，几乎与约旦相当。

但即使是郊区空间，也正在发生根本性的变化。直到 20 世纪 80 年代，郊区才被认为是中产阶级的首选居住区[2]。越来越多的道路在城郊之间修建，以便人们往返于他们的社区和工作场所。并且，自 20 世纪 90 年代以来，人们在这些郊区修建了越来越多的购物中心。近年来，许多公司也被迁往郊区，以便在人们的实际居住地附近为他们创造就业机会。由此导致的结果是，市中心和郊区之间严格的分界线正在消失，新的城市副中心正在出现。这样的例子并不鲜见，在旧金山、奥斯汀和波士顿都可以找到。老郊区千篇一律的独栋住宅正在被改造成多彩多样的住宅区，吸引着形形色色的人和来自各行各业的公司。除此之外，郊区的变化还反映在建筑上：除了独栋住宅，商业建筑和公寓甚至是豪华社区也在不断增加。许多城市规划者也将这些街区称为"特大郊区"。至少在美国，它们现在比特大城市的人口还要多。

在世界的其他地区，郊区空间也在增加。有时，他们是移民最先接

第二部分
走进城市

触到的地方，例如马尼拉、圣保罗、墨西哥城和孟买。在这些地区，大多数郊区都是卫星城市，那儿的公寓狭小，只配备了基本必需品。许多新来的移民将这里作为他们在外国的第一个家，希望在这里找寻到新的工作，并由此逐步获得更高的社会地位。除此之外，也有一些郊区旨在吸引新的中产阶级，例如距离市中心30千米的伊斯坦布尔郊区——卡亚希尔（Kayasehir）。近年来，政府在那里建造了舒适的公寓、学校、商店、公园和休闲娱乐设施等配套设施。

好消息是，现在有许多举措可以改善郊区居民的出行。其中之一是美国独立运输网络（Independent Transportation Network，ITN America），这是一个由美国公司组成的非营利性网络，专注于为老年人和残疾人提供交通运输服务。近年来，美国独立运输网络已提供超过100万人次以上的服务。这其中，大约40%的行程是由志愿者驾驶员免费提供的，尽管美国独立运输网络也为驾驶员提供了收费这一选项。德国的HUB CHAIN则有了更进一步的布局，它将按需服务与公共汽车和火车时刻表联系起来。为此，该公司创建了一个平台，乘客可以在上面输入乘车请求。根据这些数据，平台将为乘客做好出行方案，以确保乘客能在计划的时间内乘坐公共汽车或火车到达指定城市。

另一个值得注意的倡议是在底特律这座占地约363平方千米的城市发起的[3]。除了伊利湖畔（Lake Erie）的市中心地区，这个大都市区还有许多人口稀少的郊区。总共有50家公司在这个地区经营公共交通，可以说数量非常之多，甚至可能远超过了当地所需。更糟糕的是，各家公司相互之间没有协调他们的公共汽车和火车时间表。因此，多年来人们一直在抱怨交通工具的不可靠和不安全。现有的交通工具并不能帮助他们到达工作地点、购物中心、学校和教育机构、体育和娱乐场所、社会文化交流中心。面对居民的诸多抱怨，一些郊区决定停止对公共交通的财政支持。因此，越来越多的公共汽车和火车线路不得不终止运营。

这一举动主要影响的是老年人、病人和穷人，即那些没有私家车或者不再能够驾驶车辆的人。研究表明，大约 65% 的老年人家庭，在前往距离其最近的医生办公室时，需要至少 30 分钟以上的车程[3]。这也意味着，步行或者骑自行车的方式是行不通的。此外，约 40% 的贫困家庭在前往距离其最近的超市时，也需要至少 30 分钟以上的车程。这些发现都在促使市政府采取行动，以应对和解决交通出行上的难题。

他们考虑了两种方案：第一种是通过 MoGo Bikes、Boaz Bikes、Bird、Lime 等公司提供的电动自行车和电动滑板车，改善从火车站和汽车站到住宅区和商业区的交通选择。这些交通工具是便捷且廉价的，因为它们不需要任何额外的基础设施。此外，这些交通工具几乎不会产生任何排放，而且各行各业的人都可以使用。第二种方法是提供按需服务，以改善老年人和病人的出行选择。例如，优步和来福车（Lyft）进入了底特律市场，Windows 包管理工具 Scoop 和目标跟踪算法 SPLT 也推出了使通勤变得更加方便的应用程序，特别是对员工来说；像 Via 和 Bedrock 公司提供的乘车服务，能将人们带到医院、商店、电影院或体育馆。这些都表明，只要我们愿意，就有很多方法能改善人们的出行选择。

—— 乡村生活 ——

一年前，梅耶一家决定处理掉他们的第二辆车。他们希望变得更具有环保意识，因此更多地使用公共汽车、火车和自行车。然而，这却使得事情变得复杂起来。这家人住在距离德国德累斯顿 12 千米外的波森多夫小村庄。事实证明，这是问题的一部分。特别是孩子们很快意识到，公交线路是按地区进行规划设计的，如果他们想要前往另一个区，20 千米的路程可能需要花上惊人的 3 小时。因为这当中必须要进行换乘，但他们时常会赶不上换乘的车辆，而且在高峰时段往往还会出现交通拥堵的情况，这些都导致路程变得极其漫长。在上学期间的工作日，你至少可以确定去往学校的公共汽车会正常运行，但在周末、节假日或休假期间，这些公共汽车通常是不提供服务的。

当被问及为什么这些公共汽车不提供服务时，市长指出，在两年前，还有一辆按需巴士，但该服务并不受欢迎，因此也停止了。他声称，这让市政当局别无选择。县长也同样不知所措，他解释道，公共汽车服务是根据需求提供的，但与此同时，他们也需要考虑成本，因此不可能有无限的公共汽车服务于需求很少的路线。但是谁来决定什么时候有足够的需求，公共汽车应该走哪条路线，以及是否应该在周末提供公共汽车服务呢？一项分析很快表明，人们越来越多地关注成本-效益方面的计算，这也让公共交通的发展越来越受限。因此，生活在农村地区的人就不得不都去使用汽车。

最终，这将形成一个恶性循环：固定的车辆时间表，短缺的公共交通服务，大多数用户都难以理解的票价系统，地区之间缺乏对时间表的协调，以及互不相连的各区道路网，所有这些都给公共汽车和火车的声誉带来了负面影响，也导致了公共汽车和火车的低利用率。进而不断下降的乘客数量迫使运营商进一步减少服务，这又反过来导致更多的人不再搭乘火车和公共汽车，转而使用私家车。最终导致部分商店、诊所、健身房、电影院、餐馆以及各种娱乐设施和服务都在渐渐消失。我们在这里看到的是一个经典的"先有鸡还是先有蛋"的场景。在某个时候，年轻人、活跃的人、积极进取的人、勇于尝试的人以及希望参与文化和社会生活的人将搬到城市。由此，郊区就留下了那些无法搬去城市的人，那些在城市中看不到自己未来的人，以及那些需要额外照顾的人——这就是农村人口与城市脱钩的机制。

放眼更远的地方，我们发现在非洲、亚洲、南美洲和中美洲的地区，生活在农村地区的人光是看医生就需要长途跋涉几个小时，更不用说接受紧急医疗护理了。教育和工作也是如此：职业学校和大学专门设在人口中心（population centres）。如果没有规范的出行方式，农村人口就无法获得某些学位和职业技能。由此，他们也将与国家的经济、文化和社会发展相隔绝，变得越来越落后。

其中一位笔者对此有亲身体验。他出生在罗马尼亚的特兰西瓦尼亚。他居住的村里只有一所学校，并且只教授到八年级。为了上九年级和十年级，他不得不骑自行车或步行上下学。如果下雨，他甚至需要搭便车。然而当地并没有正常运作的巴士，上中学需要花费 1 小时的路程，这导致父母不得不搬去镇上，以便为儿子提供更好的教育。虽然这个故事发生在 40 年前，但在今天这种情况仍然可能在许多国家中发生。

然而，希望还是有的。许多城市政府对优步等网约车服务持批评态度，因为这些服务往往会蚕食公共汽车和火车服务，有时还会因为空车而产生额外的交通量。在农村地区，按需穿梭巴士服务可以实现人们一再呼吁的全天候出行，且不受固定时间表的限制。然而，这同样需要政

第二部分
走进城市

府愿意提供一定的财政支持，因为这些服务在农村地区，政府很难从中获得收益。公共汽车和火车可用于运营从城市到农村地区的主要交通轴线（transport axes），反之亦然。沿着这些路线，可以设立换乘点，乘客可以在这里换乘穿梭巴士。值得注意的是，提供适用于所有交通方式的车票也是很重要的，因为没有什么比必须单独支付公共汽车、穿梭巴士或租赁自行车费用更糟糕的了。

"出行即服务"至少可以解决一部分这里提出的农村地区的现存问题。有两类客户特别有可能从这一服务中受益：老年人和病人，即那些不能再开车，并且也无法乘坐公共交通工具的人。从全球范围来看，世界上60岁以上人口占比将从2015年的8%增加到2055年的17%。此外，这些服务可能会吸引尚未获得驾驶执照的年轻人——这些年轻人居住的地区可能几乎不提供公共交通服务，或者每天仅提供几次，甚至在周末根本不提供。

社会政策的一个重要功能是能够提供完善的出行服务。研究表明，不能再自己开车的老年人或病人会减少他们的社交活动，这反过来又会导致他们自身出现健康问题。一旦某人完全依赖他人开车接送，他看医生的次数就会减少15%，购物次数会减少59%，拜访亲朋好友的次数会减少65%[4]。在这里，我们又回到了一个概念，即出行需要成为一项基本权利（第一部分第一章）。这意味着政府需要参与进来，以确保最新的交通技术和出行理念被用于连接农村居民和城市生活。

除了发展"出行即服务"的想法，我们可能还需要完全重新考虑农村地区的火车和公共汽车运输方案。这方面可以举一个"乡村座舱"的例子，这是一个重新启用旧的、废弃的线路的单轨系统。它由电池供

> **重塑出行**
> 自动驾驶时代的"出行即服务"

电，沿着轨道在各个不同地点之间循环运行，乘客可以使用应用程序提前进行预约。该例子证明了个性化的本地客运的可行性。这就提出了一个问题：为什么铁路运营商很久以前没有这个想法呢？答案相当明显：他们没有跳出惯有的思考框架。这里还有一个技术要点，即旋转陀螺仪可以确保列车不会绕其旋转轴倾斜。这一点很关键，因为乡村座舱是在单轨上运行的单轨系统（图 8.1）。

图 8.1　"乡村座舱"为农村地区提供交通服务

来源　改编自 http://monocab-owl.de/.

第三部分
PART 3

汽车工业迎来巨变

第九章

供应链正在崩溃

—— 增值服务的变化 ——

纵观汽车的历史，可以发现一个惊人的事实：汽车先驱亨利·福特不仅拥有汽车生产线，还拥有橡胶种植园、大豆田和铁矿[1]。为了将原材料运送到他的工厂，他还购买了许多船只、飞机、卡车和拖拉机。事实上，亨利·福特掌管着整个汽车工业的供应链：从原材料的种植和开采，到汽车的生产和交付（图9.1）——即使放在今天，这也是任何人都无法企及且难以想象的。

直到后来，才有了供应商这一角色。供应商最初只生产单个零部件，如轮胎、轮辋、大灯或火花塞，后来又生产了悬挂支柱（suspension struts）、刹车盘和安全带。随着时间的推移，他们逐渐扩大了供应范围。一些公司，如博世、采埃孚（ZF）、电装（Denso）、大陆集团（Continental）和麦格纳（Magna），他们都在生产一些主要组件，如传动

重塑出行
自动驾驶时代的"出行即服务"

价值链的发展

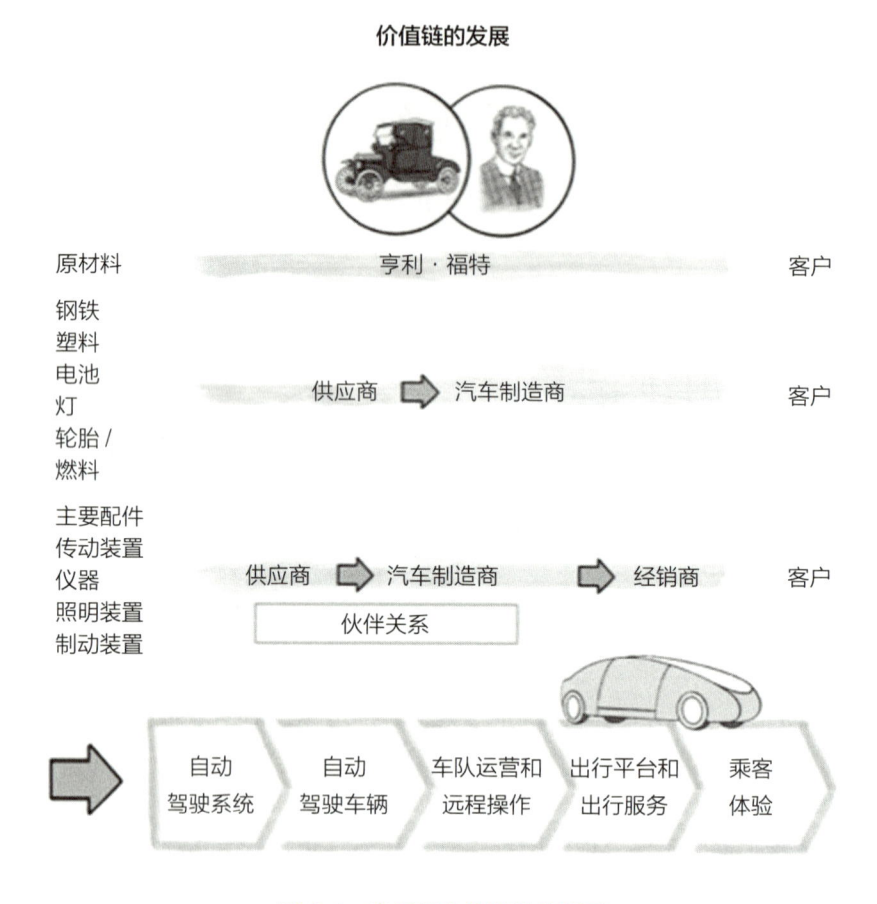

原材料 —— 亨利·福特 —— 客户

钢铁
塑料
电池
灯
轮胎/
燃料

供应商 ➡ 汽车制造商 —— 客户

主要配件
传动装置
仪器
照明装置
制动装置

供应商 ➡ 汽车制造商 ➡ 经销商 —— 客户

伙伴关系

➡ 自动驾驶系统 — 自动驾驶车辆 — 车队运营和远程操作 — 出行平台和出行服务 — 乘客体验

图 9.1 出行行业价值链的发展

来源 Original material.

系统和燃油喷射系统。与此同时，这些公司已经掌握了许多生产技术，以至于他们甚至可以自己造车。因此，在几十年的发展过程中，汽车制造商将越来越多的增值服务委托给供应商。在某些情况下，整车生产中供应商占据的比例甚至高达 80%——为什么会出现这种情况呢？

在 20 世纪初，还没有所谓的供应商部门，能够可靠地制造汽车制造商指定的材料并按时交付。换句话说，亨利·福特别无选择，只能由

第三部分
汽车工业迎来巨变

他自己来处理每一件事[2]。在今天的汽车工业中，各种零部件都有相应的技术标准。因此，将生产外包给供应商是无风险的，即使在最坏的情况下，风险也很低。因为供应商为多家汽车制造商工作，他们可以利用规模经济，以比汽车制造商更低的成本生产许多零部件。与此同时，现今的供应商都拥有自己建立的成熟且高效的供应链，甚至与制造商发展成了合作伙伴关系。

但这并非一帆风顺。汽车行业正在发生巨变，且这种巨变影响着从硬件到软件和服务的方方面面。这不仅有可能将供应链拆分成越来越多的独立部分，还有可能完全颠覆原有的供应链。专业化的技术公司正在接手越来越多的业务，这是因为相较于亨利·福特当年更换硬件的情况，当前更换软件几乎不产生任何成本。这也进一步促进了劳动力的分配，并降低了市场准入门槛——这正是我们今天所看到的，成千上万的科技公司正在挤进汽车市场。其中，许多公司专注于为电动汽车的智能网联自动驾驶汽车（connected and autonomous vehicle，CAV）提供软件模块，其他公司则专注于传感器系统、图像识别、算法、控制系统和通信。其中，通信的关键技术包括了车对车（Vehicle-to-Vehicle，V2V）通信，以及车对基础设施（Vehicle-to-Infrastructure，V2I）通信。此外，还有一些公司关注出行和停车服务的开发，以及对微出行概念的探索，或者提出了新的汽车融资租赁模式和汽车保险模式。

图 9.2 显示了伦敦的一家战略公司——内克曼战略顾问公司（Neckermann Strategic Advisors）对出行行业中不同参与者的概述。即使你不能识别每一个公司的标志，也能从这张图上看到无数公司都在试图从出行市场中分一杯羹。这场为了争夺出行市场中的一席之地的竞争正

> **重塑出行**
> 自动驾驶时代的"出行即服务"

如火如荼地进行着。正如动荡时期的情况一样，其中有些公司将很快再次撤出市场或被其他公司收购，但也有一些公司将存活下来，并彻底改变汽车和出行市场。内克曼战略顾问公司正密切关注着行业中的变化及发展，并定期发布相关报告。

图 9.2　出行行业的参与者

来源　伦敦的内克曼战略顾问公司。

那么究竟是什么决定了有多少玩家可以参与到供应链中呢？这就不再是汽车制造商可以决定的事了。这一切都取决于技术。简单来说，投资于具体方向的生产资金越少、经济发展和各利益相关方的行为越可预测、公司之间的合作越频繁，供应链上的玩家就越多[3]。而这也都适用于今天的汽车行业。软件的重要性与日俱增，使得所需的投资变得不那么确定。软件的开发可以被分解成许多子项目，这些子项目也可以在全

第三部分
汽车工业迎来巨变

球范围内的不同地点同时进行。亨利·福特的时代，即汽车制造商塑造价值链的时代，已经一去不复返了。

对于汽车制造商和他们的供应商来说，这里有一个重要的教训：制造商按照自己的意愿塑造供应链的能力正在减弱，就像他们先驱们的时代一样。一些观察家谈到了供应链的逐步崩溃，尽管如此，汽车制造商仍然需要重新定义他们的角色。这里有一种可能的情况：目前，全球仅有几家主要的钢铁制造商为相对较多的汽车制造商提供服务。类似地，我们可能很快就会看到一些汽车硬件制造商为专门从事软件、算法、控制系统、出行平台、车队管理（fleet management）和出行数据分析的科技公司提供底盘和电力传动系统[4]。汽车制造商是否有能力对抗新兴的科技公司？能否保持自己在价值链中的地位？能自己开发一些软件吗？这场比赛是完全公开的！

让我们回顾一下图 9.1 的底部，它展示了当前出行行业的价值链。从本质上讲，它包括以下 5 个层次的附加值：自动驾驶系统（self-driving system）、自动驾驶车辆（self-driving vehicles）、车队运营和远程操作（fleet operations and teleoperations）、出行平台和出行服务（mobility platforms and services）以及乘客体验（the rider experience）。其中最后一个层次代表了由谷歌、奈飞（Netflix）、亚马逊（Amazon）、英国广播公司（BBC）和美国有线电视新闻网（CNN）等提供的各种服务，包括购物和游戏。举一个例子，穿梭巴士上的人透过窗口看见了一则星巴克的快讯："任何在下一站下车的人，去拐角处的星巴克点一杯拿铁，就可以得到一块免费的蛋糕或饼干。"在我们仔细研究这个新的价值链（第四部分第十四章）之前，首先让我们把注意力转向推动这一变革的驱动

重塑出行
自动驾驶时代的"出行即服务"

力上。

—— 变革的驱动力 ——

你是否曾意识到,在过去140多年里,汽车市场的运作原则是一样的。我们购买一辆车,拥有它,然后驾驶它。尽管技术进步了,但这个过程几乎没有改变,除了车辆现在可以通过整车厂的自有金融服务机构进行融资租赁或贷款。像亨利·福特或卡尔·本茨这样的汽车先驱会有什么想法,又会怎么做呢?让我们猜测一下:以他们对技术的热爱,苹果手机、磁共振断层扫描(magnetic resonance tomography)、SpaceX星际飞船、机器人手术(robotic surgery),当然还有"机智"号火星直升机(Ingenuity Helicopter)这一工程奇迹,这些都会给他们留下深刻的印象。那么汽车呢?现代的汽车不仅是从A地到B地的交通工具,它们是车轮上的计算机和机器人,配备了最先进的电子设备,被赋予了极致的审美和设计[5]。

两位先驱可能会感到失望的一点是,这么多年过去,我们使用汽车的方式几乎没有改变。其他行业,如电信、制药或食品,其产品和商业模式已多次发生重大变化。并且在这些市场中,产品的使用方式也发生了翻天覆地的变化,比如,接打电话方式的变化以及智能手机的发展,而汽车市场从未发生过如此根本性的变化。这对制造商来说是多好的一件事啊,他们从来没有完全重塑过自己。然而,现在至少有两个颠覆性的发展趋势即将出现,它们有可能颠覆汽车市场长久以来的实践和原则(图9.3)。

第三部分
汽车工业迎来巨变

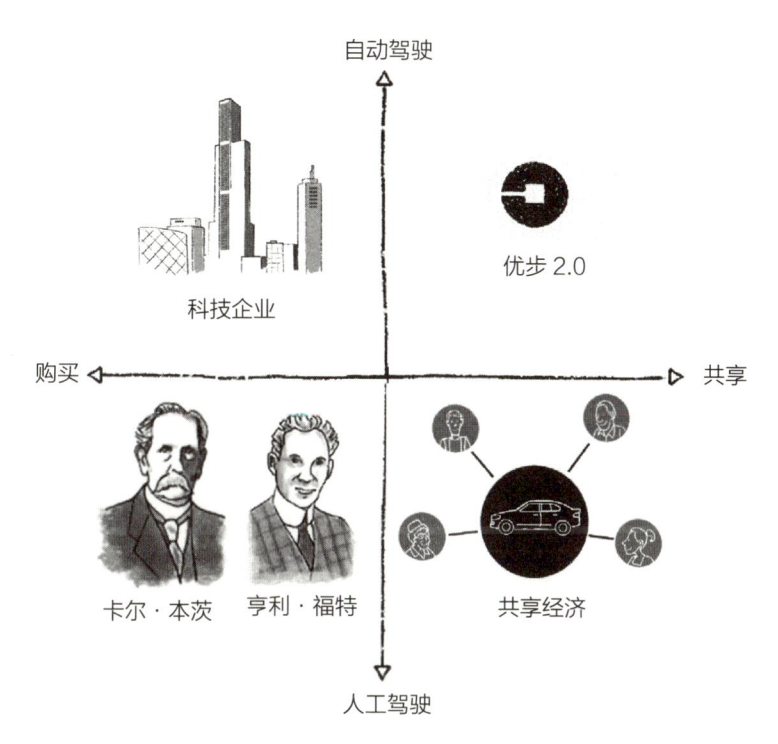

图 9.3 自动驾驶与共享出行正在改变驾驶员

来源 受亚当·乔纳斯（Adam Jonas）演讲《驱动国家》的启发。

现在的观点认为，拥有一辆汽车对于出行来说不再是必需的。"共享"是新的关键词——顺风车服务、拼车服务和网约车服务将在未来几年改变人们的出行行为。诸如滴滴、优步、来福车和格步（Grab）等公司正在推动这一趋势。根据笔者的研究，我们认为这一趋势是不可逆转的。另一个发展趋势是，越来越多的科技公司正在向汽车行业进军，它们提供了实现自动驾驶的软件、算法和传感器。有了这些技术，驾驶员可以将越来越多的实际驾驶任务交给汽车。这两种趋势的结合催生了优步2.0：一种为人们提供全天候共享出行服务的自动驾驶穿梭巴士。这种电动穿梭巴士没有配备方向盘和踏板，人们通过应用程序来控制它的

重塑出行
自动驾驶时代的"出行即服务"

运行[6]。

包括凤凰城、巴黎、底特律、东京、上海和纽约在内的许多城市，已经开始组建这样的穿梭巴士车队。交通控制中心统筹考虑人们的目的地和交通状况，确保它们行驶在最佳路线上。这是一个可以快速实现的出行概念。因为无人驾驶穿梭巴士不需要自己的独立车道，可以顺利汇入现有的交通通道。如今，自动驾驶汽车已经能够适应日渐复杂的出行场景，在耶路撒冷、巴黎、东京、首尔和慕尼黑等地繁忙的市中心街道，都能看到它的出现。

第十章
自动化、电动化和智联化

—— 自动化 ——

这个例子传递出来一个新的想法：我们可以从蚂蚁身上学习如何避免交通拥堵。我们可以用 0~1 这一范围对交通流量的大小进行衡量[1]，零代表完全不存在交通拥堵，而任何接近 1 的数字都表示存在交通拥堵。有趣的是，在蚂蚁的"交通流"中，即使蚁道上有 80% 的蚂蚁同时在移动，蚁队的速度也没有下降的迹象。相比之下，当人行道或道路占用率仅为 50% 时，人行道和机动车道就会变得拥挤。另一项观察显示，当受到威胁时，蚂蚁会均匀地分布在可用的空间内，而不是冲向瓶颈从而造成拥堵。毋庸置疑，较之人类，蚂蚁是做得更好的一方——它们是如何做到的呢？

蚂蚁通过不断地相互交流来发挥它们的群体智慧（swarm intelligence）。这些互动的时间越短，"交通"就越顺畅。它们用气味、声音或身体语言进行交流。令人惊讶的是，蚂蚁所产生的运动轨迹可以用特定的算法来模拟。第一个蚁群算法（colony algorithms）早在20世纪50年代就被开发出来了。这种蚁群算法能帮助我们确定一种移动模式，在这种移动模式下，将有最大数量的蚂蚁在特定时间内完成从A点到B点的移动。

这一切与自动驾驶有什么关系呢？答案是有很大关系！自动驾驶汽车也可以相互通信，当然不是用气味，而是通过车与车以及车与基础设施之间的通信。道路上的任一车辆都可以加入其附近的汽车群，并与其中的车辆相互通信。交通控制中心使用自己的蚁群算法来确定每辆车的速度和最佳的车间距，这样就可以让尽可能多的车辆同时在路段上行驶。这一切都是为了最大限度地提高吞吐量。然而，这只有在汽车之间能够相互通信的情况下才能发挥作用。最理想的情况是没有人的干预，否则，这将无法实现[2]。

基本理念

自动驾驶的历史比我们想象的要更久，这一想法最早起源于20世纪初的美国。在美国，自动化早在20世纪20年代就开始了，在这10年中，约有20万人在交通事故中丧生，我们只需要看看那些早期的无声电影，就能知道造成这一巨大数字的主要原因了：一方面是由于人们千奇百怪的驾驶方式，另一方面则与车辆本身的状况有关。没过多久，第一批主张剥夺驾驶员权利、将驾驶任务交给车辆的声音就出现了。在当时，已经有控制系统可以使飞机自动地水平飞行，无线电控制的汽车也不是什么新鲜事了。但是，自动驾驶技术要想达到可以在公共道路上

第三部分
汽车工业迎来巨变

使用的要求，还需要近 100 年的时间。现在，似乎终于到了逐步将汽车的控制权移交给汽车的车载系统的时候了。

我们所说的自动驾驶到底是什么意思？让我们参考一下国际汽车工程师协会（Society of Automobile Engineers）对自动驾驶的定义，它将自动驾驶划分为 0~5 级共 6 个等级[3]。处于 0 级自动驾驶水平的车辆，驾驶是完全手动的。这意味着，驾驶员加速、刹车、转向以及保持所需的速度都需要手动完成，车辆的控制不受系统干预，充其量也只有警告驾驶员的系统。随着自动驾驶水平等级的提升，车辆上配备的技术越来越多。到 4 级，汽车已经有能力自动进行有限范围内的驾驶操作，比如，在城市环境中或者在某些特定的天气条件下。到 5 级，车辆可以以任意速度自动驾驶到任何地方，并且在任何时间或任何交通情境下都不需要人工干预。然而，如果出现不可预知的情况，交通控制中心也可能进行干预。例如，可能在某一路段出现了车辆的追尾碰撞，由此导致道路的一侧被堵。因为在道路中间有一条实线，所以原则上车辆是不应该主动跨入另一侧车道的，但由于这次追尾碰撞，控制中心进行干预，用以支持并授权车辆在禁止通行的地方进行超车。

自动驾驶汽车的核心是中央控制单元（central control unit）。要想了解它的工作原理，你可以把自己想象为一名正在进行拉力赛的副驾驶，你需要向驾驶员提供其需要的所有指示，来帮助他安全地驾驶汽车到达目的地。你可以使用 3 个基本指令：加速、刹车和转向，以及这 3 个指令的变体，如逐渐加速、紧急刹车，或向右转 60 度。你不妨将自己代入角色，尝试看看！但是人们通常会低估发出指令所需要的时间，以及驾驶员对指令的反应和操作时间，这使得驾驶员的操作其实并不是那么

> **重塑出行**
> 自动驾驶时代的"出行即服务"

及时。如果熟悉地形且拥有丰富的驾驶经验，那么发出指令将是相对轻松的。但如果是在高速公路上行驶，即使速度适中，也很难迅速发出各种指令。更不用说在高速行驶的状态或者在城市交通的高峰时段行驶时，眼观八方地下指令、零延迟且无错误地下达指令几乎是不可能的。

到目前为止，体验过这个过程的人有一个共识：最大的挑战是必须要随时关注行车环境和周围其他驾驶员的行为。副驾驶如果能在这方面做得越快、越好、越准确，他们发出的命令就会越精确。这也是中央控制单元面临的挑战。在这里，中央控制单元可获得的驾驶行为示例越多，汽车就越能顺利地融入交通流。自动驾驶汽车的用户或"骑手"的用户并不需要登记这些信息，他们可以输入目的地，然后在系统中选择最快、最短、最方便或最具吸引力的路线，或者是免过路费的路线。如果乘客想在旅途中睡觉，他们可以输入指定的到达时间，随后车辆将开启平稳驾驶模式（smooth-driving mode），并按规定时间抵达。总的来说，确保智能行程规划（autonomous trip）的成功需要3个步骤：传感、测绘和规划。这可能听起来比较专业，但其实非常简单，我们将在下文为大家做进一步的讲解。

传感器

要想实现自动驾驶，车辆需要传感器来检测其周围环境中的所有物体[4]。目前主流的传感器产品包括激光雷达、无线电雷达和摄像头。激光雷达使用激光束来测量车辆与环境中所有物体的距离，如果这些物体正在移动，激光雷达也会记录下它们的速度。它的覆盖半径超过100米，所捕获的数据将用于生成三维地图。无线电雷达则是使用无线电波

第三部分
汽车工业迎来巨变

来确定移动物体的速度、距离和角度。虽然无线电雷达捕获的数据可能不是特别精确，但它在任何天气条件下都能工作，此外，它还能利用反射来"看到"隐藏在物体后面的东西。摄像头的工作原理与我们的眼睛大致相同，它们非常强大：与激光雷达和无线电雷达不同，它们可以检测到不同的颜色——这对于评估道路状况至关重要。利用摄像头，车辆可以直接识别出交通信号灯当前是红色、黄色还是绿色的。从这个角度来看，仅使用摄像头就可以实现智能行程规划。然而，就目前的情况来看，这还是十分不安全的，我们仍然需要同时使用3种类型的传感器。可以说，冗余（Redundancy）对于保持整个系统的低故障率仍然至关重要。

控制单元

传感器所捕获的数据都存储在中央控制单元[5]，想要合并这些数据是极为复杂的：因为每个系统都以自己的速度和精度水平运行，但所有数据必须同步传输，才能创建完整而准确的图像。因此，我们利用中央控制单元来同步这些数据，并使用它来计算当前的环境模型，即车辆周围的交通状况图。这一系列流程都是实时的，且必须没有任何延迟。除了来自传感器的数据，我们还会输入高分辨率地图（high-resolution maps）提供的数据，精度高达厘米级别的车辆定位数据，以及来自实时交通信息的数据。根据这些输入，中央控制单元会做出决策并向相应的控制单元发出指令，例如，当中央控制单元做出"向左转40度，稍微加速，然后刹车"的决策后，它会分别向转向系统、电动机系统和刹车系统的控制单元发出上述指令。

无比视公司（Mobileye）已经证明这是可以做到的：该公司的自动

驾驶汽车已在耶路撒冷、特拉维夫、慕尼黑、东京、上海、底特律、纽约和巴黎投入使用，其他城市也将紧随其后。自动驾驶汽车需要考虑的因素有：狭窄的小巷和路口，双排停车甚至三排停车，其他驾驶员难以预测的驾驶行为，遍地的自行车和电动滑板车以及熙熙攘攘的行人；此外，还有交通信号灯和路标，雨天、雾天和偶尔的冰雪天，再加上急救车辆、警车和消防车等因素。然而，到目前为止，自动驾驶汽车都表现良好！

在自动驾驶方面，无比视公司有自己的工作理念以及独特的设计方式。具体来看，无比视公司采用了3个环境模型并行计算的方法。第一个模型是基于由摄像头提供的信息。相比之下，第二个模型只使用来自激光雷达和无线电雷达传感器的数据。如此一来，进行车辆环境重建时出现错误的概率就会降低几个数量级——这有点像当你口袋里有两部智能手机（一部是安卓手机，另一部是苹果手机）时，两者同时崩溃的概率就会很低。第三个模型是环境模型，它利用来自所有传感器的数据，使其能够创建一个融合传感状态（fusion sensing state）。这仅用于确保驾驶的舒适性，使整个旅程能够尽可能平稳地进行。

无比视公司利用学习算法（learning algorithms）对数据进行分析处理，这些算法通过人工智能在实例中不断学习，然后概括出结果。在这里，数据的具体特征并不是关键，更重要的是让其掌握有关规律与模型。通过算法，系统实现了至关重要的一步，即对未知数据的分类和评估。在自动驾驶中，这些机器学习算法在目标检测（object detection）中发挥了关键作用：传感器提供了数以百万计的行人图像，例如，不同体型和不同穿着的行人行走、奔跑或静止站立时，传感器可以在各种天气下从各个角度对这些行人进行拍摄。随着时间的推移，算法可以从这些数据中获得回答以下问题的能力：站在路边的人是儿童还是成年人？他们是想过马路还是在等人？他们是没有观察周围的交通情况就跑到了马路上，还是已经注意到了正在靠近的车辆？可获得的数据越多，算法学习得就越快、越精确，并且对行人行为的预测也就越准确。

数字地图

数字地图（Digital Maps）在自动驾驶中起着关键作用。它使自动驾驶汽车能够实现自我定位，从而为所有进一步的操作打下基础[6]。但是，使用数字地图有一个必要前提，就是所有路况、交通标志以及其他交通相关的信息都必须输入数字地图中。因此，我们不难发现，数字地图制作公司 HERE 每天都要对其全球数据库中的地图进行数百万次的修改。不得不说，这是一项十分巨大的工程！到目前为止，由 HERE、谷歌和全球定位系统（GPS）服务公司 TomTom 提供的地图只覆盖了有限的路线，甚至没有覆盖到每个国家。鉴于全球公路网大约有 3170 万千米，能够有目前的成果也可以说是一个小小的奇迹了。

那么，数字地图的结构究竟是什么样子的呢？HERE 对地图做了 3 层分级：第一层是静态环境下的高分辨率数字地图，包括道路、护栏、交通信号灯和路标等相对固定的信息，就像传统地图一样，只是数字化了而已。第二层是由一群智能车辆提供的，包括道路工程项目、事故和其他障碍物等动态信息。第三层的设计则是为了让汽车能够更顺利地融入车流，与周围的车辆进行交汇。总的来说，HERE 利用了 8 万多个不同的数据源、卫星图像、远程操作中心（teleoperations centres）和它自己的车队，才完成了对数字地图的制作。

为了理解使用数字地图来控制汽车的复杂性，请想象一下这个例子：一辆自动驾驶汽车打算超车，但在执行这一操作之前，必须明确是否满足超车的各项前提条件，包括此处是否是禁行区、是否有可以超车的车道，车道的长宽是否允许超车，以及系统能否计算出在限速范围内用多大的加速度和速度可以在下一个弯道前完成超车。正如我们所看到的，自动驾驶需要一个详细而全面的虚拟道路模型。

自动驾驶在很大程度上依赖于交通和道路状况的实时信息。车载传感器可以检测到每一个可能存在的障碍——例如道路施工、交通堵塞、事故和道路坑洼，并将这些数据实时上传到云端。信息在云端被汇总、整合和评估，之后集成到数字地图中，并实时传回到汽车上。下面让我们看一个例子：一辆汽车检测到工人在铺设新的路标，并注意到道路变窄了。这一信息会被即时传送到云端并等待确认，如果其他车辆也报告了同样的障碍，即可以确认存在该障碍。随后，"道路变窄"这一信息将被立即传达给所有车辆。

规划

从上文可知，环境模型包含了传感器捕获的数据、基础设施的相关信息以及其他车辆的通信数据[7]。当我们在环境模型中再加入数字地图的信息之后，模型将变得更加复杂。就如我们在上文提及的副驾驶的例子一样，系统必须要记住所有的相关信息，以计算出正确的操作指令。我们可以将行程分3个步骤进行拆解，以计算出汽车所需的操作指令。第一步，系统需要获取起点和目的地，之后计算出包括最佳路线在内的所有路径。在车辆的行进过程中，系统将持续进行监测，以便在出现交通拥堵时快速改选其他备选路线。第二步，需要计算出车辆在各个路段的最佳行驶速度，以确保驾驶员不必再费心关注过弯速度。毋庸置疑，控制单元所发出的驾驶操作指令均是符合交通法规的。第三步，在决定个别操作时，也需要将交通状况考虑在内。例如，当车辆想进行超车操作时，系统将首先检测其与前车的距离，然后决定何时、以何种速度驶入另一条车道并进行超车。当然，驾驶员有许多驾驶模式可以选择，如运动模式（sport）、舒适模式（comfort）或节能模式（eco），不同的模式下车辆的行驶速度和操作指令也是不同的。

想要拥有一次愉快的旅行，我们不仅要考虑交通和道路状况，还要考虑天气、其他车辆的速度、路面情况、道旁树木、社会和文化规范，当然还有个人偏好。因此，系统供应商正忙于分析各个特定路段的驾驶模式，以明确在各特定路段上最令人愉悦的驾驶速度。这样，系统在规划行程时就能将这些结论纳入参考。此外，每辆汽车的行为必须与附近的其他汽车保持协调一致。理想情况下，每辆车都能检测到附近所有其他车辆的速度，从而能够预测它们的轨迹。就像在今天，每位驾驶员都必须自己做出判断，来帮助车辆顺利汇入车流当中，在未来，中央控制单元将代替人类自动完成这一系列操作。

因此，正如我们所看到的，在自动驾驶方面，仅有"感知"（sensing）和"高精度地图"（mapping）是不够的，真正的挑战在于"规划"（planning）。也就是说，真正重要的是汽车如何融入交通，如何做出决策，并最终采用适合自己的驾驶风格——这需要相当大的努力。如果想要将自动驾驶的工作原理阐释清楚，这将是一项艰巨的任务，但由

重塑出行
自动驾驶时代的"出行即服务"

于这是"出行即服务"非常关键的一项底层技术,因此不论多么困难,我们都必须继续下去。

—— 电动化 ——

让我们想象一个场景:一个男孩坐在厨房桌子旁,正在玩着玩具车。当他推着它,试图避开杯子、盘子和餐具时,他模仿着发动机的声音。如你所料,他的小车——一辆微型经典保时捷,有一个内燃机,当他换挡时,他的声音提高了,以配合发动机的轰鸣声。从桌子周围其他人的表情来看,他们正在为电动传动系统未能在100年前取得决定性的突破而感到遗憾。不然的话,现在的生活会是多么的安静。

电动汽车本可以轻而易举地获得完全不同的结果,在现阶段有更加卓越的进展[8]:它的历史绝非像我们所认为的那样短。事实恰恰相反,历史告诉我们,法国的古斯塔夫·特鲁夫(Gustave Trouvé)早在1881年就发明了一种电动汽车。他的发明吸引了人们的注意,并启发了其他人:在美国、德国、英国和俄罗斯,先驱者们也采用了这项技术并加以改进。费迪南德·保时捷(Ferdinand Porsche)于1898年在维也纳展示的第一辆车就是电动汽车,这辆车还在同年的柏林电动汽车比赛中获得了胜利。电力驱动的优势在当时和在今天是一样的:易于使用、清洁和安静。而它最大的缺点也是一样的,即人们担心电池不能为汽车提供足够的续航。

到了1910年,美国约有40%的汽车用的是电动机,另外40%用的是蒸汽机,只约20%的汽车使用内燃机。当时,有20家汽车制造商

第三部分
汽车工业迎来巨变

每年生产约 3.4 万辆电动汽车。尽管拥有一个如此良好的开局,但电动汽车之后的发展不尽如人意:电动传动系统的衰落早在 1912 年就开始了。越来越多的油井被挖掘出来,加油站如雨后春笋般出现,在电池仍然容易出现故障的时候,内燃机却正在变得越来越强劲、越来越稳定。这之后,亨利·福特出现了,他彻底改变了汽车制造的方式。他创造出了世界上第一条流水线,通过流水线作业的方式,生产 T 型车的成本被压缩至仅 370 美元。而任何想购买这家底特律电动汽车公司生产出的电动汽车的人,则需要支付 2500 美元。

历史上,是电动机最终将电动传动系统推向了小众市场(niche),这是多么的讽刺。1911 年左右,查尔斯·凯特林(Charles Kettering)发明了第一台电启动机(electric starter motor),由此结束了人工启动发动机的麻烦事。电动汽车的小众地位直到 2008 年才发生了转变,在这一年,特斯拉凭借其推出的电动跑车,在成熟的汽车行业中掀起了轩然大波。自那时起,电动传动系统前进的步伐就不可阻挡了:中国新成立的汽车制造商从一开始就采用了这一技术;当越来越多的人开始对传统汽车有了吐槽和抱怨之后,许多传统制造商也改变了方向,纷纷加入电动汽车的行列当中。如果下一代的孩子们会自动模仿电动传动系统发出的安静的嗡嗡声,而不再模仿换挡的咔嚓声或者 12 缸发动机的轰鸣声,那么这也就意味着,电动汽车取得了真正的成功。

如今,电动出行正在加速发展,消费者对电动汽车表现出了相当大的兴趣。2020 年,全球电动汽车(包括混合动力汽车)注册量达到约 1090 万辆,较上一年增加约 300 万辆。尽管中国和美国逐步取消了对电动汽车的补贴,但电动汽车的销量仍在大幅增长。现在看起来,这一

重塑出行
自动驾驶时代的"出行即服务"

趋势还没有结束的迹象：预计直到 2030 年，电动汽车的新注册量都将继续上升。以中国为例，据中国公安部统计，截至 2022 年年底，中国全国新能源汽车保有量达 1310 万辆，占汽车总量的 4.10%，同比增长 67.13%。[①] 与此同时，2023 年 6 月 5 日，中国乘联会发文称，预计 2023 年中国新能源汽车销量将达到 850 万辆，年度新能源车渗透率有望达到 36%，整体车市依然延续着较强的走势。这对汽车行业来说肯定是个好消息，因为在 2021 年，新出台的政策收紧了二氧化碳的排放标准——从此在欧洲，每辆汽车制造商新注册车辆的平均二氧化碳排放量不得超过每千米 95 克，在美国和中国这一数值分别为每千米 121 克和每千米 117 克。2020 年 9 月，中国明确提出 2030 年"碳达峰"与 2060 年"碳中和"目标，并在 2021 年中央经济工作会议上强调："实现碳达峰碳中和是推动高质量发展的内在要求，要坚定不移推进，但不可能毕其功于一役。"这对于汽车制造商来说，电动汽车在帮助他们遵守这一新规定方面起到了决定性的作用，因为它们符合零排放（zero-emission）的标准。任何打算销售 SUV 的制造商，都需要将电动汽车纳入其产品组合。2023 年，我们可以看到在全球范围内将有约 400 种新的电动车型上市[9]。

那么，是什么阻碍了汽车制造商全速驶入电动汽车时代？毫无疑问，老牌制造商正在投入大量的资金用于电动汽车的开发、生产和营销。但你必须意识到，一个内燃机是由大约 2500 个零件组成的，所有这些零件都需要开发、制造和组装。根据基础模型及其衍生版本，只需不到 250 个零件就可以制造一台电动机（electric motor）。对于制造商以

---

① 资料来源：中国公安部。——译者注

及零件供应商来说,这意味着他们需要放弃 50% 以上的产品附加值。此外,电动汽车需要的维护要少得多,因为它们不需要更换发动机机油(engine oil)、车用尿素溶液(urea)或变速器油(transmission fluid)。电动机的能量回收能力减少了刹车时的能量损耗,由此车辆能行驶更多的里程。此外,电动机在低转速下也能提供最大的扭矩,这意味着,电动传动系统将不再需要变速器——这一汽车供应链中的关键部件之一。那么,老牌制造商还能做什么呢?当然,他们可以作为出色的系统集成商(system integrators),做不同的零部件组装,但如果他们只关注这种能力,他们就会受到来自新技术公司的攻击,因为这些公司同样能够提供这些服务。另一个选择,则是将车辆制造过程外包给合同制造商(contract manufacturers)。

但在汽车制造商的沉默背后,还有一个更重要的原因:在一辆装有内燃机的汽车中,发动机和变速器仅占产品附加值的 16% 左右。到目前为止,这些都是汽车制造商已涉足的领域。但在电动传动系统中,电动机约占产品附加值的 15%,电池约占 25%,电池控制单元(battery control unit)约占 10%,合计约为 50%[10]——而这些部件都不属于汽车制造商的核心竞争力。再加上电动机的研发对开发工程师来说几乎没有什么挑战,因此汽车制造商几乎没有机会在竞争中脱颖而出。此外,电池及控制软件的研发和生产是由供应商主导的,而非汽车制造商。其中,最为重要的是一些知名的亚洲供应商,如松下、比亚迪、LG 化学、三星和宁德时代。

另一个需要我们进一步探讨的问题,是为众多电动汽车提供动力所需的数百万千瓦时将从何而来。考虑到全球的发展,到 2023 年,汽车电池将需要提供约 964.8 千兆瓦时的电力，仅仅 5 年后，这一数值就增加到了 1594 千兆瓦时[11]。为了达成这个目标，我们将需要建立更多的电池生产工厂。根据欧盟委员会的一项研究，生产电池时，每年每生产 1 千兆瓦时，就会产生约 140 个直接就业机会[12]。考虑到在 2028 年，仅欧洲的电池产量就能达到 274 千兆瓦时，这意味着电池行业将可以创造许多新的直接就业机会。此外，在生产工厂附近的物流、建筑和机械工程部门也会产生许多间接就业机会。而且这种情况正在发生：在 2021 年年中，欧洲已经有 20 个电池生产工厂处于规划阶段或者已经建成。

从表面上看，关于电池和控制软件的争论总是集中在寻找内燃机的替代方案上。但在更深层次上，我们正在研究的问题，是现实当中我们是如何使用车辆的，以及这些行为是否与时俱进。随着电动汽车的广泛出现，我们也正式面临着从拥有"交通工具"向"出行即服务"的理念的转变。没有比现在更好的时机了：消费者仍然十分关注二手电动汽车的残值（residual value）和电池的处理成本。具有环保意识的消费者将能够从电动出行中受益，而不必自掏腰包购买仍然昂贵的电动汽车。公共事业部门、汽车租赁公司、汽车经销商以及刚刚进入市场的参与者，简而言之，任何提供"出行即服务"的企业或厂商都将承担技术和财务风险。

与此同时，消费者可以根据场合和目的地自行选择他们需要的车辆，这有助于缓解人们对电池续航里程的担忧。为了自身利益，服务提供商将尽一切努力增加充电站（charging stations）的数量，并敦促汽车制造商增加电动汽车的续航时间。人们对充电时间过长感到不满，这是部分人拒绝购买电动车的一个原因，但这个问题可以通过提供"换电服务"来解决。例如，服务供应商可以在城镇和主要交通干线（traffic arteries）沿线建立自己的充电站。客户不必给自己的"零电量的车"充电，而是可以直接换成"满电量的车"——人们只需要将低电量的电池换下来，放到充电站里面充电，然后再将满电的电池更换到自己的汽车上。蔚来汽车已经在中国开始提供这项服务。

近年来，中国充电基础设施保有量稳步提升。中国电动汽车充电基础设施促进联盟的数据显示，截至2023年3月，中国充电基础设施（公共+私人）保有量达584.2万台，同比增长87.9%；桩车增量比为1∶2.5，充电基础设施建设能够基本满足新能源汽车的快速发展。根据相关资料显示，蔚来目前已完成5纵3横8大城市群高速换电网络布局。5纵3横8大城市群高速换电网络涵盖5纵（G1京哈高速、G2京沪高速、G4京港澳高速、G5京昆高速、G15沈海高速），3横（G50沪渝高速、G30连霍高速苏陕段、G60沪昆高速沪湘段），8大城市群（京津冀城市群、长三角城市群、大湾区城市群、成渝城市群、山东半岛城市群、关中城市群、长江中游城市群、中原城市群）。此外，蔚来披露数据显示，截至2022年年底，蔚来在全国范围内累计建成换电站1305座，其中346座为高速公路换电站；累计建成充电桩13629根，已成为中国市场建设充电桩数量最多的汽车品牌；累计建成52条补能计划（Power Up Plan）目的地加电路线。

2023年1—5月，中国充电网络新增115万个充电桩（增加19%），其中有29万个公共充电桩（同比增加5.1%）和86万个私人充电桩（同比增加24.5%）。截至2023年5月底，中国共安装了635万个充电桩，其中包括208万个公共充电桩和427万个私人充电桩。中国排名前5的

重塑出行
自动驾驶时代的"出行即服务"

公共充电运营商占据 68.6% 的市场份额。中国十大公共充电运营商占据 86.3% 的市场份额。有 4289 个高速公路休息站通过 18752 个公共充电桩提供充电服务。截至 2023 年 5 月，中国共安装了 2175 个换电站，其中包括 1457 个蔚来换电站。①

下面这个例子为我们展示了一套切实可行的方案。阿斯提帕雷亚岛（Astypalea）是希腊的一座岛屿，附近环绕着众多耳熟能详的岛屿，例如米克诺斯岛（Mykonos）、圣托里尼岛（Santorini）、克里特岛（Crete）和罗得岛（Rhodes）。该岛占地近 100 平方千米，有 1300 多名居民，每年有约 7.2 万游客到这里观光旅游。阿斯提帕雷亚岛实际上是由两个主岛组成，两个主岛之间由一座大陆桥连接，周围是 45 个基本无人居住的小岛。现在，阿斯提帕雷亚岛因其他知名的希腊岛屿而黯然失色的日子可能要就此结束了。因为在与大众汽车的合作中，当地政府正计划将岛上所有的传统汽车替换成电动汽车。此外，关于汽车共享服务和顺风车服务的倡议也即将付诸实施，这些措施旨在帮助当地尽早实现气候中性的出行方式（climate-neutral mobility）。他们还计划将岛上所有的运输货车电动化。到目前为止，岛上车辆所需的电力都来自化石燃料，但这种情况在不久之后也将迎来改变：在未来，车辆的电力将来自风能和太阳能。通过上述措施，我们有理由相信，阿斯提帕雷亚岛将成为一个越来越环保的地方。

最后，我们还想对一点进行补充：在各种替代方案中，多数汽车制造商都选择了电池电力驱动这一方式[13]。我们很清楚，电力驱动虽然

---

① 资料来源：蔚来汽车官网。——译者注

有许多优点，但同时也存在某些缺点，例如，它将给车辆带来额外的重量，以及组成材料的提炼条件极为严苛等。但是，经过几十年的讨论，"哪种驱动技术最好"的问题似乎已经有了答案——至少在短中期内是这样的。然而，从长远来看，我们不能排除将氢气或其他类型的动力重新纳入考量的可能性，基于此，我们应该一直保持着一种开放的心态。不过，可以肯定的是，在特定的地点下零排放是可能的。例如，我们可以预见，未来市中心能够通过电池电力驱动实现零排放。

智联化

在汽车行业内部，市场争夺战已经打响。其中，阵营一方是谷歌、奈飞、脸书（Facebook）、亚马逊和苹果，对立的另一方阵营则是汽车制造商。推动这场冲突的是现代汽车的全面智联化以及大量的数字用户体验。看电影、读报纸、做报告、通过遥控器调节暖气或降下家中的百叶窗、计划你的工作日、上网、订购新运动鞋或买几件T恤——这些都是很容易想象的事情，但在汽车智联化的世界里，我们需要考虑的问题将更多。例如，利用车载传感器评估车内人员的健康状况，判断驾驶员是否处于疲劳状态，以及他们握方向盘的姿势是否正确等。所有这些都会在完全智联化的汽车世界中实现，只要我们将个人健康数据实时传输给最近的医生或医院。

谁可以拥有并访问这些数据，以便为每个驾驶员提供定制化的产品和服务？鉴于人们每年会在汽车上度过大约6000亿小时，谁能够创造性地带来全新的商业模式？未来的汽车就像是一个装有轮子的平板电脑，这种说法我们听过了多少次？以上这些常常盘旋在人们脑海中的问题，足以证明汽车正在逐步走向智联化时代。连接、数据和交易，这些都是关键词。制造商拜腾汽车（Byton）和蔚来汽车采用了移动平板电脑的概念，将整个仪表盘做成了一个大屏幕。这里有一个可能很快就会成为现实的构想：你和其他 10 名乘客一起乘坐一辆无人驾驶穿梭巴士，突然，你们透过窗口看见了一则星巴克的快讯：

3 分钟后，这辆穿梭巴士将到达下一个星巴克咖啡馆。如果您到店进行购买，您所选购的任意饮料都享受 8 折优惠，此外我们还将承担您本次旅程的费用。

现在我们穿梭在城市中，能真切体验出不同。回顾我们如何连接车辆和环境时，首先想到的就是车对车通信，即汽车可以相互交换信息并相应地调整其行为[14]。在川流不息的马路上，后车能够实时接收前车的动向，这就实现了"驾驶预测"——这能够帮助驾驶员尽可能避免急刹或急加速，辅助驾驶员实现平稳驾驶，同时也延长了电车续航。当然，车对车通信也有助于避免追尾。相比之下，手动驾驶往往会出现不可预测的或者突然的操作。例如，道路上某驾驶员拉近与前车的距离后，又突然减速。每个人都只顾自己的利益，车辆之间完全缺乏协调——这将导致车辆的高能耗和一系列事故的发生。

事实是，其实每辆车都可以将潜在的危险告知其他车辆，如落石、下雨、结冰、出现大雾、野生动物的出没、发生交通事故或道路施工等。想象一下，一辆卡车在弯道上漏了一些油，紧随其后的汽车行驶到这个洒落油的弯道之后，滑到了对面的车道上，好不容易才控制住没有冲出车道。所有接近的车辆都会立即收到这个消息，之后，它们的中央

第三部分
汽车工业迎来巨变

控制单元将发起刹车指令。这样,就不会发生追尾,也没有紧急刹车或快速加速。但如果是手动驾驶,极有可能就会出现一场十分严重的交通事故。而在智联化的场景当中,当车辆报告漏油情况后,这些信息就会被实时纳入数字地图,同时警察和市政部门也会收到警报。

在车对车通信的基础上,未来每辆车都将能够与基础设施进行通信,包括停车场、停车位、交通信号灯、交通标志和交通控制中心[15]。这里的目的是捕捉所有关于交通流量、可用停车位和交通信号灯状态的可用数据,使每辆车的中央控制单元能够选择最佳行驶路线,并相应地调整车速。交通标志将配备信号发射装置(transmitters),例如,一辆驶近的车辆可以收到信号,信号将告知其该路段限速80千米/时。由此,所有进入交通标志信号覆盖范围的汽车都会相应地自动调整车速。在数字世界中,根据交通状况实时改变限速标志或车道的开闭,这些都是十分容易的。这些信息可以通过数字地图传输给每一辆联网的汽车,从而使交通得到显著改善,并避免交通事故的发生。

根据我们的构想,如果一辆车准备通过一个红绿灯,但交通信号灯提前识别到该车并且计算出它将无法在绿灯时段通过该路口,于是提前告知该车可以进行减速行驶。随后,汽车接收到此信息,开始减慢速度向路口行驶,到达路口的时候信号灯恰好再次变回绿灯,然后汽车又再次提速。这一过程不会让汽车保持启动的状态停在原地,白白消耗能源。因此,"有预见性的减速行驶"(glide path)可以有效降低汽车能耗。计算表明,仅在德国,凭借使用联网的交通灯和智能交通标志,每年就可以节省几亿升燃料或几千兆瓦时的电力。

车辆与基础设施间的通信有可能改变停车场的设计方式。举个例子:

> **重塑出行**
> 自动驾驶时代的"出行即服务"

假设我们乘坐自动驾驶座舱去镇上购物。当到达镇中心时，我们下车，让自动驾驶座舱自行运转。它会选择一个停车场，自动停车、充电，然后等待我们通过智能手机应用程序呼叫它。这个供自动驾驶汽车使用的停车场不需要楼梯或电梯，因为我们不会步行进入这个地方。同时，停车位可以更窄，因为并不需要打开车门。除此之外，尽管我们不愿承认，但机器可以比人类驾驶员更好地驶入和驶出停车位。波士顿的几个建筑项目已经表明，这类建造停车场可以比之前少占用大约30%的空间。这相当于节省了数千平方米和数百万美元，而这些节约下来的空间和资金可以很好地用于其他项目。因此我们在前文说，这是一个重新设计市中心空间的机会。有了"出行即服务"，市中心就不再需要停车场了。

在互联网时代，事物之间的连接或它们之间的信息交流将不再有任何限制。这一点在所谓的"车联万物"（vehicle-to-everything，V2X）中尤为明显，其中X代表任何事物或人[16]。举个例子：刚上小学的蒂姆，几乎每天都和他的朋友们踢足球。孩子们的足球场就在学校后面，一条四车道的大路旁边。一天，男孩们正完全沉浸在比赛中，飞快地进行着攻防战，突然，球从某人的脚外侧旋转着，滚到了路上。蒂姆飞快地追赶着球，却不知道危险正在向他靠近。但事实上，所有接近的车辆都已经发现了这个男孩，并踩下了刹车。当蒂姆在路中间捡起球时，他想起了他应该看一下路两边的情况，以确保自己是安全的。事实上，汽车也都及时停了下来，他可以返回球场和朋友们继续玩耍了。

这怎么可能呢？很简单，蒂姆的T恤里装了一个芯片，使得T恤可以与汽车通信。汽车检测到男孩的位置、轨迹和速度之后，会相应地调整自己的路线和速度。原则上，这可能不是一件衣服，也有可能是一部

第三部分

汽车工业迎来巨变

智能手机，但没有哪个足球运动员愿意口袋里揣着手机到处跑。不管是哪一种情况，这些车辆都能够接收服装或智能手机中的芯片通过特设网络传输出的信号，这样车辆就能够知道有人正在靠近。这些芯片也可以被安装在电动滑板车、自行车或婴儿车上。因此，在这里，我们又有了一个机会来保护交通弱势群体，并向零伤亡愿景这个目标又迈进了一步。

在这种情况下，请不要忘记电磁辐射（electromagnetic radiation）。我们应当牢记一个原则，即使用电动车决不能对我们的健康造成危害。因此，在实施所有这些新想法的同时，我们也必须关注自身健康，并制定相关的保护措施。这是因为，通过电动汽车来减少排放的同时，也会制造更多的电磁污染（electrosmog），从而危害我们的健康。庆幸的是，科学家们已经意识到了这个问题，例如，以色列科技公司沃霍拉（Vhola）的工程师们正专注于测量电动汽车的电磁辐射水平，并在努力思考减少电磁污染的对策。

毫无疑问，汽车正在被"重新发明"[17]。但谁将在价值链上扮演什么角色，还尚未可知。这里有一个十分有趣的情况，在和汽车行业高管以及科技公司高管进行关于"汽车未来发展"的交谈中，我们得到了完全不同的观点。如果你与汽车行业的高管交谈，他们会描绘出一幅非常清晰的画面：未来的汽车将集成与通信、娱乐、导航等相关的所有服务。制造商将决定，是否以及在多大程度上邀请奈飞或亚马逊这样的科技公司加入。然而，当与科技公司的高管交谈时，就会看到一幅完全不同的画面：未来的汽车就像是一个装有轮子的平板电脑，谷歌等科技公司将负责提供必要的平台，负责车辆控制、用户体验以及与客户的沟通，而汽车制造商则沦为供应商或合同制造商的角色。事实的确如此，许多汽车行业的新进入者并不自己生产汽车，而是委托给传统的汽车制造商生产，例如，蔚来汽车就把车辆的生产委托给了江淮汽车。在另一个例子中，科技公司百度已经与吉利建立了一家合资企业，用于生产共享电动汽车。上述这些例子，恰好说明了当前汽车的发展趋势尚不明朗。

第十一章

齐心协力

—— 通过共享减少车流量 ——

纽约正在引领共享出行的潮流，米兰、巴黎还有那不勒斯紧随其后，维也纳在漫长的犹豫后也选择加入了。巴黎市长安妮·伊达尔戈（Anne Hidalgo）希望禁止汽车在城市内行驶。目前，世界上许多主要城市的政治家都把她视为抵制车辆、噪声、尾气、沥青、停车位和路边石的斗争中的意见领袖，一位坚定为新型出行方式而战的女性。她的信条是：如果没有痛苦，就不会有改变。我们所谈论的，不仅是结束人与汽车之间独特的爱情故事。安妮·伊达尔戈要求我们付出很多，她对自己也是如此要求的。然而，并不是每个人都赞同她对未来出行的看法。

城市在利用宝贵且稀缺的空间资源方面表现出极大的浪费。很多人认为，人们把太多的空间资源留给私家车了。然而，从驾驶员的角度来看，空间一直是不够的：交通拥堵太多，停车位不够，车道不足。第一

> **重塑出行**
> 自动驾驶时代的"出行即服务"

部分第三章中列出的关于出行社会成本的数据已经说明了问题。但是，为了更清晰地了解情况，我们拿日常开车情况做举例：当你开车进入伦敦市中心，平均需要花费 12 分钟左右的时间寻找停车位[1]。如果你每周停车 8 次，那么每年就要耗费 83 小时的时间在这上面，这就意味着 83 小时的烦恼、挫败和愤怒——我们必须改变这一切！

多年来，城市交通规划师们一直认为他们已经找到了答案：一旦发生交通拥堵，他们就建造更多的车道和更宽敞的道路；一旦出现停车位短缺，他们就创建更多的停车位。然而，在他们这样做的同时，交通流量也会增加。这就是我们在之前所谈到的布雷斯悖论（第一部分第四章）。现在，人们已经开始逐渐理解这个道理，城市交通规划的方式也开始发生转变。目前的做法与安妮·伊达尔戈反复强调的观点不谋而合：如果你想减少汽车流量，那么你就必须减少道路和停车位——简而言之，减少是当务之急。

但事情远远没有这么简单。这需要整个社会改变心态和重新思考，最终人们将意识到，汽车不再是你需要拥有的东西，而只是你使用的东西。对于"共享是一种新的拥有"这一话题的讨论正在如火如荼地进行当中（至少是在城市中），其中，顺风车服务、拼车服务、网约车服务和汽车共享服务也都是共享出行的方式。接下来，让我们来看看这几种模式的具体运用吧[2]。

顺风车服务与古老的"搭便车"概念相类似，简单来说，在某条确定的路线中（例如日常通勤路线），与认识的人或网络平台上联系的人共享一辆车，就是所谓的"搭顺风车"。大多数人对这个概念都不会陌生，因为在假期旅行中，大家都会和同学一起去冲浪、滑雪或者做其他

第三部分
汽车工业迎来巨变

事情。当我们搭乘顺风车的时候，开车的人不总是同一个人，乘客也不总是同一个人。但不论是联系熟人还是通过网络平台进行找人，都需要提前进行，因为找到一辆顺风车也是需要一定的时间的。

拼车服务将朝着同一个方向前进的人汇聚到了一起。在拼车调度机制上，应用程序和移动平台遵循的首要原则，是最大限度地整合乘客和他们的行程。如此一来，人均出行价格会因每辆车乘坐人数的增加而降低。但同时，这也有一些潜在的缺点，例如，不得不与其他乘客共用一辆车，有时不得不接受一两次的绕路等。但至少，你不需要换乘公共汽车或火车。德国拼车服务机构CleverShuttle、大众集团全新电动品牌MOIA以及德国打车服务公司myTaxi已经在提供这样的拼车服务了。

网约车服务是一种对出租车的全新应用模式，它为乘客带来了更多的益处。你在移动出行服务平台上进行注册，然后就可以通过他们的应用程序叫车，在几分钟内就会有车辆来接你。这个平台可以协调汽车和乘客，在你到达目的地后，你还可以对驾驶员进行打分——这真的很有帮助，有了这项打分机制，通常乘坐体验都很好，车辆也很安全、干净和舒适。网约车服务是一种直接的上门服务（door-to-door service）。现在在美国这种服务也十分常见：你在平台上叫一辆车，不到5分钟，车就到达指定地点了。可以说，即兴旅行（spontaneous travel）正在成为现实。当你到达目的地后，你不再需要寻找停车位，也不需要从停车场步行到市中心。你只需要一部智能手机和一张信用卡，或者你也可以使用苹果支付（Apple Pay）或贝宝（PayPal）进行数字支付。目前，这个市场的主要参与者包括滴滴、优步、来福车和格步，它们甚至在全球范围内提供这项服务。

> **重塑出行**
> 自动驾驶时代的"出行即服务"

汽车共享服务是指多个人在不同的时间使用同一辆车，遵循"你先用，我后用"的原则。在很多情况下，人们使用这项服务只是为了在市内旅行。预订、付款和进入车辆都可以通过应用程序方便地处理。这里有两种不同的方式：第一种是固定站点汽车共享（stationary car sharing）模式，它指的是每一辆车都有固定的停车点，从一个地方取了车，用完了以后还必须像传统租车一样，归还到原来的地点。德国汽车共享公司 Cambio、德国铁路股份公司旗下子公司 Flinkster 以及荷兰知名的汽车租赁公司 Greenwheels 提供的就是这种服务。相反，在自由流动式汽车共享（free-floating car sharing）模式下，人们能够随时租赁、随处归还车辆，就像使用私家车一般自由，应用程序会告诉他们附近有哪些车辆可用。梅赛德斯-奔驰和宝马集团合资成立的汽车共享公司 ShareNow 和德国最大的租车公司 SIXT 提供就是这种服务。但是，尽管市场渗透率已经达到了一定水平，汽车共享仍然存在一些缺点：你仍然需要自己驾驶汽车；你必须步行到距你最近的可用车辆；在你需要用车时，也许附近并无可用车辆。

共享自动驾驶车队（a fleet of shared autonomous vehicles）的真正潜力或许可以通过荷兰的例子来说明：该国拥有 1700 万人口，全国 800 万辆车可以使用的停车位有 1400 万个，这其中包括 820 万个路边停车位。基于当前的交通数据和规划阶段的交通项目信息，荷兰政府进行了各种关于 2040 年使用自动驾驶车队的情景模拟[3]。这些情景模拟显示，到 2040 年，所需的停车位数量可以从 1400 万减少到 900 万，从而可以将约 5000 万平方米的停车空间改作他用。这些新腾出来的空间可以用于建设住房和公园等。据估算，这些空置出的空间可用来建造约 4.5 万

第三部分
汽车工业迎来巨变

套住宅，或者栽种约 1170 万棵树。这些数字是否精确并不重要，重要的是由此我们可以知道：通过使用自动驾驶车队，我们可以释放大量的交通空间，然后重新对其进行规划利用。

在美国进行的一项研究表明，一辆共享汽车可以取代 9~13 辆私家车，并且它的平均行驶里程比 9~13 辆汽车的总行驶里程还要少 44%[4]——这为城市发展提供了巨大的机遇。2020 年，共享出行服务（mobility sharing services）在全球获得了约 62 亿欧元的收入。一些机构预测，到 2025 年，共享出行服务的市场规模可能将高达 130 亿欧元[5]。美国和中国在这方面的表现十分活跃：2013—2018 年，两国共享出行服务的会员人数从 300 万增长至 2700 万。相比之下，2019 年在德国注册共享出行服务的人数为 210 万。在同一时期，德国共享服务运营商使用的汽车数量从 7.1 万辆上升至 26.8 万辆[6]。

据估计，全球每天有约 5000 万人使用网约车服务或拼车服务。2019 年，仅在中国，滴滴出行每天就能产生约 3000 万次的拼车订单。在中国，拼车占到汽车出行总量的 20%。这是一个令人难以置信的数字，因为在 2015 年，还只有不到 1% 的通勤者使用拼车服务。这种惊人的增长背后的驱动因素也很简单：汽车、公共汽车和火车的数量太少了，它们无法满足人们不断增长的出行需求[7]。

那么，拼车服务、网约车服务和顺风车服务是否有效地减少了交通流量呢？来自美国七大城市和农村地区的数据描绘了一幅不同的画面：在过去几年里，优步、来福车、Via 和其他出行服务商提供的拼车和网约车等服务，致使美国机动交通工具的总行驶里程急剧攀升[8]。在被调查的几座城市中，这些出行服务商所提供的服务共产生约 92 亿千米的行驶里程，平均下来每个乘客的里程数为 2.6 千米。然而，在大多数情况下，车上只有一名乘客——最终，交通流量不仅没有减少，还增加了 160%。

从生态的角度来看，令人担忧的是，60% 选择使用这些服务的乘客，原本会使用的是公共交通或骑自行车。换句话说，像优步和来福车等出行服务商提供的服务不是对公共交通的补充，而是彻底取代了它。因此，纽约市地铁遇到了财务困难也就不足为奇了：乘客数量正在经历螺旋式的下降。此外，多年来，出租车行业一直处于困境：2017 年，旧金山都会区的出租车乘坐次数约为 600 万次，而优步、来福车和其他出行服务商的服务次数则有约 7500 万次。在纽约市的 5 个行政区，这些出行服务商提供了不少于 1.59 亿次的出行服务，出租车约为 1.67 亿次。此外，优步、来福车和其他出行服务商提供的乘车服务中，有 70% 都是通过城市交通，这使得原本就严峻的城市交通更为雪上加霜。

然而，汽车共享则呈现出完全不同的景象：在美国进行的研究表明，使用汽车共享服务可以使总行驶里程减少 40% 至 60%[9]。也就是说，与老年人相比，共享汽车在年轻人中更受欢迎。虽然在多种交通方式可选的情况下，共享汽车的使用率较低，但是有一件事是肯定的：当涉及解决交通拥堵和环境问题时，"共享"基本上是一个好的解决方案。但是，没有任何一种解决方案是可以通用的。如果要使解决方案的积极效果超过负面效果，各地必须根据具体情况对顺风车服务、拼车服务、网约车服务和汽车共享服务进行部署安排。

现在，让我们把目光转向亚洲：自 1980 年以来，印度的人口翻了一番，GDP 增长了至少 5 倍。为了跟上如此爆炸性的增长，印度政府必

第三部分
汽车工业迎来巨变

须将交通基础设施的预算增加 8 倍[10]。但是，现实中印度政府却没有提供相应的所需资金用于交通基础设施的建设，这使得许多印度城市的交通状况变得更加严重。根据世界银行的计算，印度的经济产出因此减少了约 12%。到 2040 年，如果印度想要让其交通基础设施与其人口和经济的超快速增长速度保持一致，该国将需要投入约 4.5 万亿美元。

共享出行能否在这里起到作用？波士顿咨询公司（Boston Consulting Group）进行了一项研究，模拟共享出行代替个人交通（individual transportation），最终得出了以下结论[11]：在新德里、孟买、班加罗尔和加尔各答，车辆数量可以减少大约一半。这是如何实现的？答案是通过更有效的车辆利用。在新德里，每辆车每年的行驶里程将从目前的 2.5 万千米增加到 8.5 万千米。显然，这将大大减少交通堵塞，并且减少废气排放。同时，专用交通空间可以缩减 90 平方千米，与拥堵相关的成本也可以从 96 亿美元降至 66 亿美元。然而，这意味着我们需要扩大铁路网，因为共享出行的开始和结束都需要连接使用轻轨和地铁站。另一个好处是，顺风车服务和拼车服务还可以使人们进入没有铁路连接的郊区。

这两种形式的共享出行，不仅有可能缓解印度紧张的交通局势，也有可能缓解其他亚洲国家主要城市紧张的交通状况[12]。根据每个城市的具体情况，拼车可以产生不同的效果。例如，在河内和胡志明市，车辆的载客率往往很低。因此，引入共享服务可能会导致所需的车辆数量大幅下降，从而减少交通拥堵。而在吉隆坡、雅加达和马尼拉，以前用于停放车辆的大量空间可以得到释放。在曼谷，共享出行可能会产生惊人的影响，因为模拟显示，超过 150 平方千米的空间可以被重新利用，用

123

于其他使当地人受益的项目。

中国是世界上最大、增长最快的拼车市场之一。到2025年，中国拼车市场的市场价值预计将达到777亿元人民币，在2020—2025年的预测期内以33.7%的复合年增长率增长。中国拼车市场的增长可以归因于许多因素，包括政府支持、城市化进程加快以及移动支付平台的普及。其中中国拼车市场的主要推动力之一是政府的支持。中国政府一直在积极推动拼车服务的发展，以减少交通拥堵和空气污染。2018年，中国政府发布了旨在促进拼车服务发展和鼓励使用电动汽车的指导方针。中国拼车市场的增长也可以归因于城市化进程的加快。随着越来越多的人搬到城市，交通拥堵成为一个主要问题。拼车有助于减少交通拥堵，使人们更容易在城市地区出行。最后，移动支付平台的普及对中国拼车市场的增长起到了重要作用。在中国，支付宝和微信支付等移动支付平台被广泛用于各种交易，包括拼车支付。这使得消费者更容易使用拼车服务，并促进了拼车市场的快速增长。①

这告诉我们：普遍来看，"共享"是一个好的解决方案。但是，运用共享概念时，要想减少交通流量，必须满足两个条件：第一，必须几个人共用一辆车，例如顺风车服务和拼车服务；第二，也是最为重要的是，出行服务商所提供的服务方案应该成为公共交通的补充，而非对其进行替代。需要的是协调，而不是竞争——这正是我们想象中的"出行即服务"的工作方式。

---

① 资料来源：恒州博智拼车市场分析报告。——译者注

第三部分
汽车工业迎来巨变

── 我们真的想要共享吗 ──

大家或多或少都有过向邻居借用物品的经历——例如借用电钻或绿篱修剪机，这其实就是我们所说的共享经济[13]。人们共享、交换、借出、出租，甚至赠送自己的财产，这都并不是什么新鲜事了。自古以来，我们就在车辆、工具、服装、玩具和运动器材等物品的使用上与他人相互帮助。在过去，我们共享物品的对象大多是周围的熟人、报纸上找到的可以共享物品的人或者朋友介绍的陌生人等。

随着经济的增长和社交媒体的推动，我们进入了一个个人财产和公众形象占据中心地位的时代。该时代下人们关注的是，产品所有权和它在社会中所代表的地位。拥有这些地位象征物，会带给我们认可、尊重（包括自尊心）、钦佩和接纳，或者引发嫉妒和怨恨。说得夸张一点：没有财产，我们就没有作为社会人生存的机会。我们迫不及待地想要通过这些所有物告诉他人："我也是内部圈子的一员了"，"我已经得到它了"，"快看看我能买得起什么"。我们甚至可以说，这个时代的信条是"我拥有，所以我存在"。特别是现在每个家庭都有足够的玩具、衣服和鞋子供孩子们使用，所以他们也会觉得没有必要进行分享。

也许这就是近年来共享经济逐渐形成的原因之一。对当代年轻人来说，拥有物品并不一定是一件好事，实际上可能是一件坏事。所有权限制了他们的自由和选择，因为当你拥有物品之后，你就需要保管和打理它们，这会占去很多时间。这一代年轻人显然早已对拥有过多的闲置物感到厌倦，他们以前总是想要获得最好的物品，但也在这个过程中逐渐感到疲惫。由此，许多人迷上了极简主义——一种可持续的、节约资源的消费形式。真正的奢侈意味着不再需要拥有物品。人们开始被现代理念吸引：重要的不是你拥有什么，而是你使用什么。

人们租用滑雪板、在爱彼迎（Airbnb）租借公寓、租用礼服或西装，而现在，人们也开始习惯租用汽车，卡沃卢斯（Carvolution）等供应商就提供这类服务。"租用代替购买"已经成为一种流行，至少在年轻一代中是这样。那么，有发生什么变化吗？答案是肯定有的：人们不必再像从前一样，必须通过某个熟人，或者朋友介绍的陌生人，才能进行物品的共享。如今，我们有很多的应用程序和平台，只需单击一下，你就可以开启一个充满各种选择和机会的全新世界。在这个世界里，供应和需求可以实时协调，而且几乎没有成本。同时，参与者们还可以借助评级、排名和排行榜，快速建立与其他玩家之间的信任。由此，我们可以得出结论：得益于互联网、智能手机和平台的出现，供需可以迅速、轻松地实现全球范围内的同步——这些都是发展共享经济必不可少的技术支撑。

以上这些我们所讨论的，便是推出"出行即服务"的理想条件。话虽如此，评判仍在进行中。图 11.1 展示了来自世界各地的意见。它们不是一个代表性的总结，更像是一个有趣的概述。从不同的观点可以看出，有些人已经接受了共享经济：他们选择了多式联运，开始使用各种乘车服务，并在大多数情况下不再执着于拥有一辆车。这些人欢迎出行方式的转变，并愿意改变自己的出行习惯来实现这一转变。但也有一些人，他们仍然坚持必须拥有一辆属于自己的车，并乐于向你讲述他们最新的公路旅行故事。

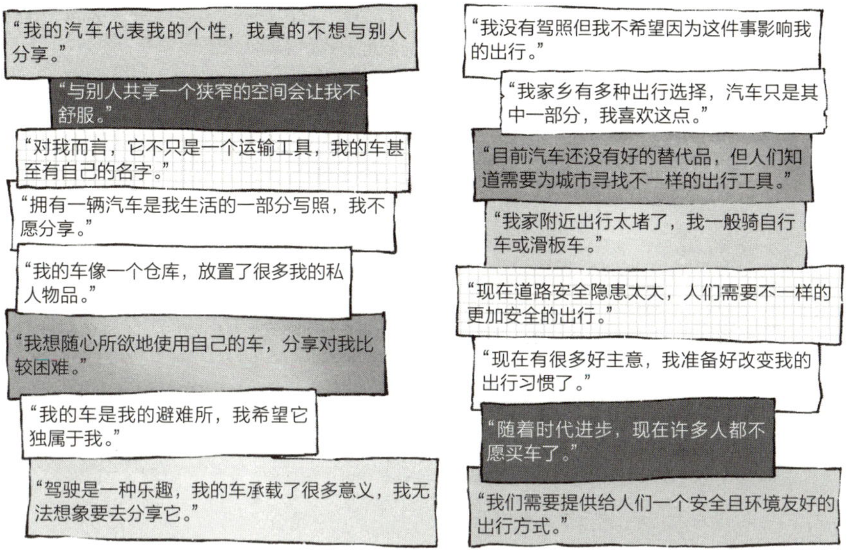

第三部分
汽车工业迎来巨变

"我的汽车代表我的个性,我真的不想与别人分享。"

"与别人共享一个狭窄的空间会让我不舒服。"

"对我而言,它不只是一个运输工具,我的车甚至有自己的名字。"

"拥有一辆汽车是我生活的一部分写照,我不愿分享。"

"我的车像一个仓库,放置了很多我的私人物品。"

"我想随心所欲地使用自己的车,分享对我比较困难。"

"我的车是我的避难所,我希望它独属于我。"

"驾驶是一乐趣,我的车承载了很多意义,我无法想象要去分享它。"

"我没有驾照但我不希望因为这件事影响我的出行。"

"我家乡有多种出行选择,汽车只是其中一部分,我喜欢这点。"

"目前汽车还没有好的替代品,但人们知道需要为城市寻找不一样的出行工具。"

"我家附近出行太堵了,我一般骑自行车或滑板车。"

"现在道路安全隐患太大,人们需要不一样的更加安全的出行。"

"现在有很多好主意,我准备好改变我的出行习惯了。"

"随着时代进步,现在许多人都不愿买车了。"

"我们需要提供给人们一个安全且环境友好的出行方式。"

图 11.1 关于共享的深度观点

来源 Original material.

127

第四部分
PART 4

"出行即服务"的前景展望

第十二章
让出行更美好

出行即服务

以服务的形式提供出行，而非将其与拥有车辆联系在一起，这一想法并不新鲜。过去人们使用马匹、马车、手推车和货车进行运输，后来人们开始用汽车和公共汽车进行有偿运输。现代对"出行即服务"理解的关键转变，发生在2014年赫尔辛基的一次会议上。据说人们在那里首次提出，要建立一种由智能、协调的交通系统构成的出行服务[1]。换句话说，这些系统将整合自行车、汽车、公共汽车、火车、滑板车甚至步行等不同的交通方式，将这些不同的交通方式形成一个出行链。在这个链条中，交通工具不再是私人拥有，而是由公共企业或私营企业提供[2]。我们可以想象一下，没有私家车的生活将是怎样的？

如前所述，每种交通方式都有其优缺点。火车和公共汽车适用于大众交通，而自行车和滑板车适合用于旅程的第一千米和最后一千米，也

重塑出行
自动驾驶时代的"出行即服务"

适合将人们带到各个分散的社区。汽车也有其特定的优点：它灵活、隐私且方便携带行李。可以说，每种交通工具都有其特定的使用时间和场所。这不是选择哪一种交通方式的问题，而是应当建立起一个智能的、整合的出行系统。

"出行即服务"的理念是将所有这些交通方式集成为一个单一服务平台，以便于为每个客户提供系统的出行服务。如图 12.1 所示，"出行即服务"应该根据客户的需求量身定制，以便快速且便捷地使用。它的首要目标是让旅程更短、更快、更方便，剩下的任务包括减少交通堵塞和交通事故、降低排放和噪声[3]。我们想要节省空间，想要环保的出行

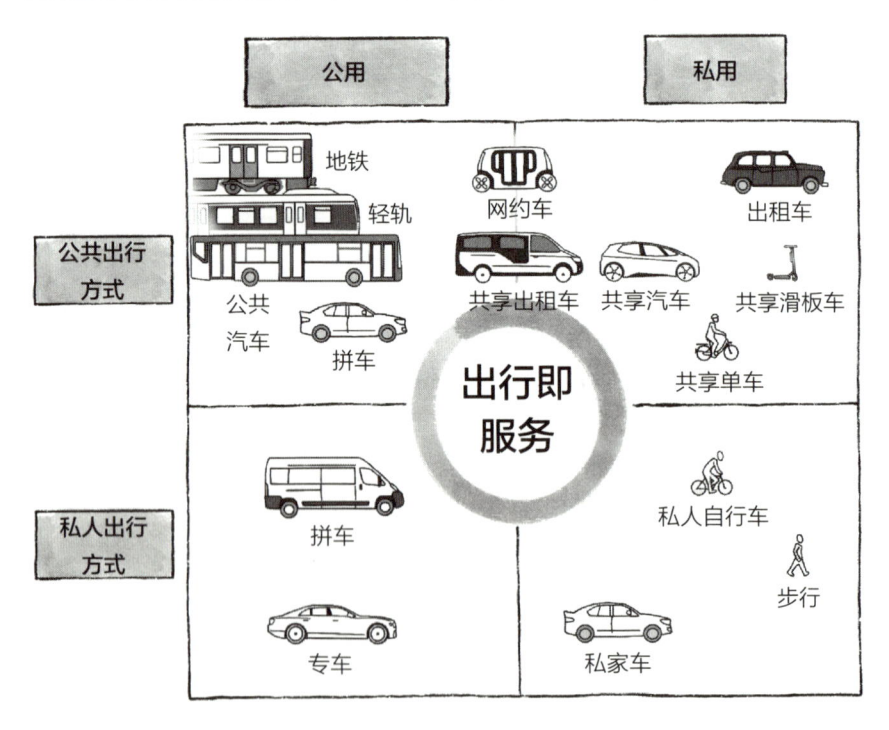

图 12.1　出行即服务

来源 公共交通国际联会（UITP）(2019, p. 2)。

第四部分
"出行即服务"的前景展望

方式，想让城市和农村地区都变得宜居，想让社会建立在以人为本而不是以车为本的基础上。同时，我们希望每个人都能够出行。出于以上考虑，我们需要将重点转向"出行即服务"。

因此，只有当多种不同的交通方式，由后台程序自动进行协调，而不是由客户来协调时，"出行即服务"才有可能获得成功[4]。这就是出行平台的作用所在，它包含了所有涉及的交通方式的时间表、路线和可用性等信息。应用程序作为客户接入的端口，按照以下方式运作（图12.2）：用户输入目的地，出发点可以自动设置为当前位置。他们可以选择输入他们期望的抵达时间，以及任何其他可能需要的特殊要求——这可能包括希望中途停留的地点，以及他们想要的行驶速度。算法会立即综合考虑各种交通方式以及它们的时间表、路线、可用性和交通情况，

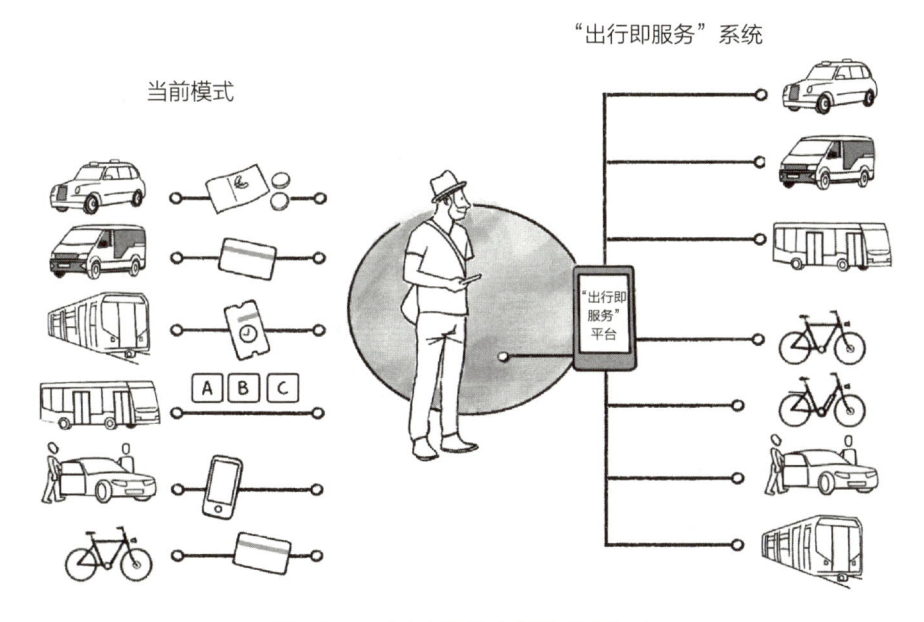

图12.2 "出行即服务"的基本概念

来源 公共交通国际联会（2019，p.3）.

重塑出行
自动驾驶时代的"出行即服务"

实时为客户提供一个或多个出行建议[5]。通常，只需输入目的地，算法就会开始工作。它利用历史数据、个人偏好和不同类型交通工具之间的最佳连接方式等信息，计算出到达目的地的最佳多式联运方案。

从这个角度看，"出行即服务"包括许多不同的服务，这些服务不能由某一个供应商提供。为了使这个系统正常运作，许多不同的参与者，如火车、出租车、汽车租赁和公共汽车公司，必须相互协调，或者至少提供它们所有的数据。新公司也可以发挥作用，即创建应用程序和出行平台，开发微出行解决方案。由此将形成一个生态系统，其中每个玩家都有自己的特定角色。一个利益相关者控制整个价值链的时代已经结束了，我们可以拭目以待，看看各位玩家在这个生态系统中究竟扮演了怎样的角色[6]。

这个想法带来了全新的可能性。回想一下你最近的一次城市出行，是否让你倍感压力？当你到达机场之后，是否在思考该如何坐火车去市中心？好不容易找到了车站之后，当你站在自动售票机前，同样的老问题又出现了：哪里可以切换语言？怎样买票最划算？买完票后是否可以在公共汽车上用？是否可以租用电动自行车或电动滑板车？此时，我们可以想象一下，如果我们能够像访问图12.2中的"出行即服务"的提供商一样，在点击之后，就用我们自己熟悉的语言显示最佳路线，并自动生成可以用信用卡自动支付的车票，那将是多么方便。

让我们来问一位客户："出行即服务"真的可以满足一个家庭的日常交通需求吗？瓦伦蒂娜和帕布罗以及他们的两个孩子住在离马德里市中心约10千米的郊区维拉维尔德（Villaverde）。他们有两辆车，帕布罗使用其中一辆车送孩子上学，然后开车去警察局上班。瓦伦蒂娜使用另一

第四部分
"出行即服务"的前景展望

辆车上下班,她在位于圣布拉斯·卡尼列哈斯(San Blas-Canillejas)的一家超市工作。他们两个每周都要在马德里的交通堵塞中度过好几个小时。在早晚高峰时段,交通堵塞常常使车速像行人速度一样缓慢。

这个家庭在开会讨论后,最终决定加入"出行即服务"计划。瓦伦蒂娜和帕布罗在智能手机上下载了该应用程序,他们发现有一个家庭出行套餐,包括所有的火车、公共汽车、按需迷你巴士、电动自行车和电动滑板车。第二天早上,帕布罗在应用程序中输入孩子们的学校地址和警察局的地址。随后,应用程序上显示了巴士的实时位置,以及巴士即将在7分钟内抵达他的家门口这一消息。他迅速赶到了门口,之后巴士也准时到达!座位已经预留好,车票也是自动生成的。

某天早上,瓦伦蒂娜想要乘坐小巴士去附近的火车站。算法即刻计算出了她所需的交通方式,并生成了一张出行所需的车票。当她到达圣布拉斯·卡尼列哈斯车站时,她计划取一辆电动自行车,但就在这时,她收到了以下信息:由于一起事故,通往超市的道路将暂时关闭,且算法建议她以步行的方式前往超市而不是原地等待。尽管有这些延误,瓦伦蒂娜还是比平常早了近半小时到达了工作地点,这让她非常感到高兴!该应用程序的表现超出了预期,可靠且迅速地引导她在马德里的交通高峰时段穿行。

从城市的角度来看,一个可持续的、可靠的、负担得起的出行服务旨在说服人们放弃购买汽车。但是,只有当"出行即服务"像汽车一样灵活、方便并能够随时使用时,这一目标才能实现[7]。人们总是强调,汽车的主要优势是随时能够进行点对点出行,而无须任何的协调或准备。即使他们很少会一时冲动开车出行,这个选项的存在对许多人来说也非常重要。他们坚持认为，不管用不用，有这样一个保险的选择是十分重要的。为了保留选择权，他们愿意支付相当高的费用来拥有一辆车，而不是使用"出行即服务"。这意味着，出行系统必须提供私家车一样的可用性和可靠性。否则，"出行即服务"将面临失败的风险。

为了论证上述这一观点，给大家举一个例子：蓬特韦德拉（Pontevedra）是西班牙东北部的一个城市，拥有超过 8 万名居民，土地面积约为 120 平方千米。市政府决定将该市的市中心改造成步行区，这样每天就可以阻止约 1 万辆汽车进入市区。此外，市政府还计划在市中心周围规划一些限速 30 千米/时的区域，但仍有许多当地居民并不支持这一举措。然而，市议会仍然态度坚定，并在短短几周后就向大家报告了令人印象深刻的成果：事故减少了 90%，排放减少了 70%。如今，75% 的出行是通过骑自行车或步行完成的。如果你愿意采取行动，改变人们的习惯似乎是可能的！这告诉了我们一个重要的经验：如果"出行即服务"失败了，那可能不是因为技术问题，而是因为人们的固有习惯。

—— 新型出行方式可能存在的优点 ——

"出行即服务"使用兼具了自动化和电动化的穿梭巴士和座舱，这将有助于提高道路的安全性。在酒精、毒品或药物的影响下驾驶，以及使用智能手机或与乘客交谈等干扰都容易造成交通事故。每年都有成千上万的驾驶员在行驶中不慎把热茶或咖啡洒在身上，最终导致车辆失控并引发事故。请记住，超过 90% 的交通事故都可以归因于人为错误。问题不在于车辆，而在于驾驶员！此外，除了受害者的痛苦，我们也不应

第四部分
"出行即服务"的前景展望

忘记事故所带来的巨大社会成本。

在中国、以色列、新加坡、英国和美国等国家进行的众多自动驾驶汽车项目都清楚地表明：自动驾驶汽车不仅可以帮助减少交通拥堵的时间及出现次数，还能帮助减少噪声污染和尾气排放。此外，它们还可以减少道路和停车场所占用的空间，并将其用于游乐场、餐馆、咖啡馆、商店或住房。当然，自动驾驶的发展也并非一帆风顺，我们都听说过在美国发生的自动驾驶车辆事故。尽管如此，我们对自动驾驶汽车的研究仍在继续，并且目前已经取得了实质性的进展。例如，由无比视公司研发的自动驾驶汽车已经在城市交通中有了非常出色的表现。此外，对于金融和经济方面也有一定影响。在美国，因为购买一辆车或购买公共汽车和火车的车票都需要花钱，人们不得不将其收入的三分之一用于交通。然而，使用自动驾驶座舱和自动驾驶穿梭巴士可以降低出行的成本。这意味着，人们可以避免支付购车所需的昂贵费用。有不少人发现自己陷入了困境之中，因为利率无预警的上涨或者他们还没还完车贷就在事故中把车撞坏。你有没有想过，当你把新车开出经销商的停车场的那一刻，你的新车就已经贬值了多少？这是我们都不愿去深究的事情。

另外一件事：自行车、滑板车、汽车、公共汽车和火车可以根据它们在空间和时间方面的利用效率进行排名[8]。第一个因素是对空间的利用效率，这与车辆所占用的空间以及其可搭载的人数有关。当然，道路车辆或火车的占用率会根据时间和地点而有很大的差异。第二个因素是时间的利用效率，这与道路车辆或火车的实际运营时间以及其使用寿命有关。这一测量值也不是恒定的，而是取决于交通方式的使用地点和方式（图 12.3）。

重塑出行
自动驾驶时代的"出行即服务"

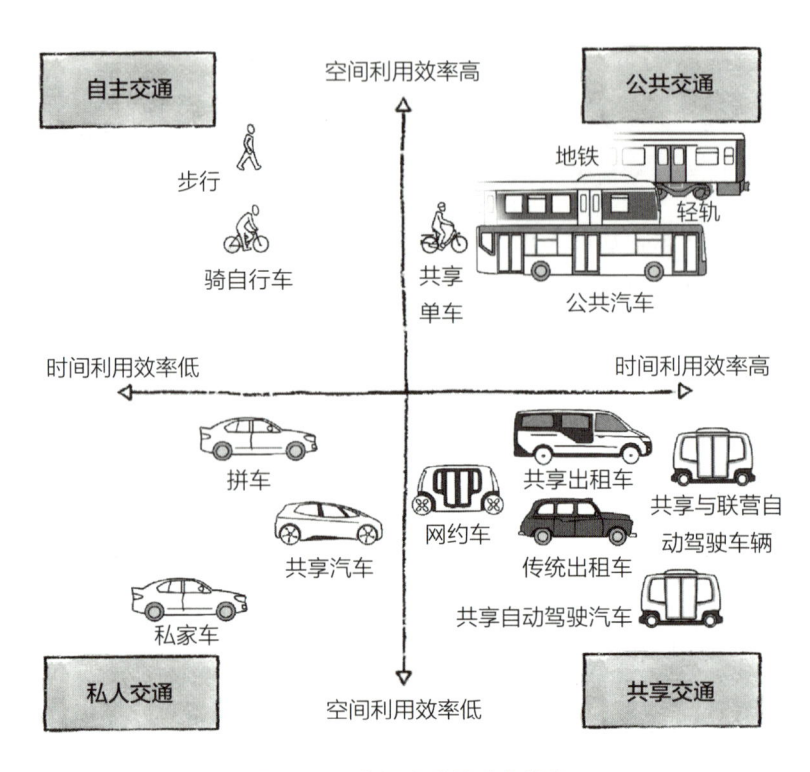

图 12.3 交通方式的时空效率

来源 亨舍（Hensher）等（2020, p.25）.

火车和公共汽车出现在图的右上角，因为与其所需的空间相比，它们可以搭载相当多的人，并且可以全天候使用。在亚洲和非洲城市中经常看到拥挤的火车和公共汽车，只能说明这些交通工具是如何有效地利用空间的。私家车反而位于图的左下角，因为它们没有有效地利用空间和时间。平均而言，一辆车将用于搭载 1.2~1.5 人，并且每天仅行驶约一小时。一旦共享出现，空间效率会提高，因为一辆车可以搭载更多的乘客。当汽车不再是私人所有，而是由车队运营商提供每天几小时或全天候服务时，时间效率也可以提高——这是支持"出行即服务"的另一个论点。

第四部分
"出行即服务"的前景展望

为了解决第一部分第三章提到的交通问题，我们需要提高交通工具的时间和空间效率。图 12.3 至少为交通系统的进一步发展指明了一个方向[9]——远离最低效的私人交通，转向效率更高的共享交通，最终达到一种最佳的模式，即个人交通与公共交通相融合。在这种情况下，考虑所涉及的城镇、城市或地区的特定文化和地理特征是非常重要的。让我们来看看两个极端情况：在美国城市中，由于大量的人居住在广阔的郊区，交通是围绕着私家车展开的，因此公共交通在这里不会很有效。相比之下，在亚洲和欧洲的许多城市中，公共汽车和火车是客运交通的支柱。在许多城市中心，几乎不可能找到停车位，因此在市中心停车简直成为人们心中的噩梦。

这意味着美国的"出行即服务"必须设计成这样一种方式，即私家车可以逐渐被可搭载多人的车队取代。然而，在欧洲和亚洲，有可能会出现自动驾驶座舱和自动驾驶穿梭巴士与公共汽车和火车服务相竞争的风险，由此导致交通流量的增加。因此，解决方案是在旅程的第一千米和最后一千米重点补充公共交通，在没有公共汽车和火车覆盖的地区（如许多农村地区）使用穿梭巴士服务。

―― 关键点——共享 ――

相比于拥有和私有化，分享和使用的理念不仅在当下的社会中很流行，而且在降低出行的社会成本方面也起着关键作用。别忘了，平均一辆汽车只能运送 1.5 人或更少的人，如果我们能够将这个平均值从 1.5 人增加到 1.8 人甚至 2 人，那么这将大大减少交通流量和对环境的影响。当然，这无法一蹴而就，但它可以随着时间的推移逐步实现。让我们回到第一部分第三章的一个计算：目前在瑞士注册了大约 460 万辆汽车，它们平均每辆车运载 1.5 人。从数学角度来看，如果这个平均值增加到 2 人，那么只需要 350 万辆汽车。这样一来，瑞士就可以摆脱大约 100 万辆的汽车，道路和停车场的需求也将减少，由此可以释放出更多的空间用于其他用途。顺风车、拼车、网约车和共享汽车服务是这项进程中的重要举措。然而，必要时我们还需要适当的激励措施，例如提供财务、税收支持，甚至进行法律干预，进而让共享对交通状况产生积极的影响。

让我们来看一家令人惊叹的公司：BlaBlaCar。它成立于 2006 年，由弗里德里希·马赛拉（Frédéric Mazzella）、尼古拉斯·布鲁松（Nicolas Brusson）和弗朗西斯·纳佩兹（Francis Nappez）在巴黎创立，旨在建立一个欧洲范围内的拼车中心网络（network of hubs for ride-sharing）。他们的想法是，会员可以用自己的车提供拼车服务，也可以自己寻找拼车的机会。你甚至可以输入个人偏好，例如你想要的乘客或司机类型：喜欢动物、允许吸烟或者热衷聊天等。该公司目前在 22 个国家开展业务，在全球拥有超过 7000 万名会员。

BlaBlaCar 是一个连接到社交网络的旅游搜索引擎，用户必须注册才能使用这项服务。计划出行的驾驶员可以发布行驶路线、费用、车上的空位等相关信息，感兴趣的乘客可以联系驾驶员，如果一切正常，他们就可以一起出行。乘客必须支付出行的费用，系统会先给出一个建议的价格，然后乘客和驾驶员可以对该价格在一定限度内进行修改。为确保定价公平并能覆盖驾驶员的成本，每次出行的价格都有上限。在

BlaBlaCar上的每个人都有个人资料，这是为了帮助用户找到合适的驾驶员或乘客。同时，这也是一种帮助人们决定是否可以信任对方的方式。会员可以上传自己的照片，并输入年龄、音乐、运动品位、文化兴趣等个人数据。这样，人们在出行时就可以聊天。因此，另一个重要的方面是人们是否愿意交谈。人们可以用一个量表来给自己的交流意愿打分。此外，驾驶员还可以上传自己车辆的相关信息，毕竟大多数人都希望提前知道旅行是否能够快速或舒适地进行。

让我们来认识一下彼得，他自2017年以来就是BlaBlaCar的会员。他今年52岁，已婚，有3个孩子，住在慕尼黑市郊，并在奥地利的齐勒塔尔（Zillertal）拥有一套公寓。他总是在寻找同样喜欢开车的乘客，这样他们就可以轮流开车。他通常开一辆大众的迈特威（VW Multivan）或宝马的MINI旅行车（MINI Clubman）。他的个人资料非常有趣：他很健谈，喜欢动物，尤其喜欢狗——他可以一整天都聊和狗狗有关的话题！他不喜欢吸烟者，爱好音乐。自2017年以来，他成功拼车80多次，仅在2018年，就有一个乘客同他一起驾驶了3730千米。他在BlaBlaCar上非常活跃并且有着非常丰富的拼车经验，现在他已经是专家级别的会员了！

城市乌托邦

在关于各种交通工具的优缺点的辩论中，正如你所猜测的那样，通常存在着相互对抗的不同阵营。一方面，有人呼吁将出行转变为一种服务，并希望将各种交通方式连接起来。另一方面，有人执着于拥有私人的自行车或汽车，拒绝放弃它们，他们对如何在城市中出行有着其他想法。这是一个永远存在的话题。当然，也有人给他们的车起了一个名字，精心照顾它，每个周末都清洗它，只有在天气好的时候才把它开出车库。试图让这些人改变出行系统是没有意义的！这些通常是无法调和的观点可以追溯到不同的城市设计理念[10]。

前一个阵营的人是变革倡导者，他们想要建立的是"速度之城"，在那里交通是便宜的、简单的、安全的以及可以快速安排的，所有可用的交通方式都无缝连接。这种观点与先驱者勒·柯布西耶（Le Corbusier）的理念较为一致，他将城市视为"流通机器"（machine of circulation），目的是让居民能够快速出行。他认为，交通系统必须高效，旅客应该能够以便宜、快速且轻松的方式从一个地方到另一个地方，一切都应该顺利运行。

相比之下，后一个阵营的人是现状维护者，他们想要建立的是"游戏之城"，他们希望每一次出行都是感官的体验。在那里，出行不仅是为了更快地在城市中穿行，更是为了感受城市中精彩的生活。如果在旅程中有短暂停留的机会，你可以参与到城市生活中去，亲自体验大都市的多样性。毫无疑问，这是一种浪漫的谈论交通拥堵和延误的方式。无论如何，那些喜欢拥有私家车的人都属于这个类别，他们希望在自己的车——这一熟悉的环境中，度过工作和休闲时间。

我们看待出行方式的不同点在于我们是把出行视为愉悦的源泉，还是简单地想要轻松、便宜且快速地到达目的地。"出行即服务"可能更符合"速度之城"的理念，而驾驶敞篷车——特别是你自己拥有的敞篷车，则反映了"游戏之城"的理念。交通系统必须同时满足这两种理念：

"速度"可以让你在周一早上通过自行车、地铁和步行去上班,"游戏"则让你在周六骑着自己的旧自行车或驾驶自己的老爷车进市中心度过一个悠闲的下午。我们应该坚持同时保留这两种理念,而非选择在两者中决出优劣。

事实上,笔者也是喜欢偶尔开着敞篷车兜风的人。但是,如果我们能减少数十亿次出行(例如日常上班、去上学、去公园、去超市、去健身房等)所带来的社会成本,我们将更加享受这样的出行(第一部分第三章)。无论如何,我们必须竭尽所能确保我们近年来建立的出行方式不会破坏人类生活的根基。出行的组织方式应尽可能满足以下要求:既能够与社会结构相适应,同时还能为人类提供最好的出行服务。只有这样,驾驶敞篷车才会真正有趣。我们将开心地亲自驾驶和换挡!

第十三章
万能的应用程序

应用程序——驾驶"出行即服务"的方向盘

公共交通票价系统过于复杂且缺乏协调是一个经常被提及的争论点。我们都知道,每个城市都有自己的售票机和定价系统。此外,许多人表示,对多式联运系统而言,将不同类型的交通工具(如汽车、火车、自行车等)整合起来,是根本行不通的。旅行者们表示,如果该系统真的有效,它必须是集中组织的,并提供一款可以显示最短、最便宜或最快路线的应用程序。此外,这一点尤为重要——一旦旅客选择了一条路线,支付过程应在后台自动完成。这是能够让多式联运系统起作用的唯一方法!

赫尔辛基已经实现了这种出行系统,作为私人车辆的替代方案——人们对此感到很高兴!使用 Whim 应用程序,用户可以使用不同的交通方式规划自己的路线:公共汽车、电车、地铁、轻轨、共享汽车、租赁

第四部分
"出行即服务"的前景展望

汽车、自行车以及出租车。该系统的定价是统一的：在赫尔辛基，每月花费 49 欧元就可以无限制使用公共交通工具，而每月花费 499 欧元，还可以额外使用出租车、租赁汽车和自行车。尽管最初人们对此存疑，但现在该应用程序已经站稳脚跟，并在全球范围内被视为应用系统的典范[1]。

为了使这个应用程序正常运作，它需要访问规划旅程所需的所有数据。为此，芬兰政府规定，所有交通公司必须公开他们的数据。公共交通公司分享他们的时间表和站点，并传递有关火车、公共汽车和汽车位置的实时信息，甚至出租车和拼车公司也加入进来。这些数据被存储在云端，可以通过应用程序访问，以优化每位乘客的出行时间和成本[2]。按下按钮，即可预定个人出行——这是"出行即服务"的一个关键点。

在赫尔辛基、安特卫普和伯明翰之后，Whim 应用程序于 2019 年年底在维也纳推出，最初有 3 个合作伙伴，分别是 Taxi 31300、城市机场列车和维也纳线路，其中包括 5 条地铁线路、28 条有轨电车线路、129 条公共汽车线路和 5390 个站点。越来越多的合作伙伴正在加入其中，包括租车公司赫兹（Hertz）和电动滑板车提供商 Tier。Whim 还计划在日本、新加坡以及其他欧洲城市推出。和许多人一样，Whim 应用程序的提供商"出行即服务"国际集团（MaaS Global）的首席执行官（CEO）桑普·希塔宁（Sampo Hietanen）看到了这项服务的巨大潜力。他希望在未来，拥有汽车的人会越来越少，人们能够转而使用"出行即服务"。有明显的迹象表明，事情正在朝着这个方向发展。

然而，甚至桑普·希塔宁也知道，拥有一辆车是一种情感体验。人们将汽车所有权与自由和独立联系在一起。因此，如果有其他方法实现这些相同的情感，许多人或许能够放弃他们的车。此外，汽车是社会地位的象征，这对现在许多人来说是非常重要的。另一方面，大多数人只拥有一辆车，他们用它来做任何事情：购物、日常出行、度假、开车送孩子上学、参加体育锻炼、运输自行车和滑雪板等。这可能是关键——让人们不需要拥有一辆车就能使用车。

在正确的时间为每一个乘客选择合适的车辆，这就是 Whim 应用程序再次发挥作用的地方，因为它不仅可以为乘客规划出行路线，还可以为他们预订合适的车辆。一键点击即可完成车辆的可用性检查，取车前的相关准备也就都完成了。你甚至可以让人把它送到你手上。这种服务的好处是顾客不再需要拥有一辆车。这意味着，他们可以节省资金，并总可以使用干净且维护良好的车辆。你还可以时不时地用 Whim 应用程序来租一辆原本负担不起的跑车，那真的是一件非常棒的事情！在工作日，你可以使用这款应用程序，以一种既省钱又环保的方式出行。而在周末，你可以奖励自己一次敞篷车之旅。目前，甚至有许多汽车制造商也正在开发类似的服务。

立陶宛公司 Trafi 有一个应用程序平台，通过这一平台用户可以规划、预订和支付他们的旅程——当然，所有的交通方式都被囊括在内。到目前为止，Trafi 的服务已经在 7 个欧洲城市可用。现在，它正在向以交通拥堵闻名的波哥大进军。该应用程序囊括了所有的公共交通工具，另外还有出租车和电动自行车。Trafi 的联合创始人兼首席执行官马蒂纳斯·古多纳维丘斯（Martynas Gudonavicius）曾提到，公司未来会在拉丁美洲的更多城市推出这种服务。Trafi 认为，在这些快速增长、年轻人众多的大都市地区，将"出行即服务"作为主要的出行方式是有很大的发

第四部分
"出行即服务"的前景展望

展机会的。

在丹麦,应用程序我的行程（MinRejseplan）让出行者能够规划在农村和城市地区各种类型的出行。该应用程序于 2018 年推出,整合了所有公共汽车、火车和渡轮的时刻表。它还提供道路交通信息,并展示使用自行车、滑板车甚至步行的所有选项。该应用程序所采用的算法根据最快、最方便或最便宜这一标准来筛选出行路线,而不是根据交通方式。当然,用户也可以通过应用程序购买车票,并根据需要预订电动自行车或电动滑板车。目前,丹麦、瑞典和芬兰正在加速推进新的出行系统!

近年来出现了许多其他出行相关的应用程序,它们旨在连接各种交通方式,使出行更加快速、便捷[3]。其中一些应用程序,例如 Shift2MaaS、IoMob、UbiGo、MyCorridor、iMove、MaaS4EU、CityMapper、NaviGogo 和 MobilityX,专注于个别城市或地区。柏林公共交通公司拥有的应用程序 Jelbi 旨在鼓励驾驶员使用其他交通方式,例如电动自行车、电动滑板车、公共汽车和火车。其他应用程序,包括 Via、即刻出行（ReachNow）、SkedGo、Justride、TimesUpp、eMaaS、HereMobility、myCicero 和谷歌地图,都是为覆盖整个国家甚至全世界而设计的。每个应用程序都有其自己的故事,例如格步,它的创立是为了改善泰国经常发生的交通拥堵问题。现在,东南亚有数百万人使用格步来规划他们的日常行程。

位于汉堡的移动出行技术公司 Wunder Mobility,是一家为所有这些技术提供市场的公司。在这里,出行服务运营商可以选择适合他们产品的完美软件包。Wunder Mobility 的想法是,并非所有供应商都需要自己发明软件。特别是对于中小型城市来说,该平台可能可以帮助快速启动

147

"出行即服务"的使用。不过，我们先别急着下结论。

目前仍存在一些风险，可能会导致"出行即服务"的失败——一些倡议仅将单个城市或者局部区域纳入考虑，并希望进一步在高度监管的市场中站稳脚跟。各种各样的应用程序和项目已经被创建出来，但目前尚无法将它们整合起来。"出行即服务"的变革正在世界各地发生着，但并不是以一种协调的方式。这就是为什么，公共交通应用程序 Moovit 的首席执行官尼尔·埃雷兹（Nir Erez）一直在强调：单一项目需要进行整合。没有人想在每个城市使用不同的应用程序，没有人想在出发前还要提前了解其他区域与本地"出行即服务"应用程序的不同。

尽管存在这些异议，但应用程序提供商和消费者出人意料地在一件事上达成了一致，即应用程序及其基础出行平台是"出行即服务"的关键。因此，将许多不同的应用和平台的开发计划协调甚至整合起来，似乎是至关重要的一件事。没有什么比市场上不计其数的应用程序无法让客户感到满意，转而他们选择自己开车这件事更糟糕的了。我们不应忘记，那些目前不能自由行动的人，例如残疾人、儿童、老年人和病人，他们也需要简单且便捷地接触出行的世界。因此，应用程序开发者的指导原则应该是"即插即用"（plug and play）。

设想一下：晚上 11 点，我们站在剧院外面，刚刚看完由托马斯·汉普森（Thomas Hampson）主演的《唐璜》（*Don Giovanni*），想回家了。这时，只需轻轻一点，应用程序就会出现在智能手机上。我们可以看到所有的交通选择：地铁、公共汽车、有轨电车、出租车、网约车、租车，甚至还能看到电动滑板车租赁站。所有交通工具的出发时间、停靠站点和价格都一目了然，应用程序上甚至还会为你推荐一条最佳路线。

第四部分
"出行即服务"的前景展望

通常情况下，电动滑板车是最好的选择，但今天不是：天空下着毛毛雨，而且我们还穿着适合剧院的服装。所以我们最终还是选择了预订一辆汽车。这是梦吗？一点也不是。这正是一个好的出行应用程序应有的运作方式：它将每天都在改进，因为底层算法会从用户的出行选择中不断学习。在同一时间、同一地点输入相同目的地的两个人，可能会得到不同的出行建议，这是因为，应用程序会考虑每个出行者的偏好。

应用程序真的很有效！在曼彻斯特市区进行了一项研究，那里有一款应用程序让用户在 7 种不同的交通工具之间进行选择。据统计数据显示，在熟悉了系统之后，约 26% 的测试对象比以前更频繁地选择公共交通。约 21% 的测试对象更频繁地选择步行这一方式。6 个月之后，这种从驾车到乘坐公共交通的转变仍然很明显[4]。由此看来，一款直观的应用程序真的很有可能改变人们的出行习惯。

使用"出行即服务"应用程序的用户对这样的场景很熟悉：你购物累了，现在想回酒店。但应用程序建议你步行回酒店，而不是像你希望的那样乘坐舒适的出租车。它说之所以这样建议，是因为步行只需要18 分钟——比出租车快得多、路程更短，而且最重要的是，对环境更友好！你还可以顺便观光几个景点。在"出行即服务"应用程序的提示下，步行始终是一个选择。选择这种特殊的微出行方式有很多好处：它可以减少空气污染，有益于我们的健康。

因为步行的好处得到了认可，人们开始着手确定世界上最适合和最不适合步行的城市[5]。研究结果发人深省：只有少数大都市在城市规划中考虑到了行人的利益。通常，一切都围绕着汽车。美国城市在这方面的表现尤其糟糕，因为其庞大的建筑群设计使得人们几乎不可能步行到餐馆或商店，你做什么都需要一辆车。在这里，出行应用程序唯一能帮上忙的是提供网约车和拼车服务。最适合步行的城市包括伦敦、巴黎、波哥大和香港。在这些城市中，人们住在无车区附近，学校和医院都离得不远，街区面积也不大，所以行人总能在建筑物之间找到路。相比之下，印第安纳波利斯是最不适合步行的城市之一，因为只有 4% 的居民可以快速到达学校和医院，只有 9% 的居民住在无车区附近。

—— 应用程序的设计 ——

让我们来看看应用程序 Moovit。它非常普及，使用范围覆盖了几乎整个世界，并已经赢得了多个用户友好性方面的奖项。以下是一些更令人印象深刻的数据：在 2021 年年初，Moovit 应用的用户约为 10 亿人。每天有超过 60 亿条关于用户旅程的数据被添加——当然是匿名的！该应用程序可以在 112 个国家的 3400 个城市中使用，有 45 种语言版本。仅它所提供的微出行服务就令人印象深刻，它在 270 个城市拥有近 300 家运营商。你知道吗？现在全球有超过 70 万名的 Moovit 社区成员，这些人都是志愿者，他们不断寻找有关公共交通、票价、时间表、换乘等方面的最新信息。就像维基百科的爱好者一样，他们愿意每天花上一点时间让 Moovit 平台变得更好。如果该应用程序要根据最新信息做出出行建议，这是至关重要的工作。正如我们所看到的，一个应用程序是否好用取决于它是否能很好地处理这些出行信息。

出行者会看到什么信息？让我们来看看詹妮弗，她住在芝加哥，在那里的一家设计工作室担任建筑师。她终于有了一个周末可以前往纽约旅行！几分钟前，她抵达了纽约的肯尼迪国际机场，这实际上比预定的时间要早。她已经取回了行李，正在去地面交通的路上。浏览过应用程序 Moovit 之后，她就明确了通往世界上最大的音乐厅——无线电城音乐厅（Radio City Music Hall）（图 13.1）的多种出行选择。音乐剧和电影的首映式以及所有最好的演出都在那里举行。它位于时代广场和中央公园之间，所以这款应用程序会向詹妮弗展示从机场到市中心的多种出行选择也就不足为奇了。巴士、地铁、优步、来福车以及纽约近来新出现的微出行选项都在列表中。所有这些都由应用程序智能组合。

图 13.1 Moovit App 推荐的出行方式

来源 Moovit.

让我们再进一步。毫无疑问，一个应用程序必须是对用户友好的、快速的、易用的，并且必须提供最新的、可靠的信息。但我们可以想象更多的功能。例如，除了显示每种交通工具的价格和时间，它还能显示使用每种交通工具之后所产生的二氧化碳、氮氧化物和颗粒物排放量吗？这将鼓励用户从环境影响的角度进行出行方式的选择：如果用户选择生态友好型的交通方式，他们甚至可以获得积分。然后，他们可以使用这些积分来获取前往无线电城音乐厅的出行价格折扣。这种积分系统也可以用于减少繁忙道路上的交通流量，例如，在某些时段中，发放的积分数量会根据选择的路线而有所不同。肯定有很多市长想以这种方式来管理交通！

—— 选择应用程序还是方向盘 ——

想象一下这样的情景：多年以来，他们一直相依相伴，但现在他们要分道扬镳了。无论怎样，他们都无法继续走下去了。当有人来收走它时，她哭了，感到孤独和被抛弃。这是一段女人和她的汽车之间伟大爱情的突然终结。来收车的废品收购商为她感到难过，并建议她进屋，这样她就不用看着它被带走了。这样的爱情故事屡见不鲜。它们都有一些共同的特点——激情、亲密和希望在生命尽头仍能在一起的愿望。大脑研究人员告诉我们，这并不奇怪，因为与汽车的每一次交互都是在大脑的奖励中心进行处理的，就像吃巧克力一样。

请记住，车辆满足了人类出行的基本需求。汽车的吸引力随着它使出行变得更简单、更快、更方便、更令人兴奋且成比例地增加。此外，汽车也可以被看作是反映车主自我价值的一面镜子。它关乎吸引力、赞

第四部分
"出行即服务"的前景展望

美甚至嫉妒。汽车作为一种与他人交流的手段，它大声向他人宣告：我是什么样的人，我很有能力，我很成功！否则，我就不会有这辆车。汽车是我们社交舞台上的服装和道具。它决定了我们能得到多少掌声，有时甚至决定了我们被允许扮演的角色。

仅仅出于这个原因，汽车所有权就不能被简单地撤销并用"出行即服务"替代——相反，在未来几年中，它将继续发挥重要作用。考虑到这一点，一些配套措施将是需要的：减少城市中心的停车位，拓宽人行道和自行车道，将街道建设得更窄，甚至整个街区都禁止汽车通行。有趣的是，骑自行车出行成了一种社会风尚，并且这个趋势甚至在新冠疫情之前就开始了。山地自行车（mountain bikes）、公路自行车（racing bikes）、全地形公路车（gravel bikes）甚至电动自行车，现在都成为人们社交圈中炫耀展示的交通工具。这并不奇怪：你可以花 2000 欧元加入一个俱乐部，但你也可以轻松地花费 1 万欧元购买一款特别版自行车。这对于微出行而言是个好消息。

回到汽车上。所有相信"出行即服务"的人——现在有很多人，甚至包括笔者，都喜欢用这样的比喻：在未来，智能手机将像方向盘一样，在各种交通模式的旋涡中引导我们朝着正确的方向前进。我们可以使用它的预订服务，找到最快或最短的路线，并支付车票费用。现在，没有智能手机什么都行不通——它将是你驾驭"出行即服务"并体验其多种可能性所需的方向盘。相比之下，汽车方向盘已经完成了它的任务，它现在已经过时了。它的时间已经过去，只有守旧的人才会坚持使用它，并仍然打算在未来自己开车。

时间会告诉我们这是否正确，或许真相就介于两者之间。每天我们

重塑出行
自动驾驶时代的"出行即服务"

都感到沮丧：早晚通勤的路上都会出现交通拥堵，车道和停车场越来越多，放眼望去周围都是汽车。整座城市仿佛就是围绕汽车而设计的，充斥着汽车噪声、尾气，交通事故和交通拥堵也时常发生。尽管车辆如此之多，人们的出行却依然非常不方便。甚至还有许多因为没有自己的车辆而被困在城市中的人，他们迫切需要但无法接触到真正有效的交通工具。在世界各地，人们在交谈中经常表示出，希望有一种不同的出行方式的愿望。事实上，"出行即服务"就可以为每个旅行者确定最短、最快的路线，并提高各种交通工具的利用率。每一种交通方式都将在排放、运输能力、空间利用、旅行舒适度以及成本方面表现最好的情况下进行部署。除此之外，不要忘记设立交通控制中心或出行平台，以协调和优化各种交通工具的使用——因为我们都生活在同一个世界。

汽车的世界充满无限魅力。汽车既是技术上可行的，也是为社会所需要的。在汽车上，能看到我们对发动机、设计和材料的热情，也能看到我们在电子、信息技术、机械工程和其他学科中的创造力和创新力。汽车以其功能、优雅和美学，反映了许多人对社会能够实现什么的想法。但我们为它着迷的原因主要在于它为我们提供的可能性：运动、出行、自由、独立、自决权（self-determination）以及向上的社会流动和社会认可。因此，人们决心拥有一辆汽车也就不足为奇了。

然而，与此同时，我们也想要探索另一个世界。我们非常想要尽自己的一分力量，来让世界变得更加美好。在"出行即服务"的新世界中，全世界的人都有机会找到工作、接受医疗以及接受教育，城市也将成为宜居之所，人们的关注重点可以从车转移回人本身。每个人，包括病人、年轻人、残疾人和老年人，都能自由出行。因此，出行产业也可以为《欧洲绿色协议》和《巴黎协定》[6]做出贡献。这些都是我们非常关心并且迫切想要实现的事情。正是因为这样，我们想要彻底摆脱手动驾驶的车辆。或许，我们可以先从混合动力车型开始尝试——就像特斯拉在其 2026 年的总体规划中所描述的那样。该计划设想，未来人们仍然会购买和使用汽车，但他们会在不需要用车时，让汽车加入提供"出行即服务"的自动驾驶车队。毕竟，一天中大约有 23 小时可以通过呼叫网约车或拼车的方式来预订车辆。不管怎么说，这都是一个很好的开始。

第十四章

价值链重塑

—— 价值链的元素 ——

还记得我们在第三部分第九章中所说过的,汽车行业正在发生深远的变革吗?汽车行业正在经历从硬件到软件的转变,并且这种转变将有可能重塑汽车行业的价值链。让我们回顾一下早期的情况:从前,亨利·福特必须亲自管理从原材料生产到运输加工的每一环节,他亲自经营橡胶园、大豆田和铁矿山,并且利用购得的船只、飞机、卡车和拖拉机亲自运输这些原材料。如今,价值链上的每个环节都有一个或多个专家,企业间的沟通变得更加高效,价值链涵盖更多软件就越好。由于这些改变,个别交易的成本已经大幅降低,专才正在取代通才。一家公司不再需要跑通价值链上的每个环节,相反,专业技术公司正竞相进入市场,并承担越来越重要的角色。

一个不再专注于汽车所有权,而是专注于"出行即服务"的新价

第四部分
"出行即服务"的前景展望

值链，它的组成元素是什么？让我们看一下图 14.1，这也与图 11.1 有关。自动驾驶系统是"出行即服务"的第一层，也是我们所说的自动驾驶座舱和自动驾驶穿梭巴士的心脏，或者说是大脑。正如我们在第三部分第十章中看到的那样，该系统由众多传感器和控制软件组成。它基于人工智能（AI）技术，尤其是机器学习技术，能够自动检测甚至识别物体。此外，它还可以规划路线，做出驾驶操作决策，并实时处理信息。技术公司如无比视、英伟达（Nvidia）和英特尔（Intel），正在研发能够更快、更准确地处理信息的芯片。传感器制造商如 Luminar、安波福（Aptiv）、采埃孚和大陆集团，都在不断努力改进物体的检测和识别技术，以使汽车不会错过任何东西。无比视、Aurora、Waymo 和小马智行（Pony.ai），甚至一些汽车制造商，都在积极参与自动驾驶系统的开发，

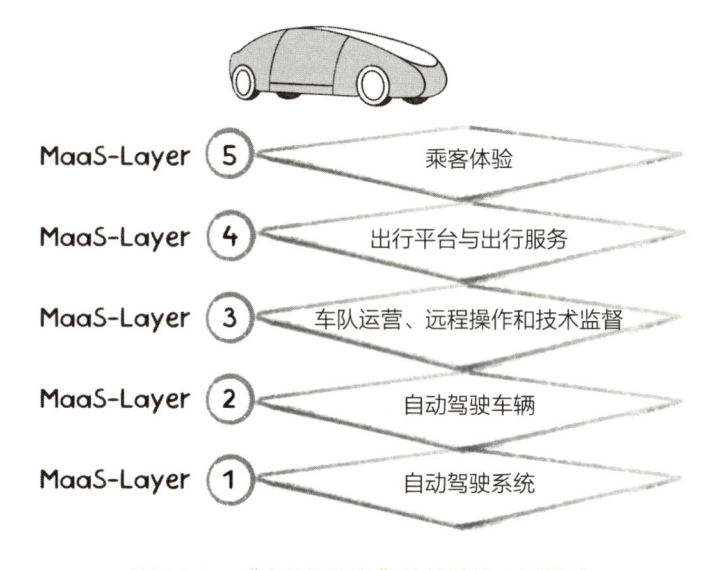

MaaS-Layer	5	乘客体验
MaaS-Layer	4	出行平台与出行服务
MaaS-Layer	3	车队运营、远程操作和技术监督
MaaS-Layer	2	自动驾驶车辆
MaaS-Layer	1	自动驾驶系统

图 14.1 "出行即服务"价值链的 5 层模式

来源 Original material.

重塑出行
自动驾驶时代的"出行即服务"

并独立研发相关的系统，这些系统将使汽车在未来能够掌握尽可能多的情况[1]。

"出行即服务"价值链的第二层是自动驾驶车辆，这是汽车制造商真正的核心业务。他们仍然负责整合各个部件，包括底盘、发动机和变速器、电子控制系统、导航系统、轮毂和轮胎、车灯等。各家企业的生产范围各不相同，一些汽车制造商仅组装由供应商提供的部件，而其他一些汽车制造商本身仍然是制造商。无论如何，汽车制造商都有能力开发各种用途的车型，如敞篷车、面包车、轿车、SUV等。到目前为止，汽车制造商一直负责车辆设计、车辆的品牌管理以及车辆技术。但在未来，自动驾驶汽车将没有方向盘或踏板，这将为汽车的室内设计带来新的机会。汽车可以成为一个供人们在生活中多方面使用的空间——一个可以被改造成音乐厅、电影院、办公室或健身房的空间。当谈到汽车设计时，内饰就是新的外观！此外，自动驾驶座舱和自动驾驶穿梭巴士可以被改装为流动售货车（mobile shops），将食品、药品和各种服务带到农村地区。

"出行即服务"价值链的第三层是车队运营、远程操作和技术监督，具体来讲是运营一支自动驾驶座舱和自动驾驶穿梭巴士车队。在这个层次上可能涉及大量的参与者：汽车制造商、汽车租赁公司、市政公用事业公司、汽车经销商以及公共交通、铁路和邮政公司。甚至像之前提到的技术公司这样的新玩家（例如Transdev），也可以提供车队管理服务，或者一些与出行相关的服务。毕竟，自动驾驶汽车也需要停放、充电、清洁和维修。

你甚至可以更进一步，建立一个创新的车库或服务中心，所有的步骤都是自动化的。这将显著降低运营成本和票价。"出行即服务"价值链的第三层包括一个平台，即车队管理系统，用于引导车辆穿过车流。

第四部分
"出行即服务"的前景展望

随着时间的推移，平台使用人工智能学会对交通状况的解读，能够预测出行需求并相应地完成车辆部署[2]。这使得自动驾驶座舱能够避免交通堵塞和空车上路，并最大限度地减少乘客的等待时间。由于该系统知道所有乘客的上车地点和出行时间，所以它可以在城市中为自动驾驶汽车确定最佳停车位。

出行平台和出行服务是"出行即服务"价值链的第四层，与第一层一样，它们是价值链重塑后的新成员。来自不同行业的公司，包括来自技术和出行行业的公司，以及许多初创企业和下属子公司都在提供出行平台、应用程序和相关服务[3]。本质上，这一层汇集了所有不同交通工具的信息，例如火车、公共汽车、地铁、轻轨和渡轮的时间表、票价和停靠站点等信息。此外，网约车服务和拼车服务，以及针对汽车、滑板车和自行车的共享服务，这些信息也都会汇集在同一个平台。每天，都有更多的出行方式选项可以被添加到可选列表当中。

即使你不住在城市里，也可能会迷失在这些不同的选项之中。这就是为什么应用程序会在客户输入目的地和其他一些细节后，立即向他们展示最快、最短或风景最优美的路线。你还可以在同一个应用程序中支付旅程的费用。总之，该应用程序必须为客户提供快速的、便捷的和最新的访问出行的方式。这正是 Whim、Citymapper、Moovit、优步和滴滴等公司设计应用程序的初衷。同时，应用程序必须足够方便，让人们把自己的车留在家里，使用应用程序所提供的出行服务。

除了公司，客户本身也可以提供出行服务。让我们来看看靠近会议中心或足球场的住宅区。这些场馆经常举办吸引游客和球迷的活动，游客和球迷们往往需要花费很长的时间去寻找停车位，有时甚至会因过长

重塑出行
自动驾驶时代的"出行即服务"

时间找不到而迫不得已放弃。当地居民可以通过有偿提供停车位来帮助解决这个问题：有需要的人可以使用应用程序预订停车位并提前支付费用。坐标可以自动发送到驾驶员的导航系统，以便他们轻松找到地方。这是一个真正的双赢局面：一方找到了停车位，另一方可以从中赚钱。

自动驾驶汽车的乘客们该如何打发时间呢？这就涉及"出行即服务"价值链的第五层，即乘客体验。这一层次是关于提供各种类型的媒体，例如游戏、报纸和电影——当然都是在屏幕或智能手机上。像谷歌、奈飞、推特（Twitter）、亚马逊和苹果这样的老牌公司已经准备伺机而动了，本地和区域性的媒体公司也是一样。这是一个巨大的市场！别忘了，目前人们每年在车上度过大约6000亿小时。

我们来看看苹果公司：它从硬件起家，现在提供由硬件、软件和服务组成的套餐，如电影、音乐和游戏。这些产品在未来的自动驾驶座舱和自动驾驶穿梭巴士中会有需求。广告也可能在这些车辆中扮演重要角色。例如，麦当劳可以支付旅程费用，以换取向乘客展示最新的汉堡产品的机会。我们之前使用星巴克作为例子讨论过这个想法。另一个想法是：当你在你喜欢的意大利餐厅预订桌子时，或许旅程的预定也可以包含在内。这同样适用于去电影院、理发店、火车站或机场的出行。如果你认真地把出行视为一项人权，那么去看医生、去药店或去超市的旅程都应该是免费的，这些都应该由国家出资，以保障基本的出行。

最重要的问题仍然是：将由谁把这些元素结合在一起？将由谁把它们整合成一项一体化服务（all-in-one service）？很明显，答案是强大的汽车公司，如丰田、奔驰、通用、大众和福特，以及它们的一些主要供应商，如博世、电装、曼牌尔、康宁、米其林、爱信和江森自控。也许

第四部分
"出行即服务"的前景展望

还有一些真正强大的交通机构也能完成这项任务，如伦敦交通局。实际上，扮演这个角色的公司之一是软银集团（Softbank）。你听说过这家公司吗？软银是一家日本的电信和媒体集团，拥有众多机器人、互联网和电子商务公司的股份。它由孙正义于1981年创立，多年来已发展成为一家全球性集团。

软银被视为科技投资者中的巨头。作为领先的投资基金之一，其目标是通过数百万美元的投资推动有前途的公司发展。软银的投资组合包括图14.2所示的价值链上的众多公司，英伟达和人工智能技术公司Nauto也在其中，这两家美国公司正专注于研发自动驾驶技术。此外还有优步、滴滴和格步，它们是经营网约车应用程序的公司。全球流动服务（Global Mobility Service）这家日本机构也是软银的投资对象，它提供贷款和租赁选择，让人们可以购买汽车或公共交通的年卡。

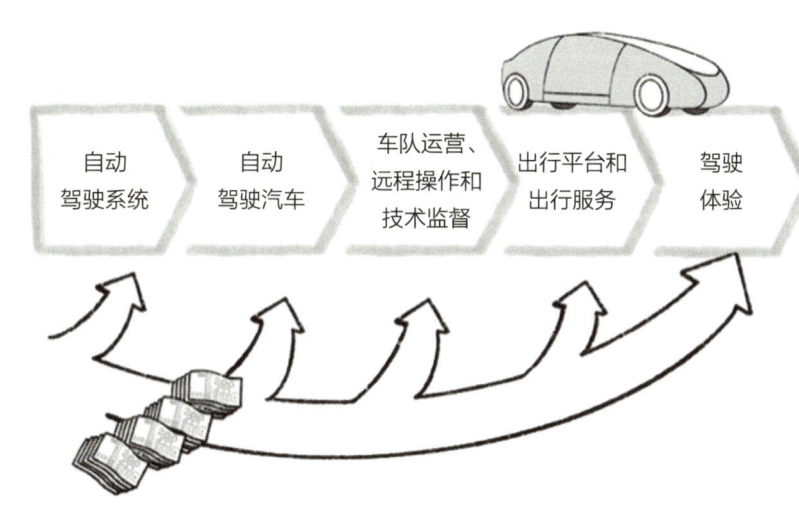

图 14.2 软银的投资

来源 Original material.

> **重塑出行**
> 自动驾驶时代的"出行即服务"

另一项有趣的投资是：2020年年底，软银收购了Tier的股份，这是一家电动滑板车提供商。这笔交易为这家位于柏林的公司带来了2.5亿美元的融资。Tier目前市值近10亿美元，落后于美国共享滑板电动车运营商Bird，但领先于Lime。显然，这家投资者相信微出行，并希望在电动自行车和电动滑板车成为第一千米和最后一千米的首选交通工具时，他们也能在该领域有相应的投资项目。有很多迹象表明，事情正在朝着这个方向发展。所有供应商都是从自行车租赁服务开始的。不久之后，滑板车也加入了进来，现在这两款车都是电动车型。最近，这些公司已经将注意力转向平台，着力于为客户提供全方位出行体验（all-round mobility experience），包括微出行以及其他交通方式。

上述讨论表明，出行市场正在发展。未来哪些公司将扮演价值链中的哪些角色？还有其他公司在等着进入这个市场吗？汽车制造商会发生什么变化？毫无疑问，出行服务市场是庞大的。很多公司都有发展空间，但也并非所有公司都有发展空间。特别是对于汽车制造商来说，现在是时候向两个方向推进了：他们需要实现业务数字化，并建立合作伙伴关系。这些都是他们在过去几十年里本应学会却没有学到的东西。因此，更加重要的是，他们现在要有勇气和决心来解决这些问题。现在重新出发还为时不晚，否则他们就会真正明白这句真理的含义："生活惩罚行动过于迟缓的人。"

—— **出行的概念** ——

自动驾驶座舱和自动驾驶穿梭巴士可以整合到一个全面的市政或

区域交通概念中,旨在连接公共和私人交通工具。它们对于从家到火车站或工作地点的通勤特别有用。模拟使用自动驾驶座舱和自动驾驶穿梭巴士的研究发现,一辆自动驾驶穿梭巴士可以取代相当数量的传统汽车[4]——但前提是共享使用!这不仅适用于大城市,也适用于许多其他城市地区。特别是在这些地区,有可能以这样的方式结合不同的交通方式,至少在一定程度上取代传统的汽车使用。

真正代表出行革命的不是多用途汽车(multi-purpose cars),而是自动驾驶的穿梭巴士、货车和座舱。这是因为它们不仅会彻底改变驾驶技术,还会改变乘客和货物的运输成本。由于这些车辆每天24小时都在使用,没有任何空驶路程,运营商可以提前部署车辆维护和服务安排,因此每千米的成本很有可能大大降低。目前,60%~80%的出租车出行成本是由人力成本构成的,而自动驾驶汽车将完全消除这一成本。全天候使用这些汽车还将大大降低每千米的服务、维修、融资、折旧和保险成本。

据估计,与现有车辆成本相比,自动驾驶汽车的运输成本应该可以显著降低[5]。有些人认为运输成本甚至有可能降低50%。以下是一个示例计算:一家生活在大都市郊区的美国家庭目前每年在出行上的花费约为9000美元——用于自己的车辆和购买公共汽车和火车的车票。在这个地区运营穿梭巴士每年可为他们节省3000多美元。考虑到2019年美国人均年收入约为3.3万美元,这笔节省下来的出行费用相当于工资涨薪约10%。鉴于此,未来公共交通和私人交通领域之间很可能会出现全新的合作伙伴关系。

自动驾驶座舱和自动驾驶穿梭巴士在尺寸和载客数量上可能会有所

> **重塑出行**
> 自动驾驶时代的"出行即服务"

不同：车队可能由 2 座、4 座和 8 座的车辆组成，也可能由 16 座、20 座或 40 座的公共汽车组成。无论如何，很可能会出现新的付款模式，因为在搭载 10 名乘客的穿梭巴士中，每名乘客所需支付的每千米价格可能远低于 10 美分。城市和社区可以支付至少一部分交通成本，以解决与交通拥堵和排放有关的问题。或者，如我们之前推测的那样，公司可以作为赞助商加入，以换取在车辆屏幕上展示其产品和服务的机会。因此，使用自动驾驶座舱和自动驾驶穿梭巴士提供免费交通的愿景在一些地区似乎是可行的。免费交通也有好处，因为它可以为人们提供接触工作、教育、健康、娱乐等方面的机会。从这个角度来看，免费使用自动驾驶座舱和自动驾驶穿梭巴士不仅可以增加一个地区的吸引力，还可以增强其经济实力。

然而，只有当商业模式中建立起一个涉及大量参与者的系统时，"出行即服务"才能获得成功。运营商必须与城市和地方政府合作，对交通运输系统进行整合，建立充电站和服务中心，甚至出台相关的交通法规。此外，收费模式也需要进一步明确并向客户进行公示。为了满足上述要求，我们需要一个直观的、多模式的应用程序。此外，自动驾驶座舱和自动驾驶穿梭巴士的行驶路线需要与其他车辆（例如公共汽车、火车以及微型交通工具）的行驶路线相互协调。这将是一个相当大的挑战！因此，我们可以说，"出行即服务"的发展不是一蹴而就的，而是多阶段不断扩展的。

这些阶段可能是什么样子的呢？在第一阶段，车辆将沿着确定好的路线行驶。可以想象，这项服务只在正常的天气条件下运行。在第二阶段，自动驾驶座舱和自动驾驶穿梭巴士将在城市或地区的主要道路上行驶，并可按需叫车（called on demand）。这些车辆将与其他交通方式相互协调，全天候提供乘车服务。在第三阶段，这些车辆将能够在各种道路和天气条件下行驶。由于交通控制中心将优化车辆部署和路线规划，交通成本将大大降低。这一点肯定能让一些通勤者意识到："出行即服务"是有效的，是时候放弃自己的车辆了。此时，各种交通方式的时刻表也应该得到更好的协调，使乘客能够更加快速轻松地从一个交通工具转换到另一个。

第十五章

多式联运

―― 它必须是无缝的 ――

正如我们已经指出的,"出行即服务"是基于这一概念,即使用汽车、火车、公共汽车、自行车、滑板车(可能还包括步行)的组合来完成一段旅程。驾车几乎总是可行的,但根据距离的远近,它并不总是高性价比的或环保的。而且,将有轨电车开到城市里的每一个住宅区是没有意义的。我们其实有更好的方法来解决人和货物运输中的第一千米和最后一千米问题。"出行即服务"的目的始终是创建一个运输链,其中包括小汽车、火车、公共汽车和其他交通工具的最佳组合。在这里,"最佳"意味着一种既能保护环境又较为实惠的方法[1]。仅仅几个关键的统计数据就证明了,采用全面的而非某个单一的交通方式,是多么的重要。

电动自行车和电动滑板车几乎没有噪声,也不产生任何排放,这

第四部分
"出行即服务"的前景展望

使它们成为未来出行的最佳选择。然而,它们最适合短途出行,因为你不能用它们来运输行李。在潮湿和寒冷的环境条件下,它们也不会是许多出行者的首选。另一方面,汽车可以把你和你的家人带到几乎任何地方,并且可以携带任意数量的行李。但是,我们知道,平均每辆车只能坐 1.5 个人,因此大量的城市空间都被用于建设道路和停车场,供未被充分利用的汽车使用。如果你的汽车重 1000 千克,那么意味着如果你想去一次便利店或健身房,你首先需要移动这 1000 千克的汽车。这不由得引起我们的思考,我们一定要开车吗?难道没有一个更好的方法吗?

也许乘坐火车是一个更好的选择。长途火车的重量约为 400 吨,比汽车重得多,基于它 420 人的容量和 60% 的利用率(这是一个相当大的数字),平均到每个乘客就是 1600 千克的重量。轻轨列车(light rail vehicle)的重量约为 60 吨,通常要轻得多,但它们通常只能载 20 名乘客,平均到每个乘客就是 3000 千克的重量。而且,这些轻轨列车需要不断地停止和启动,所以它们的能耗将更大。再加上隧道、桥梁和车站的建设,在轻轨列车投入使用之前,你就会看到巨大的能源消耗。

简而言之,每一种交通方式在联合运输或多式联运概念中都有特定的优势。对于汽车来说,它的优势是可以灵活地选择地点和时间进行出行。对于长途火车来说,它有能力在长距离内运送大量的乘客。对于轻轨列车来说,它可以在一座城市内连接不同中心。而微出行则满足了通勤旅程中第一千米和最后一千米的需要。此外,还有新出现的交通工具——自动驾驶座舱和自动驾驶穿梭巴士,它们在使交通出行更加环保以及削减成本方面将发挥至关重要的作用。

"联合运输"和"多式联运"这两个词经常互换使用，因此在这里我们对这两个词做进一步的定义，以帮助大家进行区分。多式联运是一个总的概念，它描述了一段在一天或一周内使用不同交通方式的个人旅程。例如，周一开车，周二骑自行车，其他日子使用其他方式[2]。联合运输是这种方式的一种变体：为了上班，通勤者可能先骑自行车，然后坐公共汽车，再步行完成最后一段路程。我们知道，定义读起来往往是十分枯燥无趣的，但这种区别将帮助我们确定讨论的框架。不过，不要担心：在日常使用中，大多数人用"多式联运"这个术语来涵盖大多数的运输链（transportation chains）。

联合运输的出行实际上是什么样子的呢？让我们举几个例子。弗朗西斯卡和亚历杭德罗住在意大利加尔达湖附近的穆拉特洛，他们到离巴黎约 30 千米的法国小镇尚布利探亲。他们骑电动自行车前往布雷西亚火车站；他们的一辆电动自行车有一个拖车，用来装他们的行李。从布雷西亚到米兰的火车是直达的，然后他们转乘巴士前往米兰马尔彭萨机场，从那飞往巴黎戴高乐机场。最后他们驾驶租来的汽车直接驶上高速公路，最终准时参加了家庭聚会。

与此同时，一位通勤者正乘坐着公共交通工具去往上班的路上。他访问了一个应用程序，这个应用程序允许他组合使用不同的交通方式，以尽快完成他的旅程。到目前为止，一切都很顺利。但是，这款应用的配置是向用户展示最快的路线，因此一些街区的交通可能会变得特别拥堵。每个通勤者都需要在最短的时间内穿过这些居民区去上班，因此，该系统可以以不同的方式进行配置，以更均匀地分散交通，同时减少一些居民区的噪声和污染。换句话说，我们应该思考一个问题，这个应用

第四部分
"出行即服务"的前景展望

程序应该最先优化个人行程还是跨城市交通（cross-city traffic）？伦敦交通局是一个很好的例子，它的运营商使用了一个将拥堵等因素考虑在内的行程规划程序——这个例子很值得我们学习。

市议会在设计联合运输和多式联运的运输链中发挥着重要作用。他们是否应该向私营供应商发放许可证，例如那些经营电动自行车和电动滑板车的供应商？能否允许这些供应商在设计新路线时自由发挥？俗话说，太阳底下无新事，地方交通也不例外。在新加坡，市议会在多式联运的设计上起领导作用，它们还制定了一个总体规划。与此不同的是，在特拉维夫，是私营企业在推动这一进程，其中许多是科技初创企业。这两种模式都很有效，都提供了出色的出行服务，并成了全球的典范。不过，很明显，我们不可能一概而论地说多式联运只有依靠政府力量或市场力量才能发挥作用。无论如何，只有小部分公司能够提供全方位的运输方案，所以伙伴关系是必不可少的。

人们经常会问，在一个由公共部门管理的交通网络中，众多的小型私营企业如何能够最好地参与提供多式联运解决方案。如何兼顾他们的不同利益？各个利益相关者在设计服务时应留有多大的自由[3]？葡萄牙的首都里斯本就是一个很好的例子：私营的微出行供应商受到人们的热烈欢迎。至少在最初，政府对他们采取的是轻度监管，他们在选择路线和定价方面有相当大的自由度。但如果这些运营商利用他们的市场地位收取过高的费用或降低服务的质量，监管就会立即变得更加严格。

多式联运系统能在大城市发挥作用吗？让我们来看看东京：东京周围的大都市地区拥有近 4000 万人口，由于每天都有络绎不绝的通勤者上下班，其交通服务日复一日承受着巨大压力。多年来，一个庞大的轻轨和地铁服务网络已经兴起，它由 30 多家私营的和公共的交通运营商共同运营。这是一个庞大而复杂的系统，但在一些地区，从车站到工作地点仍然很不方便——这意味着，汽车仍然是东京交通组合的一个重要组成部分。东京的主要问题在于第一千米和最后一千米，多式联运或许是一条出路。

多亏了东京的两张智能卡，东京的游客现在可以轻松地从一种交通方式转换到另一种方式。新的应用程序不断涌现，它们可以在东京错综复杂的交通系统中规划出最快、最便宜或最便捷的路线。在过去的两年里，市议会一直在支持私营初创企业，尤其是那些正在运行试点项目、试验改善交通拥堵的新方法的企业。其目的是创建换乘点或枢纽，以加快从一种交通方式到另一种交通方式的转换，这些项目的重点是分析数据，以确保应用程序的持续优化。一旦试验成功，交通运营商将会把这些解决方案纳入它们的系统当中。

特拉维夫的创业环境尤为活跃，其中有许多公司专注于出行平台、自动驾驶汽车以及多式联运上的软件研发。在过去的 5 年里，特拉维夫已经成立了 600 多家出行服务公司。这之中有许多是初创公司，但也有一些是从成熟的科技公司中分拆出来的。这就是为什么，这个城市有时被称为"出行行业的硅谷"。这种令人印象深刻的创业精神反映了以色列政府雄心勃勃的目标，即计划到 2025 年，将该国的石油消耗量减少 60%。随着通勤大军的不断壮大，特拉维夫饱受交通拥堵、噪声和空气污染之苦，这就是为什么它已经开始采取一系列措施来改善交通。其中一项举措就是建立一个新的地铁网络，以实现在未来几年内每天运送约

第四部分
"出行即服务"的前景展望

5万名乘客的目标。但是,这些乘客中的许多人还需要进一步的出行服务,帮助他们完成从地铁站到工作地点这段路的通勤。

这就是微出行快速发展的原因。特拉维夫位于海边,当地气候温和、地形平坦,适合使用电动自行车和电动滑板车。市政府还在扩大公共汽车和有轨电车网络,旨在逐步减少汽车的使用,并为进城通勤提供更多的出行方案,这些举措同时还会带来就业改善和生活质量提高的附带好处。一个能够实现无缝联合运输的多式联运系统将使特拉维夫成为现代出行的典范。为了彰显其雄心,该市计划将其移动数据提供给所有感兴趣的科技公司。同时,软件开发商也在密切关注事态的发展,其中许多软件开发商都得到了国际资金的支持。然而,技术才是特拉维夫不可缺少的。

作为英国的商业和金融中心,近年来伦敦的人口迅速增长。伦敦交通局(Transport for London,TfL)建立的目的是作为一个地方政府机构,将私营的和公共的出行服务提供商聚集在一起,以解决城市交通系统日益增长的需求。伦敦交通局经营着地铁和轻轨系统、公共汽车、出租车、泰晤士河船服务、电动自行车和电动滑板车。整合的交通时间表、在整个交通网络中能够实现现收现付(pay-as-you-go)的智能卡、若干提供出行服务的应用程序、不开车的定价激励(pricing incentives),以及一系列旨在使出行服务网络比驾车更便宜、更便捷的在建项目,使伦敦成为世界领先的多式联运系统的发源地之一。而且,伦敦交通局也很乐意与其他公司分享其大部分的交通数据,以推广新的服务以及改善整个出行网络。

圣地亚哥的例子也值得一看,因为它长期以来在交通政策上都采取了创新的方法。早在 20 世纪 80 年代，当美国等其他大都市都还在为汽车清理道路时，该市就推出了有轨电车服务。为了向多式联运系统过渡，圣地亚哥创建了一个交通管理局，采取全面的方法来规划和建设基础设施。其结果是，它们提出了一个基于平行道路、铁路和人行道、自行车和滑板车车道的出行倡议，使用户能够根据自己的需求对交通工具进行自由组合。该市还计划利用公交路线，将关键的中心区域与郊区连接起来，以加快通勤速度。这些路线将会尽可能减少交通信号灯和十字路口的设置，使火车和汽车能够保持一致的速度。

另一个方面是中央枢纽的发展，使通勤者能够迅速从一种交通方式转换到另一种。它们将提供按需服务（可能很快就会在自动驾驶汽车上出现）。为了减少人们想要购买或驾驶私家车的想法，一系列的小汽车、公共汽车、租赁自行车和滑板车将在城市的指定地点提供，人们可以通过一个应用程序进行访问。数据平台构成了这个出行系统的神经中枢，此外，它还承担着整合交通时间表的作用。为了让客户获得良好的服务，每一项出行服务都需要被纳入一个安排好的交通系统中。现在，这听起来像是一个经过深思熟虑的概念了！

交通枢纽

我们已经提到过几次交通枢纽，但它究竟是什么意思呢[4]？简单来说，交通枢纽就是不同交通方式的交汇点：例如一个火车站、一个机场、一个停车场或者其他的中心地点。交通枢纽对于联合运输和多式联运来说都是至关重要的，因为它们使旅客能够快速、轻松地转换出行模式。毕竟，这是一个交通系统的基础——方便的换乘、清晰的标志以及不言自明的分区。乘客能够毫不费力地找到他们的路，因此整个交通枢纽的架构需要考虑到不同交通方式间的过渡承接。适当的售卖服务也是其中的一部分——毕竟我们都想在骑电动自行车去往火车站的路上买一杯热饮或一份报纸。

但交通枢纽的作用远不止于此。它们现在还包括电动汽车充电站，以及提供全方位服务的自行车和滑板车维修业务。它们也是人们聚集的咖啡馆、餐馆和等候区这类地方。交通枢纽是满足朋友联系或商务联系需求的地方，人们可以在这里消磨时间、吃饭逛街和学习。由于地处市中心，火车站将成为理想的交通枢纽，图 15.1 和图 15.2 说明了这是如何实现的。

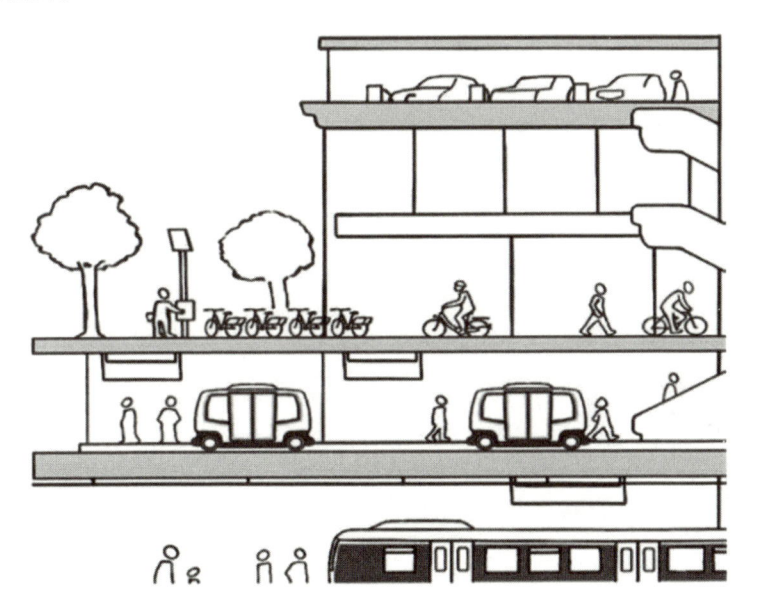

图 15.1 出行中心例 1

来源 Original material.

重塑出行
自动驾驶时代的"出行即服务"

图 15.2　出行中心例 2

来源　Original material.

　　瑞士的一些火车站已经将这一理念付诸实践。每天早上，有超过 10 万人骑自行车到车站，然后乘坐传说中瑞士异常准时的火车。瑞士的交通系统中还安装了先进的出行服务组合系统（stacker system），它使通勤者能够在最短的时间内从自行车换乘到火车。在专门的共享区域旁边，还设有快速且安全的自行车停放处，例如，通勤者可以从火车换到电动滑板车。瑞士联邦铁路公司推出的出行套餐"Green Class"是该概念的典范。它使客户能够建立自己的出行套餐，其中可能包括一张年度铁路季票，一个带充电桩的停车位，必要时还可以租一辆汽车。这就是多式联运的实践案例！

　　多式联运系统产生了大量的数据，这些数据可用于不断改进公共交

第四部分
"出行即服务"的前景展望

通[5]。到目前为止，一切都很顺利。然而，许多用户担心，使用这些数据优化交通系统会侵犯他们的隐私。交通运营商必须在客户的担忧和规划者的雄心之间谨慎行事。为了更好地对此进行实践，美国成立了一个由城市和交通运营商组成的联盟，以促进成员们从出行数据中进行共享学习——当然这是在遵守数据保护规则的前提下。该联盟旨在回答下列问题：出行者们结合了哪些交通方式？他们在每种模式以及各条路线上花了多长时间？不同模式之间转换的阻碍是什么？回答这些问题将有助于创造出满足出行者需求和愿望的交通枢纽。

第十六章
自动驾驶座舱和自动驾驶穿梭巴士

—— 我们不一定需要真正"拥有一辆车" ——

一些评论家将自动驾驶座舱和自动驾驶穿梭巴士视为新出行时代的缩影。不过,同样有部分人对这一观点持怀疑态度,仍在观望当中。自动驾驶尚未证明自己,因此人们并不完全信任它。然而,在世界各地,有大量的自动驾驶小巴士在路上行驶,你可以看到它们在机场的航站楼之间运送乘客,在工业区、医院或大学校园建筑之间穿梭,在购物中心和贸易展会上运行。一些城市甚至使用无人驾驶车辆在市中心运送人员和货物。

纵观目前的发展,自动驾驶技术在多个不同领域都取得了一定的进展[1]。自动驾驶车辆意味着,车辆将没有驾驶员,只搭载乘客,这让人们能够从全新的视角来设计车内空间。其中,目前正在使用的概念包括将车内空间打造为移动客厅、办公室、休闲空间和会议室,所有这些都采用了尖端的信息通信技术。其他一些想法则是将城市交通作为系统的

第四部分
"出行即服务"的前景展望

核心,并将自动驾驶座舱和自动驾驶穿梭巴士与公共汽车和铁路线路连接起来。可以说,自动驾驶为交通模式之间构建智能联系提供了可能。自动驾驶车辆的作用是为乘客提供中短距离的交通服务,以及帮助他们完成行程中的第一千米和最后一千米,例如,从家或公司往返车站,城市内的短途出行,或者偏远农村与城市间的旅程。简而言之,为了真正将"出行即服务"的理念付诸实践,需要着重利用两种类型的自动驾驶车辆,即自动驾驶座舱和自动驾驶穿梭巴士(图 16.1)。

| 自动驾驶座舱 | 自动驾驶穿梭巴士 |

图 16.1 自动驾驶座舱和自动驾驶穿梭巴士
来源 赫尔曼等(2018, p. 13).

　　自动驾驶座舱并不是现有车辆的改进版,而是专门为自动驾驶设计的[2]。它们最早仅在城市中的特定区域中运行,慢慢地会逐步扩大运行范围,在整个城市及城郊地区都进行使用。座舱是由公司、铁路或公共汽车运营商或市政公用事业公司所运营的车队的一部分。消费者并不直接拥有座舱,而是通过按次付费、预订或统一付费(flat-rate payment)的方式进行车辆的使用。消费者可以通过应用程序进行车辆预订或在线叫车,然后控制中心将根据交通状况和选定的目的地为消费者配置合适

177

重塑出行
自动驾驶时代的"出行即服务"

的座舱。座舱小而灵活，这使它们成为城市交通的理想选择，但其有限的载客量也意味着它们是相对私人的空间。

未来几年，自动驾驶穿梭巴士的运营数量也可能会有所增长。这些穿梭巴士相当于小型的城市公共汽车，载客量在 8 至 20 人之间，目前自动驾驶穿梭巴士已经在一些城市正式投入使用，它们有既定的行驶路线，此外车辆的停靠次数也有所限制。在未来几年内，乘客能够自行选择目标路线的"按需服务"可能会出现。这一方案的实施及验证最早始于欧洲的"国家队"项目 CityMobil，这是一个由欧盟发起并资助的项目，其目的是在选定的城市中衡量自动驾驶客运的适用范围——不仅要从技术方面进行衡量，还要从确保乘客乘坐时的安全感和舒适度等方面进行考虑。

自动驾驶座舱和自动驾驶穿梭巴士的使用范围都很广。它们有些只适用于运输乘客，有些也可用于运输货物[3]，还有一些已经被开发出来用于向偏远地区运输食品、药品和服务而不需要驾驶员。令人震惊的是，传统的客运和货运之间的区别正在变得模糊。一些实践应用甚至设想让车辆在白天用来运送乘客，在晚上则用于从中央仓库向各个商店运送货物（图 16.2）。

图 16.2 林斯比得汽车公司的多功能穿梭巴士

来源 林斯比得汽车公司（Rinspeed）.

第四部分
"出行即服务"的前景展望

通过下方的图片大家可以对自动驾驶座舱和自动驾驶穿梭巴士的概念有一定的初步了解，可以说，这两种类型的车辆为我们指明了未来的发展方向（图 16.3）。有趣的是，还没有任何一个传统汽车制造商涉足这个市场。事实上，在表达了最初的兴趣之后，许多制造商已经退出了这类车辆的研发和生产，因为他们不认为这是一个可行的商业模式。我们将不得不再等待几年，来看看这是否是正确的决定。但现在，是科技公司在引领着这一潮流，率先开始使用自动驾驶汽车（特别是在城市中）。

Nuro　　　　　Navya　　　　　EasyMile

2GetThere　　COAST Autonomous　　宇通

图 16.3　多种穿梭巴士

来源 Nuro, Navya, EasyMile, 2GetThere, COAST Autonomous，宇通。

自动驾驶汽车公司 Nuro 的总部位于旧金山，它主要生产用于货物运输的自动驾驶汽车。它的自动驾驶座舱最近被用来向美国连锁超市克罗格（Kroger）和达美乐比萨餐厅（Domino）的分店运送货物。自动

179

> **重塑出行**
> 自动驾驶时代的"出行即服务"

驾驶汽车初创公司 Udelv 已经有两个高知名度的客户：连锁超市沃尔玛（Walmart）和日本巨头丸红（Marubeni）。它的总部也在旧金山，生产用于货物运输的自动驾驶汽车的同时，也负责物流链（logistics chains）的规划和管理。总部位于洛杉矶的自动驾驶技术公司 COAST Autonomous 不仅生产穿梭巴士，还销售专有的自动驾驶汽车软件包，该软件包可用于其他品牌的车辆。位于圣何塞的 Next 公司提出了一个先进的概念——一个基于模块化车辆结构的系统，可用于乘客和货物运输，并以不同的配置甚至尺寸连接在一起。

法国自动驾驶系统研发公司 Navya 主要与市议会和市政公用事业部门合作，目前它已经生产出了第一辆小型自动驾驶穿梭巴士。该公司的旗舰项目位于阿布扎比的马斯达尔市，在未来，自动驾驶车辆将在这座城市的大街小巷中穿梭行驶。EasyMile 是另一家法国供应商，世界上最大的汽车供应商之一——大陆集团也有参股这家公司。荷兰的科技公司 2GetThere 是采埃孚的全资子公司，它主要生产无人驾驶汽车。2GetThere 已经在市场上建立了良好的声誉，目前它生产的自动驾驶穿梭巴士主要用于在工厂和仓库之间运输货物。位于法国阿尔萨斯地区的洛尔集团（Lohr），近期与 Transdev 和无比视达成合作，不久将推出 i-Cristal 自动驾驶穿梭巴士，该车可搭载 16 名乘客，并会提供坡道和无障碍通道（wheelchair access）。

中国科技巨头百度正在利用其在人工智能方面的专长来生产无人驾驶汽车。该公司近期在北京推出了自动驾驶出租车（Robotaxi）服务，其下一个项目是自动驾驶穿梭巴士。宇通也是一家生产巴士和货车的中国企业，虽然目前尚未涉足自动驾驶车辆，但它现在已经宣布，计划在

第四部分
"出行即服务"的前景展望

不久后推出无人驾驶巴士,其载客量将是目前自动驾驶迷你巴士的3倍。

上述列举的公司只是部分自动驾驶领域的车辆生产商,还有许多其他公司,例如新西兰的Ohmio、Milla Pod(属于法国Milla集团)、中国的新石器(Neolix),以及Polaris、May Mobility和Optimus Ride等美国公司。此外,瑞典、芬兰、波罗的海国家、以色列和中国台湾地区的公司也在努力推出自动驾驶座舱和自动驾驶穿梭巴士。而优步和电动汽车公司Arrival正计划推出一款专门用于叫车服务的电动汽车,这种汽车每年的行驶里程在4万至5万千米之间。与此同时,车辆给乘客带来的舒适度及娱乐性也是十分重要的,在车辆设计时需要尤为关注。该公司计划2025年在伦敦部署这些无人驾驶车辆,但目前,我们尚不清楚无人驾驶汽车市场将如何发展。不过,有一点是肯定的:这当中,一些公司将取得成功,一些公司将被收购或开始与其他公司合作,而一些公司将逐渐消失。

任何一家公司能否在未来存活下来甚至取得成功,都可能取决于它能否成功开发出一套高效的自主运营系统。许多这样的投资注定是要失败的,因为要研发出一个符合上述技术要求及市场需求的系统,至少需要数十亿美元的投入。另外,这在很大程度上也取决于市政府和公共事业部门是否愿意将自动驾驶车辆纳入其出行系统,以及在多大程度上愿意这样做[4]。一些人正在开辟新的道路,他们看到了一个以更可持续的方式解决旅程中第一千米和最后一千米问题,并更好地管理城市交通的机会。但要释放无人驾驶汽车的全部潜力,就需要它们成为当地交通的一部分——然而在许多项目中,情况并非如此。出于种种原因,一些城市还不能将自动驾驶车辆纳入其交通计划,它们的市政当局不愿意参与

181

> **重塑出行**
> 自动驾驶时代的"出行即服务"

其中,因为他们担心这一举措会对其公共汽车和轻轨系统造成竞争。还有一些城市不愿意对车辆和基础设施进行必要的投资,甚至还有一些人根本不相信自动驾驶汽车技术能够真正发挥作用。

—— 配送服务 ——

几乎每个生活在欧洲、美国、加拿大和亚洲部分地区的人都曾有过网购的经历,而且近年来在线购物者的数量一直在增长。在线零售的发展是飞速的——这不仅仅是因为新冠疫情的影响。仅在 2014—2019 年,在线零售额就翻了 3 倍[5],但新冠疫情推动了其更快速地增长。自 2020 年年初以来,一些国家的在线零售额增长了 30%。2020 年 3 月和 4 月,随着新冠疫情在中国达到高峰,外卖服务平台美团点评的收入同比增长约 400%。

而且这些数字还在不断上升。预计在 2019 年至 2023 年间,在线零售额将以每年 17% 的速度增长。尤其是在中国,阿里巴巴和京东将处于领先地位,中国消费者也正在热情拥抱网购这一新购物方式。许多公司已经开始在网上销售运动器材、服装、电器和电子设备以及书籍,并且几乎每周都有更多的商品加入这个名单。事实上,在线零售对于商品类别几乎是没有限制的,这也是包括沃尔玛在内的越来越多的实体零售商开始转向在线零售的原因之一。

然而,消费者希望从在线零售中获得更多,而不仅仅是各种各样的商品。越来越多的人认为,货物的配送也很重要。现在,免费送货几乎是标准配置,但消费者也希望能够在线跟踪他们的订单,并指定送货时

第四部分
"出行即服务"的前景展望

段——他们希望快递是可靠的、轻松的和免费的，最重要的是足够快速的。近年来，配送时间大幅缩短，现在 1 到 3 天完成配送已是常态。然而，越来越多的客户希望当日送达。亚马逊在全球有着 390 个运营中心，拥有 20000 辆送货卡车，这使其能够在 24 小时内甚至更快地向大多数买家送货。一位顾客订购了一件夹克，当天就想要；服装将被尽可能快地包装好，然后从中央仓库发出，通过一些中间仓库，最终送达到顾客的家中。

值得回顾的是，在网购出现之前，中央仓库就会为市中心的零售商和城镇边缘的购物中心提供运输服务。直到最近，商店每周只有 2 到 3 次送货还是很常见的。而现在，仓库每天最多向百货公司运送多达 10 次货物。咖啡馆每天最多可以收到 6 次送货，药店多达 15 次。有时，每次交付只是一件衣服或一批药物。仓库不再是真正的仓库，道路才是。而且，通过在线零售，供应商正在将整个城市的私人家庭纳入它们的传统商业客户当中[6]。有时，快递的数量很少，通常每个收件人只有一个包裹，而且驾驶员们面临的通常不是常规路线，这使其难以规划行程并且难以在城市中自由驾驶，而且他们永远难以确定是否有人在另一端实际接收包裹。自 20 世纪 90 年代中期以来，道路上送货车辆的数量增加了 7 倍，现在这一数量已经占城市总交通量的 30%。

亚马逊正准备涉足为乘客和包裹提供"出行即服务"的业务，这并不令人感到意外。虽然亚马逊没有开发自己的解决方案，但它已经收购了 Zoox——一家制造机器人出租车的公司。由这家公司推出的这款被许多观察者称为成功之作的机器人出租车，具有天窗，可容纳 4 名乘客，速度高达 120 千米/时。制造商声称，这款车充电一次可以运行 16 小时。

183

它的设计也很吸引人，看起来动感而又独特，简约但又不失俏皮。这款机器人出租车目前正在拉斯维加斯和旧金山进行试验。值得一提的是，亚马逊还投资了 Aurora——一家测试无人驾驶卡车的公司。

让我们重新回到网购上来。不难看出它对城市意味着什么：每天，一连串的送货卡车开往私人家庭、食品零售商、DIY（自己动手做）超级市场、药店和家具仓库。世界经济论坛预计，到 2030 年，这些"最后一千米"的行程将增加近 80%，并预测路上的卡车数量也将惊人地增加 36%，从现在的 530 万辆增加到 720 万辆。这将增加 600 万吨的二氧化碳排放量，而车辆在交通堵塞中的时间也将延长 21%[6]。这一前景十分令人担忧，我们亟须新的解决方案！

然而，有一件事是肯定的。这个问题没有一个放之四海而皆准的解决方案，但依然有几种不同的选择值得我们考虑。其中一个方案是将快递送到零售小商店、车站或投递箱，而不是送到每个顾客的家中去。另一个方案是使用货运自行车将货物送到顾客的家门口。包裹也可以被送到其他地方，例如邻居家、当地小酒馆或附近的理发店。换句话说，配送服务迫切需要变得更加灵活。一个集装箱可以用来运输多达 1000 个单独的订单，然后再通过步行或货运自行车进行后续的运送。包裹可以被派送到工作场所，目前已经有一些公司在这样做了。或者我们还能使用收件人的汽车后备厢：供应商使用一个应用程序来定位收件人停放的车辆，然后打开车后备厢，把包裹放在里面，并通知客户——目前这个方案也已经在试行了。

在前文中我们有谈到，自动驾驶穿梭巴士可以大大减少堵塞在道路上的送货车辆的数量，这主要是因为：卡车将运往特定城市的货物运送到一些外围的配送中心,在那里,货物将被装载到自动驾驶穿梭巴士上,这样一来就可以最大限度地减少跨城镇的行程。这个想法是使用一种算法来集中优化配送。毕竟,不同的物流公司之间没有进行相互协调,而是选择各自使用自己的卡车来运送货物,因此几个供应商可能每天都在向同一个地址送货,这也是这些车辆的运输能力没有得到充分利用的另一个原因。或许还有一个更好的方法!我们可以将送货车辆都整合到一个共享管理系统中,这将大大减少交通流量。此外,一个由无人驾驶的运输穿梭巴士组成的车队可能也可以解决这个问题,毕竟不用驾驶员也能大大降低运输的成本;而且这对道路安全也会有积极的影响,因为送货车辆每天都会发生许多交通事故。

上述谈及的一些方案已经在试验当中了。例如,沃尔玛已经在底特律、迈阿密和匹兹堡试用美国初创公司 Udelv 生产的自动驾驶汽车进行送货。Udelv 已经宣布,它将在 2023 年推出配备无比视自动驾驶系统的无人驾驶送货车(Transporter)。正如我们已经描述过的,零售业依赖于快速、可靠和廉价的配送服务,因此沃尔玛正在寻求新的方法,以与亚马逊等竞争对手相抗衡。沃尔玛与福特汽车合作项目的一部分涉及研究自动驾驶穿梭巴士的技术要求。此外,工程师们还将探索客户是否真的会接受无人驾驶送货服务。他们是否信任这种运输工具?包裹的交接是否可靠?付款环节是否能流畅衔接?穿梭巴士能否在约定的时间内将货物送到客户手中?是否有足够的路边停车位来卸下货物?总体来看,零售业正在发生变化,而新冠疫情加快了这一变化的步伐。根据艾媒咨询数据显示,2015—2022 年中国快递服务行业业务量保持稳定上升的趋势。2022 年,快递业务量完成 1105.8 亿件,同比增长 2.1%,业务量连

重塑出行
自动驾驶时代的"出行即服务"

续 9 年位居世界第一；业务收入 1.06 万亿元，同比增长 2.3%。行业最高日处理能力超 7 亿件，年人均快件量近 80 件。2022 年，中国社会物流总额实现 347.6 万亿元，按可比价格计算，同比增长 3.4%。社会物流总费用 17.8 万亿元，同比增长 4.4%。社会物流总费用与 GDP 的比率为 14.7%，比上年提高 0.1 个百分点。其中 2022 年中国消费者使用同城配送品类第一的是商超零售，占比 55.4%；其次是鲜花蛋糕和生鲜果蔬，占比 51.8% 和 50.3%。商贸物流网络持续完善。2022 年，新增农产品冷库库容 1080 万吨；建设各类县级物流和寄递配送中心 1500 个，乡镇快递和邮件处理站点 7600 个，95% 的行政村实现快递直达。城乡商贸物流网络与国家综合运输大通道及物流枢纽衔接更加紧密。①

---

① 资料来源：艾媒咨询《2022—2023 年中国快递物流行业发展现状及典型案例研究报告》。——译者注

第十七章

该项目是否会盈利

尽管人们对"出行即服务"充满热情,但有一个问题是不可避免的:它是否能够盈利?具体来说,乘车服务——作为"出行即服务"的一个核心要素,它是否有能力在未来与私家车和公共交通进行竞争?或者说,"出行即服务"最终是否会因财务而失败?到目前为止,我们还并没有很深入地探讨过"出行即服务"的成本及定价问题。在许多国家,仅仅是出行这一项开支,就占一个家庭10%~30%的可支配收入(disposable income)[1]。仅仅这一数字就证明了出行的成本是一个需要着重关注的关键因素。

许多人认为,汽车在成本上总是优于其他交通方式,如果你只考虑燃料成本,这可能是正确的。然而其他成本,如维护和修理、定期保养、保险、融资和折旧,常常被排除在考虑之内。拥有一辆新车是一个值得庆祝的时刻,但很少有客户意识到,他们的新车在离开4S店的那一刻起,就会损失超过10%的价值。

许多人认为和汽车出行相比,火车出行要更加昂贵,因为他们认为铁路运营商把成本转嫁到了票价上，然而事实并非如此。在许多国家，国家从税收收入中为铁路运营商提供补贴。例如，在德国，这种补贴每年约为 100 亿欧元。当然，纳税人的钱也用于支付道路费用，但这一点在讨论中经常被忽略。可以说，感知塑造了我们对现实的看法。

不论你如何粉饰，我们都知道，主观感知比客观事实更重要。因此，只有当人们认为"出行即服务"标定的每千米价格与自己驾驶私家车所支付的每千米价格相接近或是更低时，"出行即服务"才有可能在商业上取得成功。图 17.1 中的计算显示了自动驾驶汽车的每千米价格，这说明了两件事[2]：首先，我们还不能确定成本将如何演变，特别是在 2025 年和 2035 年之间，专家的最佳猜测只是预期范围；其次，个别服务的成本需要在特定的区域范围内考虑，至少有两个地区的成本正在以明显不同的方式演变，而且这种差异可能会扩大。

一个简单的计算就能证明这一点。乘坐自动驾驶汽车行驶 1 千米的费用约为 1.07 美元，而开自己的车可能会更便宜：即使把所有额外成本都考虑在内，一辆中档车的每千米成本也只在 0.50 美元至 0.70 美元之间。那么，私家车真的比自动驾驶汽车更便宜吗？私家车的平均占用率为 1.5，根据这一数值，每个乘客每千米的成本即为 0.47 美元（0.70 美元/1.5）。而这正是私家车与无人驾驶汽车比较的有趣之处。在可容纳 12 名乘客的穿梭巴士中，只需 6 名乘客，每个乘客每千米的成本就可以降低至 0.16 美元。这可以反映在对乘客的定价上。而这也让私家车和自动驾驶穿梭巴士之间的比较变得完全不同。

我们的计算清楚地表明，确保自动驾驶穿梭巴士的良好利用率是确保低运输成本的关键。而良好的利用率是可以实现的：应用程序可以

第四部分
"出行即服务"的前景展望

	美国、西欧、加拿大、澳大利亚、新加坡等		中国、印度、南美、非洲和其他亚洲国家	
	最小值	最大值	最小值	最大值
购买价格和财务费用	$0.30	$0.45	$0.18	$0.32
停车位和停车费	$0.09	$0.15	$0.04	$0.08
保养清洁费用	$0.15	$0.19	$0.07	$0.11
保险费	$0.09	$0.17	$0.06	$0.12
出行平台	$0.05	$0.11	$0.04	$0.09
税费	$0.10	$0.21	$0.06	$0.14
闲置费用	$0.29	$0.47	$0.16	$0.32
每千米成本	$1.07 / $0.66	$1.76 / $1.09	$0.61 / $0.28	$1.18 / $0.73
每千米运营利润	$0.19	$0.42	$0.11	$0.28
每千米价格（预估）	$1.26 / $0.78	$2.18 / $1.35	$0.72 / $0.45	$1.46 / $0.91
每千米价格（实际）	$1.72 / $1.07		$1.09 / $0.68	

图 17.1　不同地区自动驾驶汽车的每千米价格

来源　作者们自己的计算。

让我们在用户上车前就知道他们行程的起点和终点，因此运营中心可以利用这些数据来部署车辆，以尽量减少空车，并确保每辆自动驾驶穿梭巴士都得到充分利用。如此一来，就能大大降低私家车的成本。总而言之，"出行即服务"绝对可以降低出行成本，但前提是它必须要有足够多的乘客！

其他研究人员也研究了"出行即服务"的成本，并计算出了一个较为广泛的范围，从每千米 0.20 美元到每千米 1.50 美元[3]。这一计算结果取决于一系列关于车辆尺寸、乘客数量、行驶距离、车辆使用期限和服务开始时间的假设。如果我们谈论的时间范围在 2025 年到 2035 年之间，那又会怎么样呢？很明显，这是有区别的。但平均成本为每人每千米约 0.30 美元——这进一步证明"出行即服务"在成本和定价上是具有竞争力的。

要想对"出行即服务"的成本范围做出有力预测，还需要对需求的变化进行估计，因为成本主要取决于运输服务实际能够部署的自动驾驶车辆的规模。越多的人需要此项服务，那么它的成本就会越低。通用汽车的机器人出租车部门（GM Cruise）和沃尔大研究公司（Wolfe Research）都估计，在美国，如果"出行即服务"的市场规模能够达到约 1 万亿美元，那么每千米成本将降至 0.40 美元以下[4]。如此一来，"出行即服务"就能够取得成功！

第十八章
"出行即服务"是对未来的赌注吗

选择全新的出行方式

那么,投资"出行即服务"真的值得吗?我们认为是值得的。第十七章中列出的成本和定价信息只是我们需要参考的其中一方面信息。"出行即服务"是一种全新的、截然不同的体验,它具有广阔的发展前景。我们需要以完全不同的方式来思考出行问题,并以更长远的眼光和更大的胆识来考虑所有的因素。接下来,我们将借以下两个例子,向大家说明"出行即服务"所带来的创收和盈利机会。

塞尔吉今年29岁,住在俄罗斯沃罗涅日市,他是一家大型机械工程工厂自助餐厅的厨师。塞尔吉每天乘坐自动驾驶穿梭巴士上班,他也经常预订自动驾驶座舱,这样他就可以在上班的路上打个盹儿。然而今天,他没有时间睡觉了(图18.1)。塞尔吉是一个热衷于跑步的人,现在他需要购买一双新的跑鞋,因为他很快就会参加一场马拉松比赛。他

重塑出行
自动驾驶时代的"出行即服务"

在自动驾驶座舱的信息通信技术系统中输入搜索词，回答了几个关于他的跑步习惯和鞋子用途的问题。然后，系统开始给他推荐一些运动鞋的型号，并询问塞尔吉是否希望系统向其推荐附近可以购买这些型号鞋子的商店。于是，他绕道来到了其中一家系统推荐的商店，试穿完鞋子后就当场买下了。在购买完成后，商店将支付他绕路到店这段行程的交通费用。之后，塞尔吉就可以穿上他新买的跑鞋，在午休时段开始他马拉松比赛的训练了。

图 18.1 两位通勤者在自动驾驶座舱购物

来源 赫尔曼等（2018, p. 321）.

奥利维亚今年 43 岁，住在加拿大埃德蒙顿。她是一家家具店的质量保证经理，每天都乘坐自动驾驶穿梭巴士上班。奥利维亚也热衷于跑步，所以她利用她在自动驾驶座舱里的 40 分钟来研究耐克最新的跑步装置。她打开主页，浏览 T 恤和短裤（图 18.1），并阅读其他跑步者留下的评论。她在网上订购了一件 T 恤，但她没有订购短裤，因为她更喜欢在商店里试穿，这样才更好判断是否合身。她约好了一辆自动驾驶座舱，下班后她将乘坐这辆车去商店试穿她之前挑选好的短裤。

塞尔吉和奥利维亚的例子很好地证明了，自动驾驶汽车可以成为我们接触消费品的地方。在车上,通勤者将有闲暇时间来详细检查每个产品并进行比较。还有什么地方能让他们如此仔细地查看产品呢?比如,他们还能在哪花 40 分钟浏览运动服呢?还有什么地方能让他们有闲工夫去了解最新的时尚单品呢?对某个品牌印象深刻的客户可以立即在线订购,也可以选择去最近的商店——这种专注于特定品牌的独特机会很可能会对销售产生非常积极的影响。然而,目前尚不清楚不同参与者在交易中所扮演的角色。每个利益相关者的利益分配都会受到影响,包括汽车制造商、服务运营商、运动服饰生产商和商店,当然还有谷歌等科技公司。他们都希望在这个新市场中占有一席之地。商店甚至会通过支付顾客前往商店的行程费用来激励他们到店消费,这并非不可想象。

另一个特别有趣的问题是:全新的出行方式正在对人们的福祉产生什么影响。我们是否能够真正按下暂停键,真正放慢生活节奏?还是我们现在仍然无法选择游手好闲的生活方式?我们能抵挡每时每刻的网络喧嚣吗?时间会告诉我们这些问题的答案。但很明显,所有这些趋势都正在对我们产生影响。

—— 新型商业模式 ——

与往常一样,特斯拉公司正在发表一些大胆的声明。很明显,它已经瞄准了自主式交通服务市场(autonomous transportation service market),并且正在对从现在到 2035 年的情况做出一些关键假设[1]。一辆自动驾驶出租车的价格约为 4 万美元,使用寿命超过 11 年,预计行驶里程约为 160 万千米——这还仅仅是使用原装电池的数据。它每天可以运行约

16 小时，平均速度为 26 千米 / 时。特斯拉公司认为，它可以以每千米不到 0.20 美元的成本运行这项服务。到 2035 年，成本甚至可能会进一步下降，特斯拉公司预计到那时每辆出租车的年利润约为 3 万美元。尽管上述计算可能比较粗略，而且有些数字可能并不可靠，但即使是这些粗略的计算也表明，运营商现在正在将重点从技术本身转向商业模式的改变。

英特尔公司也通过其子公司无比视和 Moovit 逐步进入"出行即服务"市场。该公司预计，人们对乘车服务的需求将遵循传统的 S 形曲线。他们计划的第一个项目将在未来一两年内在特拉维夫和慕尼黑正式启动。该公司认为，对自动驾驶座舱和自动驾驶穿梭巴士服务的需求将在 2030 年真正实现飞速增长，然后可能会持续增长至 2050 年。英特尔认为，如果到 2050 年，每两辆汽车中就有一辆是自动驾驶汽车，那么该公司的业务价值将可能高达 7 万亿美元。该公司还预计，亚洲市场的增长将尤为显著，但增长的前提是，我们必须在 2035 年对自动驾驶汽车本身和相关基础设施做进一步的投资。但更重要的是，我们必须说服消费者、政治家、建筑师和交通工程师，让他们相信"出行即服务"才是真正的未来。为了说服怀疑者们相信这种出行方式的好处，需要推行大规模的试点项目，因此无比视已在多个城市推出首个使用自动驾驶汽车的"出行即服务"系统。

有趣的是，英特尔公司认为这 7 万亿美元的价值来自 3 个方面（图 18.2）[2]：首先，使用自动驾驶座舱和自动驾驶穿梭巴士运送乘客将产生约 3.7 万亿美元的收入；其次，货物和包裹的运输以及在采矿和农业中使用自动驾驶汽车，将进一步产生 3 万亿美元的收入；最后，其余的价

第四部分
"出行即服务"的前景展望

值将由其他无人驾驶服务产生，例如制造业物流。2016 年，最初由优步收购、现在由 Aurora 拥有的欧图（Otto）公司，用一辆自动驾驶卡车装载了 2000 箱百威啤酒。卡车随后沿着落基山脉从福特柯林斯（Ford Collins）开到了科罗拉多泉城（Colorado Springs），这段路程约 200 千米，车上只有一个人——沃尔特，他整个旅程都在供驾驶员睡觉的客舱里度过。在上述这个例子中，劳动力成本约占运输货物总成本的 40% 到 60%，由此我们可以看出，"出行即服务"在降低运输成本方面具有很大的潜力。

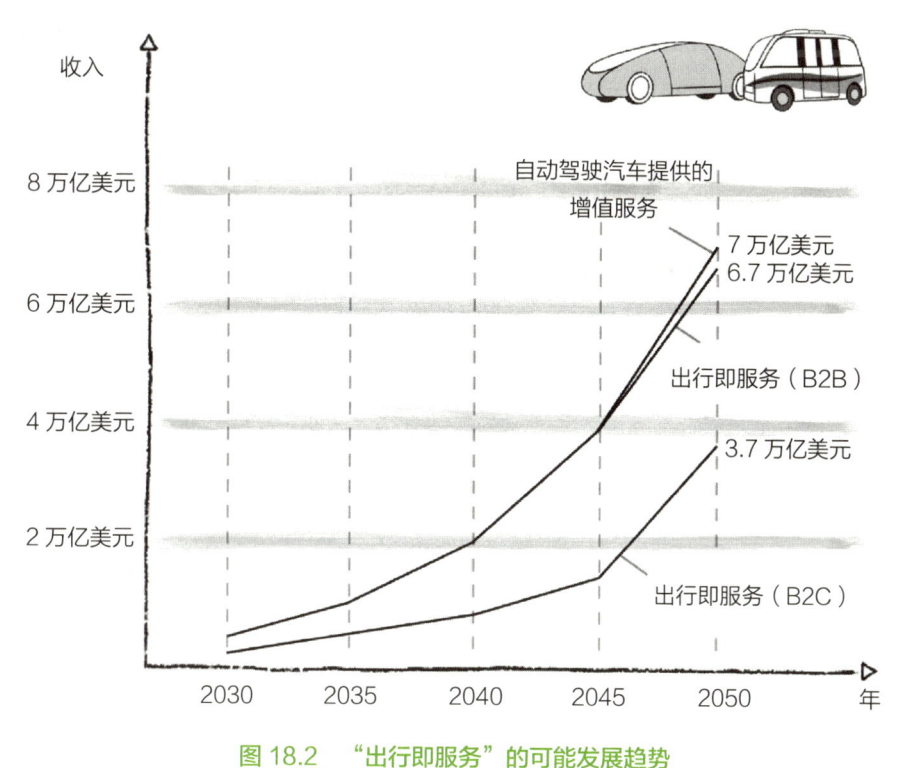

图 18.2 "出行即服务"的可能发展趋势

来源 基于战略分析和英特尔合作论文"出行经济"（2017, p.12）.

另一种选择是让几辆卡车组成一个车队，几辆车紧跟着行驶，这种方式被称为"车辆编队"（platooning）。领头卡车的驾驶员转向、加速和刹车，而后面车辆的同事则无须任何操作，只需坐下来休息就可以了[3]。车队从一个服务站开到另一个服务站，在每个站点都会有一些车辆离开，同时也会有一些新的车辆加入。在澳大利亚、美国、加拿大和俄罗斯等国家，"车辆编队"很可能是未来货物运输的重要组成部分，并且领头卡车很可能就是自动驾驶汽车。

英国道路运输协会（UK Road Haulage Association）报告称，货物运输行业的卡车驾驶员缺口已经超过 10 万。在美国，一些行业研究机构也发出了警告：他们估计将有 20 万名驾驶员的缺口。这意味着，到 2025 年将不可能为所有卡车分配驾驶员。澳大利亚、巴西、加拿大、德国和日本都报告了类似的问题。目前，由于驾驶员短缺，印度约有 10% 的卡车无法行驶上路。简单来说，除非使用自动驾驶汽车，否则全球公路运输行业将不得不在未来 10 年内招聘约 1700 万名新卡车驾驶员。

人们普遍误认为是谷歌发明了自动驾驶，但实际上它的发明者是约翰迪尔公司（John Deere），该公司多年来一直在销售自动驾驶拖拉机。自动驾驶车辆在农业中发挥了显著的作用：田野里没有迎面而来的车辆，没有行人，也没有交通标志，而且也很少有监管。在田野中，我们可以使用导航工具，将田地划分成数量固定且精确定义路线的无人驾驶拖拉机轨道，这使得无人驾驶拖拉机能够比经验丰富的农民更准确地播种、除草和收割庄稼。无人驾驶拖拉机轨道之间的重叠度约为 1%，而农民驾驶的拖拉机会高达 5%~10%。此外，农民驾驶拖拉机的速度更慢，行驶的路程更长，因此也会浪费更多的燃料和种子。不仅如此，导航工具的作用还在于，拖拉机可以沿着先前定义的轨道绘制最佳路线。

第四部分
"出行即服务"的前景展望

货物配送的"最后一千米"似乎是"出行即服务"的理想应用场景，但前提是，与传统货运公司相比，自动送货车辆必须能够应对不可预测的交通状况。城市交通往往很复杂，卡车、汽车、自行车和行人以不同的速度向不同的方向移动。世界各地有许多"最后一千米"应用程序正在使用，其中大多数用于运输包裹和邮件。在市中心，送货驾驶员通常无法将车停在收件人附近，无人驾驶车辆却可以将快递员送到非常靠近目标送货地址的地方，而车辆则独立往返于包裹站。另一种选择是让车辆将快递配送到当地的配送中心，让收件人在那里领取包裹。

未来，新服务可能产生超过 2000 亿美元的收入。一个想法是让服务提供商去找客户，而不是反过来。将车辆本身视作一项服务，这是一个大胆的举动，但这很快就会成为现实。汽车可以接管日常日程的计划、管理和组织，确保每个人都在正确的时间到达正确的地点。正如我们已经讨论过的，同时我们还可以为乘客提供娱乐服务，如音乐、电影、新闻、游戏等，这可能是一种有利可图的商业模式。事实上，一些观察家甚至认为，我们可以用车载传感器来监测乘客的健康状况，并在需要的情况下建议乘客联系医疗服务机构或直接带乘客去看医生。许多这样的项目正在进行中，但目前还不清楚消费者最终会接受哪些变化，因为目前人们已经拥有许多其他设备，例如智能手机，可以让他们完成日常生活中几乎所有需要做的事情。

—— **未来将会从哪里出发** ——

美籍加拿大作家威廉·吉布森（William Gibson）总结道："未来早

已到来，只是尚未平均分布。"[4] 毫无疑问，自动驾驶汽车的"出行即服务"也是如此。让我们来看一个例子：佛罗里达州的村庄自喻为是"最友好的家乡"，并且拥有着该州最大、最有活力和最多样化的社区。它坐落在美丽的墨西哥湾旁边，拥有别致的乡村俱乐部——安全且维护完善，可以提供各种运动和休闲设施。可以说，这一切为那些处于退休时期的人提供了一个完美的家。总共有 12.5 万人居住在这些村庄，这些村庄占地约 103 平方千米，拥有 1200 千米的道路、100 家餐馆、40 个高尔夫球场、3 个电影院、80 个网球场和近 300 张病床。

自动驾驶穿梭巴士是试点项目协议中的一部分——协议中明确了，克莱斯勒和福特为村庄提供的自动驾驶巴士将配备传感器和转向系统。村庄实际上是此类车辆的理想测试平台：它拥有明确的边界和维护良好的道路，持续的阳光，偶尔的阵雨，以及遵守交通规则的行人。在现场行驶的自动驾驶汽车仍有一名安全驾驶员在方向盘后面，以便在紧急情况下进行控制。不久之后，居民将能够使用应用程序叫车去走亲访友。他们的热情并不令人意外，因为在被称为阳光之州的佛罗里达几乎没有公共交通工具。在极端炎热的情况下，不论是超市采买之后满载货物而归的旅程，还是去诊所、理发店、餐馆或是高尔夫球场的旅程，对居民来说都是十分痛苦的。事实上，无论那的居民想去哪里，基本都需要用车。然而随着年龄的增长，驾驶的挑战对当地居民来说越来越大，也因此，佛罗里达州成为推出无人驾驶车队的理想地点。

与此同时，数千英里之外——澳大利亚新南威尔士州的科夫斯港（Coffs Harbour），当地的居民不再需要在公共汽车站排队等候，他们已经开始享受按需交通。他们可以通过应用程序叫车，公共汽车也不

第四部分
"出行即服务"的前景展望

再遵循某个固定的路线，而是根据乘客目的地，由算法来计算出车辆的最佳行驶路线。事实证明，这项穿梭巴士服务特别受老年居民和残障人士的欢迎，因为他们不再需要步行到最近的巴士站。目前，该服务仅在澳大利亚托尔米纳（Toormina）的马里纳格罗夫退休村（Marina Grove Retirement Village）运营，但政府有计划扩大该项目的实施范围，并增加更多的公共汽车，将港口与住宅区连接起来。

亚利桑那州凤凰城的郊区钱德勒（Chandler）正在全速驶入自动驾驶汽车时代。目前，该市与自动驾驶汽车研发公司Waymo达成合作，由Waymo为当地提供自动驾驶汽车运输服务。在使用这些自动驾驶汽车之前，乘客必须完成登记和注册。最初，这些汽车都有一名安全驾驶员在车上，以帮助乘客应对紧急情况，但现在已经没有了这种人员支持，而是改为保留一个紧急按钮，如果乘客按下它，车辆会找到一个安全的地方然后停下来。在2020年，大约有10%的旅程是在没有人类驾驶员的情况下完成的——显然，已经有足够多的人开始信任这个体系。

特拉维夫的城市交通非常繁忙：有车辆在道路两侧超车，并且在车道之间转向。当然，以色列是有交通法规的，但驾驶员们彼此靠得很近，鸣喇叭、大喊大叫和比手势，这会让道路状况有时变得非常激烈——这座城市真的不是一个适合安静沉思的地方。特拉维夫急躁、不知疲倦的开拓精神在其交通中显而易见——时间可能实际上不是金钱，但这确实浪费时间。这可能就是无比视在耶路撒冷和慕尼黑等地进行密集试验后，选择在该市推出自动驾驶汽车的原因。你可以在网上观看一些测试视频，这些测试证明了无人驾驶汽车可以处理复杂的十字路口、游戏街道（play streets，指邻居主导短途道路封闭，为孩子们创造了一个安全的空间,让他们在家门口自由玩耍)和多车道交通圈(multilane traffic circles),甚至可以应付违规的厢式货车,例如送货车和垃圾车。无比视渴望说服决策者:无人驾驶汽车是可行的,并且能够作为未来"出行即服务"的发展基础。

2016年,世界上第一辆自动驾驶出租车在新加坡的大学城上路。乘客可以通过应用程序预订车辆,并设置自己的出行路线。可以说,新加坡是无人驾驶汽车的另一个理想试验平台,因为当地天气总是很好,没有雾或雪阻碍行驶。不过,有时也确实会下大雨,带来一些糟糕的交通状况。但总体上,新加坡的交通基础设施建设都很完善,驾驶员也十分遵守道路规则。新加坡将自己视为一个改进自动驾驶汽车及其所需基础设施的测试实验室,因为政府知道这项技术会对传统汽车行业构成威胁,所以将这视为一个全新的行业机会,以帮助新加坡参与国际竞争。换句话说,就业和繁荣与其利害相关。该试验场目前覆盖了约1000千米的公共道路,在这里,自动驾驶汽车可以在尽可能多的不同交通条件下进行测试。

新加坡计划在3个地区部署自动驾驶车队。该项目将采取招标的形式,由各家公司自由进行投标。公司需要承担的风险是很高的,因为除了可真正投放使用的车辆,他们还需要制订出令人信服的商业计划,并证明他们已经将自动驾驶服务整合到新加坡现有的公共交通系统中。此外,他们计划使用的车辆必须配备一个"黑匣子",以持续记录速度和转向角度等数据。投标人必须提供票价、时间表和路线等有关信息——所有这些数据将使新加坡政府了解在商业基础上使用自动驾驶汽车的大致范围。当然,无人驾驶汽车已经在许多国家进行了试验,但新加坡已经更进一步——开始探索自动驾驶交通服务的商业模式。

中国也在宣扬自己的主张。例如，滴滴出行正在上海推出自动驾驶座舱和自动驾驶穿梭巴士。目前，该公司已经在澳大利亚、巴西、智利、哥伦比亚、日本和墨西哥运营汽车共享和网约车服务，服务客户超5.5 亿，每年出行量超 100 亿次——这一切都产生了大量关于出行行为的数据。该公司的下一个项目是在上海嘉定区部署 30 辆自动驾驶汽车，一开始会配备安全驾驶员，但之后就不再有此设置。到 2030 年，滴滴出行的目标是通过中央平台运营超过 100 万辆无人驾驶汽车。

现代汽车集团（Hyundai Motor Group）将自己视为这场竞争中一名优秀的选手。它制定了一个雄心勃勃的目标，计划在未来 5 年内，投资超过 350 亿美元用于开发自动驾驶车队的商业用途。首尔市已经同意从 2021 年起在江南区部署自动驾驶汽车。江南区拥有现代化的基础设施、摩天大楼以及精通技术的国际化人才，可以说是试用无人驾驶汽车乘车服务的理想场所。作为试验一部分，收集到的数据将提供给许多初创公司和衍生公司，以激发出更多关于改善出行方式的新颖思考。

"出行即服务"与新冠疫情

新冠疫情造成了经济破坏、政治动荡和个人苦难，但与此同时，人们的行为也出现了一些显著的变化。保持社交距离、戴口罩和尽量减少社交接触现在都令人司空见惯了，但就出行而言，以前不可能的事情似乎有了新的发展空间。许多城市正在努力建设足够的汽车禁行区和自行车道来满足人们的需求，尽管新冠疫情也加剧了人们对私家车的偏好——通勤者显然觉得自己开车最安全,公共交通和顺风车服务不得不退居二线。

与此同时,随着商店、DIY 超市、体育场馆和餐馆的关闭,各种配送服务蓬勃发展,出行行业的核心已经被动摇了。但这是否意味着"出行即服务"的终结?是的,新冠疫情暂时阻止了这种出行概念的进一步推广,这仍然是私家车和微出行的时代。城市突然有了不同的议程:税收下降了,要求公共资金支持企业的呼声变多了,现在这些资金被期望用于重新建设人们的交通基础设施——但对大部分人来说,这确实没有必要。

麦肯锡的一项研究表明,新冠感染风险会影响个人对交通方式的选择[5]。这并不令人惊讶,因为至少就目前而言,健康胜过了包括便利性、成本、速度和可持续性等在内的所有其他因素。但运输服务运营商已经在采取措施,希望为客户提供更安全的出行环境:他们改善了车内空气流通,并在驾驶员和乘客之间安装了隔板;定期清洁车辆;付款也改为了非接触式的;当然,口罩是强制性的。有时,你甚至会看到驾驶员独自戴着口罩坐在车里——对新冠疫情的恐惧正在对人类行为产生一些奇怪的影响!

但是,新冠疫情并没有摧毁"出行即服务"的概念。一旦我们摆脱了新冠疫情,大多数人都接种了疫苗,世界将把注意力转向一个更大、更重要、更难并且需要更长时间才能解决的问题,那就是气候变化的挑战,它对环境、个人、社会以及经济方面都会产生极为巨大的影响。用不了多久,我们又会开始抱怨严重的道路拥堵、噪声和废气、不足的停车位以及频发的道路交通事故。到那时,我们可能会看到"出行即服务"这一极具发展前景的出行概念重新被提上议程。

第五部分
PART 5

客户的需求是什么

第十九章
我们是否能如愿以偿

全球各地的希望和祝愿

全球范围内,许多人正在忍受着当前交通状况所带来的苦难。他们希望通过出行获得更多的机会和选择,而不是让生活变得更加困难。他们希望获得能够帮助自己进步而非被束缚的出行方式。我们采访了来自意大利、日本、秘鲁和波兰的人们,与他们深入交流了以下问题:他们如何看待"出行即服务"?为什么他们希望有不同的出行方式来实现从 A 地到 B 地的出行?他们对于出行的希望和愿望是什么?从采访结果来看,每个人都有自己的故事和对世界的看法。让我们来听听他们的想法吧!

吉安娜,33 岁,在意大利米兰的一家设计工作室担任室内装饰师。她和丈夫住在离科莫湖不远的城外。

"出行即服务"对我而言肯定是更有益处的。现在我从家到公司大约需要 50 分钟。但是晚上回家,我几乎需要花上两倍的时间。我希望

> **重塑出行**
> 自动驾驶时代的"出行即服务"

能够在通勤途中工作。那将是件很酷的事！但我需要空间，我需要能够把我的文件摊开，在一张桌子上工作。即使我有笔记本电脑，我仍然喜欢用铅笔画图。因此，重要的是我们以一种让我能够这样做的方式驾驶。否则，在车上花费的时间将是浪费的。对我来说，更重要的是平稳、舒适的行程，而不是车子的品牌和型号。我还需要一定程度的隐私，以便我处理一些机密的客户项目。要是你问我，我是否愿意改变我的交通方式，甚至转向公共汽车或火车？当我自己旅行时，我一点也不介意。但要是早晚通勤，我会非常介意。

春翔，26岁，一名工程师，在日本东京一家建筑公司工作。目前单身，住在市中心。

我喜欢骑着电动滑板车在街上飞驰。在某些情况下，我只能转弯以避开迎面而来的车辆。每次都非常危险！我承认我经常骑得太快，不够小心。但我仍然觉得这很有趣。这也是我放弃驾驶汽车的原因。因此，"出行即服务"绝对是我会考虑的事情。我不再需要拥有自己的汽车、自行车甚至滑板车，光是它们的价格就让我反感！我想要灵活一点，不断尝试新事物。同样重要的是，我可以选择不同的交通方式。我希望火车、公共汽车是准时、干净和安全的，我希望在每个街角都能租到电动滑板车。对我来说，重要的是我们的城市建立起更多的无车区，甚至我认为完全可以禁止汽车进入市中心。想象一下，如果没有汽车，我将可以骑着电动滑板车去任何地方！我很期待那一天的到来。

卡洛斯，43岁，是秘鲁利马（Lima）一家医院的护士。他与妻子和4个孩子住在城外。

城市淹没在车水马龙之中。日益增多的车辆让我们饱受交通拥堵之苦,更不用说污染和噪声了——这一切是如此糟糕并让人感到愤懑不已。"出行即服务"可能是实现更好、更公平出行的重要一步。例如,对于日常通勤而言,我可以先乘坐自动驾驶穿梭巴士或使用网约车服务完成从家到火车站的这段旅程,然后再乘坐火车前往市中心。而对于除通勤之外的多数出行,自行车或滑板车就足够了。我使用汽车的次数太多了。有时候我懒得去寻找其他选择,这也是我(以及很多人)现在早晚都要在交通拥堵中度过的原因。不过,确保"出行即服务"实际可行很重要,因为我需要能够依赖它。此外,交通成本也是我十分关注的一点,我们必须合理规划我们的支出。

52岁的黛瑞亚是一名幼儿园老师,她与丈夫和两个孩子一起生活在贾布洛沃(Jablowo)——一个离波兰的格但斯克(Gdańsk)约50千米、有800名居民的村庄。

我和我的家人们居住在乡下。每天有两三趟公共汽车经过。有时候会很无聊。没有车,我们哪儿都去不了,这对我的孩子们来说尤其恼人,他们现在一个17岁,一个20岁。他们想出去走走,去一些地方,见见他们的朋友。我真的无法想象没有汽车的世界,但我可以想象没有自己的汽车。如果我们可以使用一个应用程序来预订我们需要的车,那就太好了。重要的是这些车辆可以在短时间内提供,并且可以轻松预订。自动驾驶汽车是理想的选择,这样我们就不需要驾驶员了,而且村里一些没有驾照的人就不必总找人搭便车。如果有体验这些交通工具的机会,我会十分愿意报名参加!对我们来说,可以把我们送到火车站就足够了,因为那里会有到格但斯克的火车。也许这样我就能在城里找到一份收入更高的工作。

重塑出行
自动驾驶时代的"出行即服务"

—— 我们应该和必须做的事情 ——

正如你可能猜到的那样,当我们开始使用"应该"和"必须"这样的词汇时,就意味着我们正在接近问题的核心,即"改变我们的行为"这一棘手问题。让我们从一个有趣的实验开始[1]。这个实验发生在一个欧洲主要城市郊区的一个机场,该机场有超 7 万名员工。超过半数的员工是自行开车前往机场的,而且他们都是各自开自己的车,这导致高峰期的交通流量非常之大。除此之外,还有许多乘客也是自行开车往返机场的。该机场的运营公司认为只有一个办法可以摆脱这种困境,即鼓励员工乘坐公共交通工具,骑自行车、滑板车或拼车来上班。于是,他们马上就采取了行动。

他们与数千名员工进行了沟通,其中许多人表示,他们会对顺风车服务感兴趣。因此,他们开始积极地采取行动,投入大量的时间和精力来实现这一想法。然而,还有一个障碍:员工们必须找到一个不仅与他们同一个工作班次,而且走同样路线的人。否则,该计划将无法实施。不过这个障碍也很快就被克服了。公司搭建了一个平台,帮助员工寻找同工作班次且同路线的拼车人。机场管理部门还向所有拼车者承诺,在主入口附近会为他们提供停车位;此外,如果有人急需回家或去看医生,无法等待其他人一起拼车,公司会为他们另外呼叫出租车。

你或许会认为,这是一项很好的激励措施。确实,有很多人认为这是十分了不起的改变。但事实上,只有不到 100 名员工签署了拼车计划,而其中只有 3 人能够完成拼车组队。这对管理层来说是一个巨大的打击。但他们不打算轻易放弃,所以他们想出了一个新的建议:在公共交通费用上打折。公司还将提供一项服务，即为员工确定最快、最短、最便宜的通勤方式。然而，还是只有很少员工接受了这一提议。每个人都认为这些举措很好，但没有人真的想使用它们。听起来是不是很熟悉？每个人都对新想法感到兴奋，但没有人想成为把它们付诸实践的人。

为什么这些方案对员工都不起作用呢？他们的出行意愿和实际行为之间为何有如此大的差距？机场管理部门还应该为他们提供什么？这个结果是很令人吃惊的。毕竟，我们每个人都支持环境保护，每个人都希望减少空气和噪声污染，每个人都讨厌被困在交通拥堵之中，每个人都受到为处理汽车交通而必须建造的大量道路和停车场的影响。每个人都认为最终必须采取一些措施来改善交通状况，不如就从当下开始吧，永远没有太晚的开始！

但是，我们通常缺乏的是审视自身行为并加以改变的决心。每个人总是想着：让别人先行动起来吧，仅自己一个人选择放弃开车出行对气候变化的影响是微乎其微的，也并不能减少交通拥堵。由此，当每个人付出努力，例如，从驾驶私家车改为使用公共交通工具，却没有得到实际的回报时，他们就会认为改变行为似乎是没有意义的。一般来说，人们只有在直接体验到后果（无论是积极的还是消极的）的情况下，才愿意改变自己的行为[2]。

此外，许多通勤者认为，从自己开车转向搭乘公共汽车或火车并不会给他们带来多少好处，反而还需要他们付出更多的努力。在他们思考是否改变自身行为时，他们并不会考虑这些改变是否会让整个社会获益。让机场的每位员工换乘其他交通工具，最终这一举措的获益者不是员工自身，而是飞机上的其他乘客。如果我们想改变人们的出行行为，

> **重塑出行**
> 自动驾驶时代的"出行即服务"

这就是我们需要面临的另一个挑战[3]：人人都会想，为什么我要吃亏，而所有的好处都是给社会上的其他人呢？如果其他人都参加，我也会参加，否则就别指望我了！上述例子表明，如果个人没有从改变中受益，即使对社会整体有利，也几乎不可能让其改变自身行为。

此外，很多人决定支持或反对某种交通方式，是基于他们实际上在旅行中的使用前景。例如，他们想象着去山区滑雪度假，认为如果没有自己的汽车，他们就无法做到，因为他们还需要携带行李、滑雪板、孩子、狗，甚至可能还有一些食品和饮料。他们是对的——在这种情况下，如果选择搭乘火车出行，就不得不换乘 3 次，这是非常麻烦的。然而，大多数人忘记了，他们通常每年只进行一次这样的旅行，而且他们还有租车这一备选方案——我们已经习惯于为每一种可能出现的情况都做好充足的准备。

在围绕电动汽车的讨论中也是如此。我是否真的应该从一辆内燃机汽车换成电动汽车？我真的可以承担这个风险吗？毕竟，电动汽车的范围仍然有限。而且谁能知道我需要去哪里？图 19.1 显示了客户对电动汽车续航能力的要求。而事实证明他们的期望往往与他们的实际路程相悖。很明显，我们对自己的驾驶习惯没有一个准确的了解，导致对我们的交通方式的期望被误导。

围绕电动交通的讨论也是如此。人们都在思考：我真的应该从一辆装有内燃机的汽车换成一辆电动汽车吗？我真的能冒这个险吗？毕竟，电动汽车的续航里程仍然有限，谁知道未来会去到多远的地方呢？图 19.1 显示了客户对电动汽车续航里程的要求。事实证明，他们的期望往往与他们实际旅行的距离不一致。显然，我们对自己的驾驶习惯并没有

第五部分
客户的需求是什么

你期望的电动汽车续航里程是多少

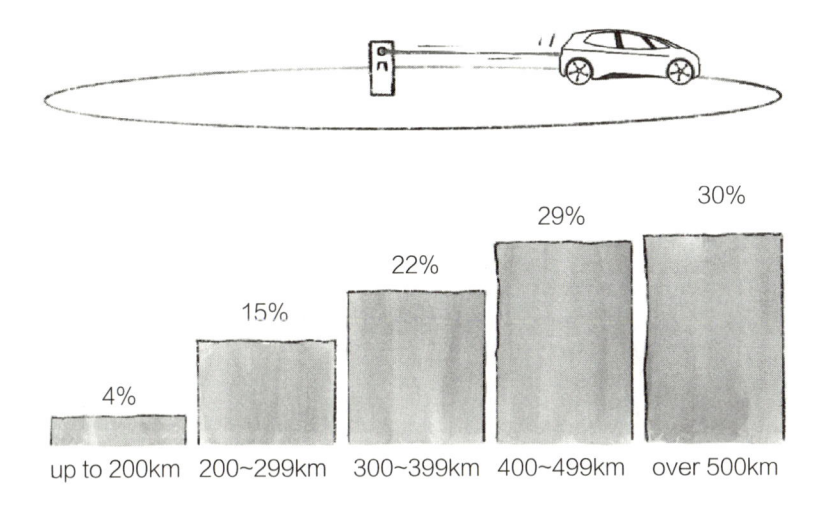

up to 200km	200~299km	300~399km	400~499km	over 500km
4%	15%	22%	29%	30%

你每天平均驾驶多少千米

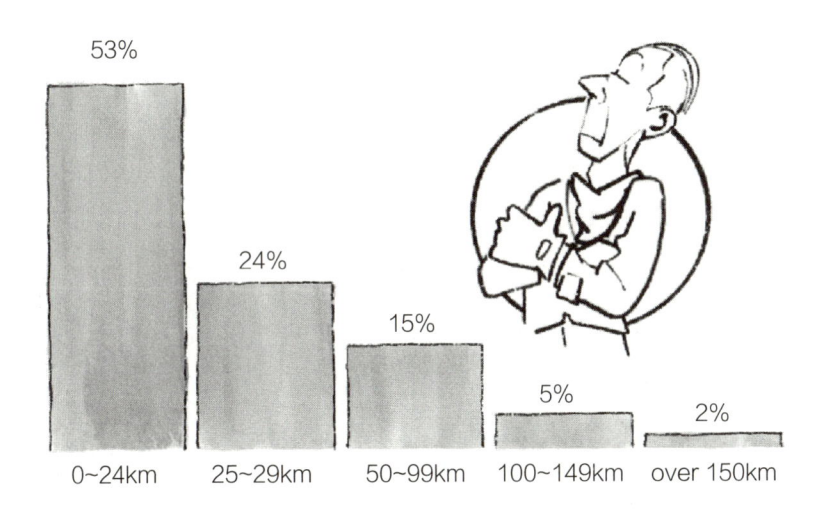

0~24km	25~29km	50~99km	100~149km	over 150km
53%	24%	15%	5%	2%

图 19.1　客户对电动汽车续航里程的期望

来源 https://energiewende.eu/kurzinfo-verkehrswende-reichweite/.

一个准确的了解，这导致我们对交通方式产生了错误的期望。

情绪也会影响我们做出判断。让我们回到电动汽车的例子上。许多人似乎十分排斥电动汽车，因为它们的续航里程不足，没有足够的充电站，而且贬值十分之快。然而，我们的研究表明，这些争论往往只是借口。例如，年长的男性尤其不喜欢电动汽车，因为他们认为电动汽车十分女性化。而带有内燃机的汽车，它们自身发动机的声音、轮胎的大小和尾气管，这些都给驾驶员一种十分男子气概的感觉。正如我们所看到的，是潜在的情绪在引导着我们的行为。

所有这些例子的共同点，是我们可以从中认识到，改变人们的行为习惯，特别是一些根深蒂固的习惯，并非一件简单的事情。我们提出的新出行变革不会因为技术而失败。我们毫不怀疑，用不了多久，联网的自动驾驶电动汽车就能比人类更好地完成所有驾驶任务。当谈到这种变革所需要的个人出行行为的改变时，我们更多的是持怀疑态度——尚且无法确定是否能成功改变人们的出行习惯，仍有众多阻碍需要克服。可以说，改变行为模式将是一项非常艰巨的挑战。

如果我们真的想改变这些行为，光靠语言是不够的，我们都需要采取奖罚并举的方法。在许多大都市地区，要想改善交通状况，可能无法绕过实施限制措施、提供财政激励和税收减免的举措。这样的例子比比皆是：伦敦市中心采取收取交通拥堵费的措施，特拉维夫为3名及以上载客量的车辆开设专用车道，巴黎、巴塞罗那、哥本哈根等一些城市对城市道路布局进行改变——缩窄车道和减少停车位。当然，所有这些都是在与当地人的对话中推进的，但如果有必要，也会通过规则和限制性举措来推动。两者都是必要的，否则就不会取得进展。

第五部分
客户的需求是什么

最后，这里还有一个可能成功的例子，即由中国电动汽车制造商蔚来汽车所提供的"电池租用服务"（Battery as a Service，BaaS）。客户可以购买 3 款不同型号的蔚来汽车，所有这些汽车都没有电池——电池是租来的，这使购买价格降低了约 8500 欧元。不过，70 千瓦时电池的月租费略高于 100 欧元。蔚来汽车与几个合作伙伴一起成立了一家公司，专门为客户提供各种"电池租用服务"的方案。其目的是将电动汽车中特别昂贵的部件与实际的车辆购买分离开来——这无疑是一个让更多人对这种新技术感到兴奋的好方法。此外，客户不需要等待 30 分钟，而是只需 3 分钟就可以在换电站将一个空电池换成充满电的电池。

第二十章
出行——以不同的方式

—— 对"出行即服务"的期望 ——

但是,我们依然可以保持乐观。有很多迹象表明,出行方式的转型会取得成功。然而,只有当人们真正体验到"出行即服务"所带来的更好的体验时,这一模式才会盛行。也就是说,这种新的、不同的出行方式需要在大大小小的方面对人们的生活产生积极的影响。当出行者能够感受到"出行即服务"的好处时,他们便会准备好改变他们的行为。这就是为什么我们需要仔细观察并尝试了解人们对"出行即服务"的看法和期望。市场调研是我们能采取的最好的方式——但不是以数字或统计数据的形式,而是以用户访谈的形式。"出行即服务"的设计不仅要满足客户的期望,还要不断给他们带来惊喜和愉悦。

首先我们想讲述的是乔的故事。40多年来,他在科罗拉多州丹佛市中心的一家保险公司工作。5年前退休后,他搬到了博尔德郊外的一个

第五部分
客户的需求是什么

牧场。由于乔患有慢性病，他不得不多次到丹佛的一家特殊医院就诊。在他接受治疗的那天早上，他收到了一条医院发来的短信，告诉他自动驾驶穿梭巴士将在何时何地接他。住院后，一辆自动驾驶穿梭巴士将他带到市中心，在那里他买了一些东西。为了回家，应用程序建议他乘坐火车前往博尔德，然后骑电动自行车驶完最后 4 英里到达他的牧场——如果他仍然觉得自己能做到的话。否则，他可以使用网约车服务。

住在深圳的诗妍正在去广州探亲的路上。当她在机场降落时，应用程序建议她乘坐出租车到郊区，然后换乘火车。由于一天中这个时候的交通流量很大，几分钟后，应用程序建议她前往另一个火车站，这样她仍然可以准时到达她的亲戚家。在坐完火车后，诗妍要换乘公共汽车，这比原计划提前了 3 站。应用程序建议她走完最后一段路程，以获取额外的积分，以便在预订下一次的行程时使用。

每个工作日，安德斯都需要从家里通勤到斯德哥尔摩大学，他一般先是坐火车，然后换乘电动自行车。有时他也会骑一辆载货自行车，这样他就可以沿途运输包裹——这不会花很长时间，而且很容易赚到钱。上完课后，他把电动自行车留在大学的出行中心，因为应用程序建议他乘坐公共汽车去市中心。之后，他和朋友们聚会到深夜——要在这个时间回家，最好的选择是乘坐自动驾驶穿梭巴士。他的几个住在同一街区的同学也搭上了这趟自动驾驶穿梭巴士，系统将自动在所有乘客之间分摊车费。

尽管这 3 个人的生活方式不同，但他们对"出行即服务"的需求是相同的（图 20.1）。这样的系统，无论是在亚洲、美洲、欧洲，还是世界其他任何地方，都必须始终可靠和安全。用户希望该系统能包括尽可

215

重塑出行
自动驾驶时代的"出行即服务"

能多的交通方式,能够提供实时信息,并能根据交通状况或旅行计划的变化迅速进行调整。此外,用户还希望通过这个系统,能够更加快速、便捷地使用交通工具,付费也能被自动处理,不存在任何歧视,并能为尽可能多的人提供出行服务。换句话说,它必须是一个全方位服务系统[1]。

消费者对"出行即服务"的需求

预订行程之前	行程之前	行程中	行程后
可靠安全的系统	多种出行选择	临时变化和突发事件	关于旅程的完整信息
快速简单的操作	基于时间、成本和环境的决定	及时的信息有助于调整	自动付费
多种到达目的地的途径	基于过去出行的调整	旅程中还可以娱乐	下段旅程的低成本替代方案信息

图 20.1 消费者对"出行即服务"的需求

来源 Original material.

除此之外,该系统能够随着时间的推移不断改进,这一点也十分重要。用户的常用路线和首选交通方式是什么?他们愿意换乘火车或公共

第五部分
客户的需求是什么

汽车吗？他们每天早上和晚上都在什么时间出门？他们是独自出行还是与他人一起？当价格发生变化时，他们会改用其他交通方式吗？是否有他们不会使用的交通方式？这种类型的观察越多，系统就能提供越好的建议。换句话说，机器学习是关键[2]：我们需要的是一个能够应用来自大量案例的数据的系统，由此，随着时间的推移，它可以提供与用户出行习惯完全匹配的出行信息。此外，还有飞常里程汇（Miles & More）这一类的奖励计划、用户评分以及留言评论，这些手段都有助于提高客户忠诚度。

让我们更进一步，展望一下未来。乘客们想如何利用他们在车里的时间？为了找出答案，我们采访了一些数字原住民（digital natives）和新兴消费者（emergent-nature consumers）[3]。前者普遍对数码产品十分感兴趣。我们都知道，像这样的技术爱好者，他们总是盯着自己的智能手机，紧跟最新的趋势潮流。而后者，则是在开发创新产品方面具有公认的才能。他们的想法往往新颖而大胆，并以发现事物的新应用形式为目标。

我们的采访表明，大多数人都希望在车上的时间可以用来休息或做一些减压的事情，例如，听一些好听的音乐或读一本有趣的书。对他们来说，重要的是，内部设计要让乘客感受到舒适和放松。还有一些人则更倾向于将在车上的时间用于娱乐活动，例如，在大屏幕上浏览视频或者玩游戏。这种对游戏选项的强烈愿望意味着，车辆需要有高速网络。还有一类人想利用他们在车上的时间来工作：协调他们的日程安排、打电话、查看电子邮件、处理文件。换句话说，他们想把自动驾驶汽车变成一个带轮子的办公室。鉴于人们对于如何在出行中消磨时间有很多不同的想法，我们可能很快就需要配备具有不同用途的自动驾驶座舱和自动驾驶穿梭巴士。

—— 一个全新的虚拟世界 ——

在飞速驾驶时玩《星球大战》，这听起来很有趣吗？或者只是电脑迷们的一个噱头？无论如何，坐在乘客座位上享受这种体验已经成为可能——在未来，这种体验也将出现在自动驾驶汽车上。只需戴上虚拟现实头盔（virtual reality headset），你就可以开始游戏。但不是我们今天所知道的那样——后座上的孩子们沉浸于电子游戏，可以使他们保持安静，从而让父母在旅程中不必忍受他们的吵闹。在这种新型游戏中，玩家的动作将与驾驶路线和实时事件同步展开。如果驾驶员加速，游戏中也会加速。如果汽车绕弯，游戏中也将向相应的方向转弯。如果汽车停在人行横道上，《星球大战》游戏中的战列巡洋舰也会被对方军队逼停。如果雨量传感器检测到降水，游戏中就会有流星雨落到宇宙飞船上。虽然这听起来很复杂，但它确实即将成为现实。

这一概念将虚拟现实头盔与汽车传感器连接起来，传感器可以收集车辆的加速、制动、转向、位置、路线和速度信息。人工智能让游戏中的事件与汽车运动同步成为可能。由于这种数据同步是实时进行的，大脑将游戏中的虚拟运动和车辆的实际运动连为一体。更重要的是，这有助于预防在虚拟现实应用中时常会出现的晕动症（motion sickness）。

"过去，我们只关注司机，从未关注过乘客。"浩乐行（Holoride）公司首席执行官尼尔斯·沃尔尼（Nils Wollny）如是说。据估计，在世界各地，每天有超过 10 亿人次乘坐私家车出行，其中每辆车上至少有一名乘客和一名司机。在车里，人们可以做的事情非常有限。因此，大多数乘客认为，因为开车所浪费的这些时间也是一种罪恶。此外，现代媒体内容很少能在汽车中使用：屏幕太小，或者版本格式不适用于车载系统。自动驾驶汽车的"出行即服务"可能会在这方面带来突破——美国的《时代》周刊显然也持相同的观点，它将浩乐行车载虚拟现实（VR）技术列为 2020 年 100 项最佳发明之一。

将虚拟现实游戏与汽车运动同步的想法有一个显而易见的目的：乘客应该能够利用他们在车上的时间进行娱乐，而不是只能盯着窗外。这个概念不仅适用于游戏，也可以应用到学习中。可以说，该技术的应用可能性是无限的。笔者还对另一个想法感到兴奋：想象一下，你在一辆自动驾驶穿梭巴士里，戴着虚拟现实眼镜，从金丝雀码头穿过伦敦市中心到切尔西。现在你有一个选择：要么被送回到 1851 年，要么被送到 2191 年。你选择回到过去，于是，虚拟旅程就此正式开始了。穿过狭窄而曲折的小巷，经过拥挤和肮脏的贫民窟，这就像查尔斯·狄更斯（Charles Dickens）在《奥利弗·托斯特》中描述的场景，置身其中既令人恐惧又令人着迷。很快，你就能体验到维多利亚时代伦敦的另一面：你正在接近海德公园，那里正在举行大博览会（Great Exhibition），你终于可以一睹水晶宫（the Crystal Palace）的风采——这座玻璃展览馆在当时就已享誉国际。这一切并非科幻小说，很快它就能成为现实，而我们正期待着它的到来。

重塑出行
自动驾驶时代的"出行即服务"

—— 如何度过车上的时光 ——

让我们来看看人们是如何消磨在车上的时间的:很多司机在等绿灯的时候发短信、听音乐、打电话,或者趁机查看他们的电子邮件或社交媒体信息。似乎,线性时间(linearity of time)——结构化的日常生活和固定的个人活动时间正在逐渐消失。相反,琐碎的、无趣的事物支配了我们的生活,我们也逐渐与"希望不断体验新事物"这一愿望渐行渐远。智能手机让人们随时随地都可以相互联系,但同时,也付出了相当大的代价。时间被分解成越来越小的单位,我们在规定时间内完成各种不同的活动,并且时常以秒为单位快速地来回切换。我们曾经拥有整块的时间,而现在只有片刻。每个智能手机用户平均每天要拿起他们的手机 250 次左右,每次使用大约 50 秒,他们花在智能手机上的时间近 200 分钟,有些人每天花在手机上的时间甚至高达 8 小时。

在不同的活动之间来回变换,会让人们感受到他们正在充分地利用着时间,并从单调的事物中解脱出来,真正感受到对生活的把控。所以在去剧院的路上,他们最后一次查看工作邮件,并在中场休息时给办公室打一个电话。然而,他们忘记的是,我们总是需要一个过渡期,从一个活动(写信息)转换到另一个活动(看电影)。这个过渡阶段是无意识的,但它会表现为一种压力感。如果在这个来回过程中,我们执行的活动非常复杂,甚至可能是情绪化的,那么过渡阶段实际上会占用我们大部分的可用时间。

因此,这也难怪,许多人无论是在个人生活中还是在职业生活中总是在汲汲追求更多、更快或者更好的事物。无论他们在哪里,都有待

第五部分
客户的需求是什么

办事项在等着他们,没有时间休息和充电。汽车的驾驶过程为我们放松休息提供了一个好机会,但前提是我们必须遵守交通规则,不让自己沉溺于各种分心的事情。很多人说汽车是他们的避难所,因为他们在驾驶中会关闭广播、暂停电子设备的使用,从而让自己收获难得的放松与愉悦——这就像在飞机上,没有手机网络和 Wi-Fi 一样。

为什么我们要讨论"如何利用在车上的时间"这一话题呢[4]?因为现在"出行即服务"的时代即将到来,这就意味着,我们不再需要自己开车。相反,我们能够利用这些时间查看电子邮件以及网络冲浪——换句话说,我们将有时间逐一完成待办清单上的各个事项。早上开车去上班,晚上开车回来,对许多人来说这段开车时光是一段愉快的休息和难得的减压时间。自动驾驶座舱和自动驾驶穿梭巴士将让通勤者们从交通拥堵中解脱出来,但他们中的大多数人将无法利用这段时间进行休息或放松。相反,公司可以要求他们在旅程中工作。人们无论在哪里,只需轻轻一点,就能连接到他们的待办事项清单——我们将无处可藏。尽管我们对"出行即服务"充满热情,但我们希望,哪怕一次也好,乘客能够真正放下这些工作,利用他们新获得的自由好好放松一下身心。

221

第六部分

PART 6

公司可以做什么以及需要做什么

第二十一章
对公司而言，哪些影响因素至关重要

为了弄清事情的真相，我们向汽车制造公司的一些高管提出了以下问题：在汽车和出行市场取得成功的主要因素是什么？我们收到的答案惊人的一致：强势的品牌和令人印象深刻的车辆设计，能唤起消费者强烈的感觉。当然，还有一流的驱动技术。迄今为止，驱动技术的重点依然放在发动机和变速箱上，但展望未来，重点将放在电力驱动上。此外，驾驶辅助系统以及整个信息处理和通信技术领域的重要性也在日益增长。然后是销售方面的经销商和维修店，我们想知道它在未来是否依然会存在。

因此，让我们来看看带有自动驾驶座舱和自动驾驶穿梭巴士的"出行即服务"。汽车行业高管给出的答案在这里也适用吗？还是说，自动驾驶汽车的吸引力完全不同？我们关心我们乘坐的是什么品牌的公共汽车吗？是运营商的品牌可能更重要，还是设计更重要？需要通过这些设计唤起我们的情感吗？我们对自动驾驶座舱和自动驾驶穿梭巴士背后的技术感兴趣吗？在现阶段，似乎还没有人真正知道答案。尽管如此，我们将沿着这条道路继续前进，至少深入研究设计无人驾驶汽车的3个新方面。

重塑出行
自动驾驶时代的"出行即服务"

—— 出行作为社交活动的一种方式 ——

人们可能会惊讶地发现，与空中和海上交通相比，道路交通系统十分混乱。因为虽然有规则，但系统必须不断变化。原因很明显：要想规范无数种可能的道路交通状况中的每一个细节是根本不可能的。这就是为什么《德国道路交通条例》第1节规定，所有道路使用者必须时刻保持警惕并注意周围的交通情况。因此，在许多交通情况下，行人、骑自行车的人、骑摩托车的人和汽车驾驶员必须相互沟通。他们通过眼神交流和手势来表达，偶尔也会使用语言。然而，这些标志和信号在每个国家的含义并不相同。

在北美、北欧和中欧，交通的特点是有序、基于规则的驾驶，每个人都可以在自己的车道上行驶。因此，驾驶员很少需要相互沟通。但即使在这些国家，行人想要过马路时也要与驶来的车辆的驾驶员进行眼神交流，以确保他们被看到了。与此形成鲜明对比的，是在南欧、非洲和拉丁美洲的驾驶员遵守规则的意愿并不明显。因此，鸣喇叭和手势信号对于调节交通流量至关重要。在巴西的几个特大城市，司机在红灯时停车是个坏主意，因为他们有被袭击和抢劫的风险。

为了说明这些文化差异，让我们考虑这样一个例子：一位妇女想要步行穿过人行横道到达繁忙的市中心双车道街道的另一侧[1]。在伦敦，大多数的司机都会在接近人行横道时减速，看见行人汽车会完全停下来，直到行人穿过马路到达街道的另一边才再次启动。在德黑兰，情况则完全不同：行人走上人行横道时不会停下来，甚至不会向左或向右看一眼。充其量，他们只会加快或放慢步伐来给过往的车辆让道。司机

第六部分
公司可以做什么以及需要做什么

不会停车，他们最多只是稍微刹车或采取适度的规避动作，以避免撞伤行人。这确实令人惊叹：尽管交通拥挤，步行人数众多，但没有人停止移动，无论是车辆还是行人都一样。显然，在德黑兰以及在西贡、马尼拉、开罗和许多其他大城市，一种基于互让（give and take）的功能系统已经发展起来。在这里，行人学会评估接近汽车的可能行为和轨迹，相反，驾驶员也可以从行人的行为中知道他们必须采取什么行动来保持交通畅通。这种模式可能看起来很混乱，但在这些城市，成功穿越人行横道的行人和车辆要远多于遵守交通规则的伦敦。

为了让自动驾驶座舱和自动驾驶穿梭巴士与周围环境通信，一种选择是借助出现在车辆前部显示屏上的标准化信号。这可以向行人和骑自行车的人发送重要信息，例如"请走！"或"请稍等！"目前一些汽车制造商已经在尝试这种方法。一些信息可以通过集成在挡风玻璃中的屏幕传达给其他道路使用者。车辆外部的发光条也可以用来发送信号。可旋转的发光二极管（light-emitting diodes，LED）类似于眼睛，可以通过旋转来向行人和骑自行车传达诸如"我看到你了，你现在可以走了！"这类信息。除此之外，我们还可以安装扬声器，来告诉行人他们当前过马路是安全的。

在传感器的帮助下，甚至可以更进一步，让车辆直接与行人的智能手机通信。例如，如果传感器检测到汽车和行人处于可能发生碰撞的路线上时，警报就会响起，随后驾驶员就能及时踩下刹车。在这种情况下，驾驶员将不再需要依赖其他同样完成自动驾驶车辆注册的道路使用者所传递出来的信息。行人甚至可以直接穿过人行横道，而不用左右张望。可以说，汽车和智能手机这两种机器牢牢掌控住了局势。

重塑出行
自动驾驶时代的"出行即服务"

—— 思考机器 ——

当我们在本书中谈论"出行即服务"时，我们谈论的是使用自动驾驶汽车：车辆自动完成转向、加速和刹车等操作，而人们无须做什么。也就是说，汽车制造商的技术趋势也是值得我们关注的。在他们的世界里，人类仍然坐在方向盘后面，但驾驶员和机器进行互动的窗口——人机界面（human-machine interface）是可以不断迭代更新的。完全可以想象，我们可以将这些新功能集成到自动驾驶座舱和自动驾驶穿梭巴士上。那么，让我们看看我们是否可以从汽车制造商的想法和计划中获得一些灵感吧。

使用车辆只是为了从A地到B地的出行吗？那是过去的事了。现在，汽车已经发展成为多媒体设备[2]。我们仍然可以开车，但现在，汽车的功能远不止于此。如今，车辆上装满了可以捕获各种事物的传感器。不仅是车辆的周围环境——我们已经从驾驶辅助系统中了解到了这一点，该系统还可以使车辆保持在车道上并跟踪与其他车辆和物体的距离。现在，它还可以检测驾驶员的情绪和健康状况：从他们操纵方向盘的方式、呼出的气息或眼球运动中判断他们是否受到酒精、毒品或药物的影响，或者是否因其他车内人员而分散了注意力。

如果某些参数偏离可接受的范围，机器可以控制汽车，甚至在最坏的情况下，可以进行靠边停车操作。随着车辆自动化程度的提高，出现了反复的情况：有时是人类驾驶，有时是汽车自动驾驶。理想情况下，司机会提前决定是人工驾驶还是启动自动驾驶。有趣的是，最近的研究发现，某些疾病的存在，如痴呆，可以从驾驶员移动方向盘的动作中推断出

第六部分
公司可以做什么以及需要做什么

来[3]。因此，汽车甚至可以兼作疾病诊断工具。有了传感器和处理转向数据的合适软件，汽车不仅可以识别驾驶员的生理疾病，还可以识别驾驶员的精神疾病——因为抑郁症患者与健康的人转动方向盘的方式不同[4]。通过这种方式诊断疾病，智能汽车可以为改善道路安全做出更大的贡献。

这还不是全部。现代车辆以多种不同的方式连接在一起，并能够将各种设置存储在云端，并在需要时再次调用它们。一旦汽车识别出驾驶员——例如，通过与传感器的眼神交流或基于智能手机的配置，它就可以将方向盘和座椅调整到理想位置。更重要的是，随着时间的推移，算法会不断学习，例如，它在驾驶中逐渐了解到驾驶员喜欢听高音量的摇滚音乐。然而，如果车上还有其他乘客被系统识别为驾驶员的孩子，它就不会播放摇滚音乐，因为这可能会引发争吵。在这种情况下，它知道它应该播放嘻哈音乐（hip-hop）或浩室音乐（house）。为了保护驾驶员的耳朵，只有后置扬声器被激活，而前置扬声器则会被静音。在这种情况下，汽车是理解我们并能预测我们愿望的朋友和伴侣。

最重要的是，未来的汽车应该服从我们说的每一个字！一些制造商已经在忙于将亚马逊旗下的智能语音助手 Alexa 集成到他们的车辆中。这可能是因为，说话是我们与他人交流的最自然方式，即使在开车这种情况下也是如此。这个想法不仅是用 Alexa 来控制各种功能：更响亮、更柔和、更温暖、更美妙、更快或更慢；该语音助手还可用于向用户办公室或家中的智能设备发出命令。例如，如果驾驶员正在回家的路上，她可以发出指令要求打开家中的百叶窗以及车内的暖气。同样，她可以在家中向汽车发出指示，例如，在出发前检查电池电量，并输入目的地。然后当她跨进车里时，一切都准备好了。

在接下来的几年里,我们可以期待看到更多的功能添加到人机界面中。通过手势或仅通过嘴唇来控制车辆是目前研发部门的热门话题。传感器捕获的所有数据都被收集在车辆的控制单元中,进行存储和评估,然后转换为汽车的指令。该装置正在逐渐演变为一种智能副驾(smart co-pilot),用于支持驾驶员完成驾驶任务。如果驾驶员愿意,它甚至可以在紧急状况下接管驾驶任务——就像守护天使一样!

然而,这样一个智能副驾也可以用于处理许多其他任务。例如,它可以提醒驾驶员她的丈夫即将过生日了,并给出合适的礼物建议。这样她就再也不用绞尽脑汁思考送他什么礼物了。这难道不是真正的进步吗?智能副驾还将知道每件礼物在哪里可以购买,并且根据驾驶员的要求,可以直接订购所选礼物并完成付款。如果她没有时间自己取货,智能副驾可以联系配送服务。但也许智能副驾这个词并不恰当,我们这里所提到的更像是一个自动化的管家。

不久之后,谷歌开发的东西可能也会应用于车辆中:时髦的个性化广告。例如,智能副驾可能会意识到驾驶员每个周末都会前往山区,并事先将远足路线的信息保存在智能手机上。在它意识到了这点之后,它可以定期在车载显示器上向驾驶员展示合适的登山靴和衣服。然而,这里的关键问题是,谁将有权限访问驾驶员的相关数据呢?是谷歌、汽车制造商还是乘车服务提供商?换句话说,智能副驾实际上站在哪一边?当然,所有参与者都承诺客户将保留对数据的控制权,并能够亲自控制广告产品和服务的出现与否——但谁知道这一切是否是真的呢?时间会证明一切。

为了确保自动化的管家的功能达到预期,汽车制造商必须将车辆与尽可能多的在线服务连接起来。例如,人们可以呼叫 Alexa 并下达订购

第六部分
公司可以做什么以及需要做什么

餐点的指令："嘿，Alexa，点我最喜欢的饭菜，然后送到我家。"为此，制造商已经选择了德国食品外送服务公司 Lieferando 作为合作伙伴。当然，驾驶员必须透露他最喜欢的菜肴、他的私人地址和所有必要的付款信息——这其中至少有部分是敏感数据！由此推断，出行公司只使用客户提供的用于完成事先约定的特定目的数据。数据保护是关键，必须仔细权衡乘客和出行公司的不同利益。后者需要乘客相关的出行和行为数据，这对于为每个人安排尽可能简单、快捷的出行至关重要。但是，绝不能因此让数据被转发给第三方公司，甚至是出于收取费用的目的。为了乘客的利益，出行公司应该制定清晰且明确的标准来处理乘客的数据。

—— 内饰是新的外观 ——

设计师已经在忙着建造自动驾驶座舱和自动驾驶穿梭巴士了[5]。这些车辆应该是什么样子的？它们需要具备哪些功能？可以使用哪些材料来制造它们？人们想怎样坐在里面？他们在旅行时想做什么？隐私对他们来说有多重要？在接下来的几年里，这些问题必须得到解答，并且要将答案转化为草稿和草图。虽然我们有许多的问题仍然没有答案，但有一件事是肯定的：这些汽车只有乘客，没有驾驶员。这一事实为汽车的内部设计开辟了全新的可能性。一些设计师已经在谈论将汽车作为家庭和工作场所之外的"第三生活空间"了。

140年来的许多一直重要而适当的车辆设计原则可能会被搁置一旁。目前，车辆设计主要由行驶方向决定。车辆的轮廓揭示了其前后位置以及行驶的方向。在未来，设计师将没有这样的限制。可以想象，车辆的形状将不再考虑驾驶员的视线和姿势。更重要的是，随着电动马达变得越来越普遍，许多汽车典型的带有引擎盖和散热器护栅的前端设计都将消失。此外，当互联的自动驾驶汽车成队行驶时，空气动力学和许多当前的安全法规将不再重要。这些车辆可以被设计得非常不同，例如，它可以有更大的内部空间，从而让乘客能在车内完成更多的活动。

当下的车辆内饰设计不利于乘客之间的交流，因为每个人都是面向同一个方向坐着。我们可以想象这样一种为创造愉快氛围而安排座位的方式，座位将被设计得更便于面对面交谈或者更适合一群人玩游戏。那每位乘客都必须遵守的"系好安全带"的义务又该何去何从呢？不用担心，随着事故数量的下降，在未来，安全要求可能也会发生变化。展望未来，乘客很可能能够像在公共汽车上一样四处走动。而且，车辆将不再需要目前必不可少的中控台或仪表盘，也不需要将所有仪表都集中在驾驶员周围。这将为汽车内饰设计师们提供更大的施展空间。

很多事情仍未确定，很多事情仍待验证。但已经提出的想法表明，设计师们愿意并渴望利用他们新获得的自由来创造大胆的新室内设计。在某些样品中，座椅可以通过按钮进行180°旋转和倾斜，有些桌子可以根据需要折叠和展开。除此之外，还有许多大胆的设计构想：带轮子的卧铺、移动客厅、滚动的办公室、私人电影院或活动室、将窗户用作屏幕等。想象一下，车窗上正播放着一部引人入胜的电影，乘客们不仅能观看而且还十分沉浸其中，感觉自己是影片里的一部分。突然间，汽车变成了一个移动环绕的娱乐中心！

为了获得完美的途中体验，设计师们正在测试以前从未在汽车上使用过的材料，其中包括有机原材料、照明模块和智能纺织品。轻质、高

第六部分
公司可以做什么以及需要做什么

品质的材料旨在为乘客提供轻松的乘坐体验。有些座椅具有加热功能，仅加热与乘客实际接触的区域。汉麻和亚麻在这里扮演着重要的角色：这些高度可持续的材料将进入汽车。然而，根据设计师的说法，用户对这些材料的接受度依然是一大问题：人们希望汽车闻起来有皮革的味道，而不是大自然的味道——设计师们仍在尽力完成这些要求。

正如开发人员不厌其烦地强调的那样，人机界面和客户体验是汽车内饰的关键。一方面，目前不可或缺的仪表、开关和控制装置将消失，包括方向盘、变速杆、车速表（speedometer）和转速表（rev counter）。另一方面，人机交互对于唤起安全感、控制感和舒适感至关重要。直到乘客学会信任这项技术，并在自动驾驶汽车中感觉良好，他们才会愿意向后靠，放松、享受、听音乐、看视频或上网。

创新的方法已经在测试中了。一些公司正在评估能够自主识别乘客习惯和偏好的系统。这些系统最大限度地减少了操作车辆所需的步骤。其他人正在研究隐形显示器（invisible displays）。例如，有一个通常看起来就像仪表板的软垫部分，但在驾驶时会变成显示器。一旦车辆停下来，显示屏就会再次消失。此外，我们还可以通过语音进行操控，有时只需看一眼就足够了：为了实现这一点，设备会在乘客的眼睛穿过显示屏时跟踪乘客的眼睛。当它们停止移动时，与该点对应的功能将被打开或关闭。还有一些公司正在安装带有传感器的座椅：通过测量乘客的身体张力和姿势，能够进一步揭示乘客的意图和感受。

让我们来试驾一下吧！我们用应用程序预订的一辆自动驾驶座舱已经准备好了，就在门外等着。今天，我们预订了一款豪华车型：车内饰采用高级材料，闻起来也很好闻，有淡淡的春天的香味。随后，我们开

233

重塑出行
自动驾驶时代的"出行即服务"

始欣赏宜人的情景照明（mood lighting）——灯光会因一天中时间的不同而不同。我们让自己靠在优雅、完全可调的座椅上，还有饮料在等着我们。我们出发了！汽车探测到我们的情绪并播放了 20 世纪 70 年代的摇滚音乐。多么美好的体验！如果我们无聊地看着窗外，只需一个口头命令就可以将其转换为混合现实（mixed reality）。瞬间，房子就消失了，我们正在穿越具有陡峭岩壁和清澈湖泊的山地景观；然后我们去潜水，经过的汽车变成了海豚，而建筑物则变成了珊瑚礁——主题的范围是无穷无尽的。欢迎来到"出行即服务"的世界（图 21.1）！

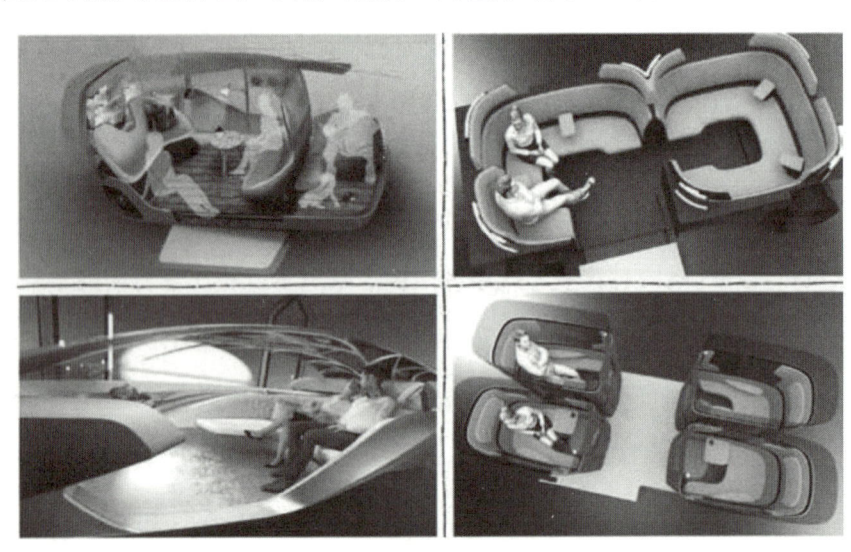

图 21.1　自动驾驶座舱和自动驾驶穿梭巴士的内部设计图（更多的社交互动以及隐私空间）

来源　大众汽车设计部。

第二十二章
急需一种商业模式

改变需要努力

令人惊讶但却是事实的,是自从卡尔·本茨(Carl Benz)和亨利·福特时代以来,汽车公司的业务逻辑基本上没有发生根本性的变化——它始终是关于设计、开发、生产和推广出色的汽车。然而,"出色"一直被理解为指最佳设计、最佳底盘、最佳引擎或最佳变速器。在接下来的几年里,这种观点很可能会改变。不同产业之间的界限已经开始模糊。市场准入壁垒正在崩溃,价值链正在分解。现在,一切都关于算法、传感器和控制系统,简而言之,软件将是增值领域的新货币。想象一下,汽车不仅是电动的、自动化的和智联的,还可以进行共享。基本上可以认为,这是汽车的重新发明。

可以说,我们正处在一个新时代的风口浪尖上[1]。这一点仍然无可置疑:制造生产令人印象深刻的汽车依然十分重要。但是,随着我们的前进，市场的成功将不仅需要重塑汽车本身，还需要创造出全新的商业模式。软件是一个方面，但汽车制造商也需要考虑基于数字平台的替代出行方案（alternative mobility）。如果他们想要在市场上与科技公司相抗衡，这是至关重要的。否则，他们将面临被降级为纯粹生产可替代产品、零部件和配件的简单钣金工人的风险。这不是创造价值的方式！在未来，一辆汽车的真正价值将不再在于它的硬件，而在于它的软件和新型商业逻辑——这个简单的真理是这个行业所有变化的核心。

世界正在以惊人的速度发生变化，以下的例子说明了这一点：瑞士的莉亚·米吉亚诺（Léa Miggiano）想出了一个聪明的商业点子——她开办了 Carvolution。她决定以订阅的方式简单、快捷、灵活、便宜地提供汽车，越来越多的客户现在从购买或租赁汽车转向这种新的订阅模式。与租赁汽车和共享汽车不同，汽车订阅不是为了提供几天或几小时的车辆，而是为了提供几周或几个月的车辆。根据订阅的不同，客户可以多次更换车辆以适应他们的出行需求，甚至可以更换不同的车型和品牌。这种方法的吸引力在于什么？答案是：你不需要为车辆融资，你总是可以得到你想要的车辆，你还可以时不时地驾驶不同的车型。目前，包括 Clyde、like2drive、ViveLaCar、Juicar 和许多汽车租赁公司在内的众多公司都进入了这个市场。那么汽车制造商呢？他们现在也加入了进来，但实际上，这个想法本应该来自他们。这是因为在平台经济学中存在"赢者通吃"的规则，第 2 名或第 3 名基本没有存在的余地。基本上，没有人需要另一个脸书或领英。

第六部分
公司可以做什么以及需要做什么

── 这一切都取决于你的观点 ──

让我们记住两个数字：每年售出约 1 亿辆车，创造约 2.5 万亿美元的收入[2]。超过 900 万人为汽车制造商工作。由于每个直接雇员都对应着其他 5 个相关的间接工作，因此该行业在全球雇用了大约 5500 万人。这是一个巨大的业务和市场。因此，汽车制造商的策略和战略都集中在销售汽车上是有道理的。这一点是显而易见的。

现在让我们来看看利润：一家汽车制造商从一辆续航里程约为 25 万千米的普通汽车上赚取约 3000 美元。这大约相当于每行驶 1 千米赚取 1 美分。这并不是特别惊人！但仍可以从许多角度来看待这一点。让我们通过"出行即服务"的视角来看看：正如我们所知，现在不再是销售车辆的问题，而是销售行驶里程。有区别吗？当然有，因为现在整个市场可以做如下计算：全球所有车辆一起行驶大约 16 万亿千米，如果将每千米行驶的价格定为 3 美分、4 美分甚至 5 美分，我们得到的整体市场价值将是 4800 亿美元、6400 亿美元，甚至可能是 8000 亿美元。没有人知道确切的数字！

然而，这个计算告诉我们的是：像优步、滴滴、盖特（Gett）和来福特这样的网约车公司，以及像 Moovit、Whim、Waze 和 UbiGo 这样运营出行平台的公司，它们对市场的看法与传统的汽车制造商不同。它们的市场更大、发展更快、更多元化、吸引的顾客更多，并且通过创新服务提供更多的机会来脱颖而出，而不仅仅是卖车。换句话说，用以每车利润为基础的商业模式替换为以每次出行利润为基础的思维方式，开启了全新的、截然不同的前景。

重塑出行
自动驾驶时代的"出行即服务"

然后还有一些公司以另一种方式看待这个问题，比如亚马逊。亚马逊很可能会对出行市场产生兴趣，因为每年人们在车上花费约 6000 亿小时。乘坐自动驾驶座舱和自动驾驶穿梭巴士的乘客可以无视交通状况，以不同的方式度过时间。仅从算术角度来看，这给了人们多达 6000 亿小时去浏览亚马逊的书籍、珠宝、玩具、服装和各种其他商品。这是一个巨大的机会！这个市场对亚马逊有什么价值呢？不同的大洲和国家之间每小时 GDP 差别巨大。在一些地区，甚至不到 0.1 美元，但在其他地区可能达到 20 美元，平均价值在 3~4 美元。因此，仅从算术角度来看，整个市场价值在 1.8 万亿~2.4 万亿美元。这又是另一种视角！

那么谷歌又是如何评估出行市场的呢？[3] 在出行途中，人们可以利用这段时间通过谷歌浏览互联网、下载游戏和观看电影。因此，与奈飞、推特、脸书和其他一些公司一样，谷歌也渴望在这 6000 亿小时的旅程中占据一席之地。谷歌的子公司 Waymo 正在开发自动驾驶车辆的中央控制单元。正如我们所看到的，这涉及一个巨大的市场，其规模仍然无法准确估计。此外，谷歌地图提供的导航服务也很有用。将谷歌可以访问的所有数据加在一起，不需要天才也能想出新的商业模式：谷歌知道谁在乘坐车辆，知道他们的出发点、目的地和途经路线，知道乘客使用媒体的情况，还能知道他们何时查看或购买了哪些产品。

这个想法怎么样？谷歌向所有客户提供免费的出行服务。公司的大部分服务本来就是免费的：谷歌搜索、谷歌地图、谷歌翻译、谷歌浏览器、谷歌邮箱（Gmail）和油管网（YouTube）。这个服务如何运作呢？出行服务可以通过广告收入进行资助，或者商店、购物中心、餐厅、汽车旅馆、电影院和酒吧可以支付他们客人的出行费用。这将为许多人省去相当大的支出，除非这些费用最终被加到产品和服务的价格中。Alphabet 公司及其子公司谷歌和 Waymo 拥有完全改变业务模式所需的技术平台和现金储备。这将是一场真正的革命！这将使汽车制造商别无选择，只能为谷歌或其他科技集团生产车辆。想象一下：由 Waymo、百度或滴滴设计的汽车，上面带有 Waymo、苹果、无比视或 Moovit 的标志！

这是一场火药味十足的混战！老牌公司遭遇新兴公司，冲刺者与慢跑者相遇。现在无法预测谁的计划将获得成功，谁将在未来的出行市场中扮演什么角色。如果出行和科技公司接管了与顾客对接的窗口，那么汽车制造商将会怎样？在这种情况下，一些制造商所剩下的仅仅是供应商的角色，就像电子和计算机行业中的富士康一样。几乎没有人能确定未来会发生什么，问题比答案还要更多。政策制定者、制造商、供应商、科技和出行公司、城市和其他利益相关者都在互相观察。谁在哪里投资？谁正在推出哪些"出行即服务"项目？哪些联盟正在形成？顾客实际上想要什么？城市和地区也还没有做出决定。最重要的问题还没有得到回答：什么才是未来正确的商业模式？哪些会成功，哪些可能会失败？

── 在路上的自动驾驶座舱和自动驾驶穿梭巴士 ──

那我们何不自己走出去，亲身体验一下"出行即服务"呢？要做到这一点，我们必须穿越到某个时间点，比如 2025 年或 2030 年。现在让我们去参观两个地方，在那里人们已经开始以全新的方式来思考出行，它们是澳大利亚的珀斯和韩国的釜山。诚然，并非所有想法都已经得到实现，其中也掺杂了一些梦想、愿望和希望。然而，如果这些想法要成

重塑出行
自动驾驶时代的"出行即服务"

为新商业模式的基础，就不能只是简单地勾勒，而必须详细地呈现出来。让我们来看看下面这个例子吧！

在澳大利亚珀斯市的一个住宅区里，某个工作日早上的 6:40，一辆自动驾驶座舱准时停在了一所房子的门外。詹姆斯走下楼梯，他最喜欢的凯莉·米洛（Kylie Minogue）专辑里的音乐已经在车内播放。他微笑着走上车并舒适地坐下，座位已经根据他的需求调整好了。本应是方向盘的地方，会出现一个吧台。咖啡的香气飘向他，此外还有果汁和矿泉水供他选择。如果他喜欢，他还可以从吧台中拿取羊角面包搭配黄油和果酱，就像在法国咖啡厅里一样。

当然，詹姆斯也可以选择订一辆自动驾驶穿梭巴士。但他很乐意为这种奢侈的享受付出一些额外的费用。他喜欢闭上眼睛，不必与任何人交谈，享受音乐，为自己一天的工作做好心理准备。詹姆斯非常珍惜这40 分钟的独处时间。在出门之前，他必须照顾两个孩子，因为他的妻子早上 6 点就去上班了。他需要准备好孩子们的衣服，准备早餐，给他们做三明治，把他们的书放进背包里，并与他们聊一聊在学校里的各种事情。

毫无疑问，这辆自动驾驶座舱知道如何去詹姆斯所工作的地方——一家他在那担任会计主管的出版公司。车辆控制单元收集所有相关的交通状况信息并选择最佳路线。詹姆斯信任这辆车，有时甚至会在晚上回家的路上打个盹儿。他知道如果车辆遇到无法自行处理的情况，交通控制中心无论如何都会介入。在这些年里，他只遇到过一次具有挑战性的情况，就是有一名骑自行车的人在自动驾驶座舱前倒下。它发生得如此之快，以至于碰撞无法避免。但那名骑自行车的人很幸运，并没有受伤。

尽管这些自动驾驶座舱仍然被限制在市中心运营，但技术已经得到

第六部分
公司可以做什么以及需要做什么

了足够的改进，可以逐渐开始扩大它们的服务区域。詹姆斯最喜欢的是这种新型交通工具的可靠性，几乎没有交通堵塞和事故，而是特别平稳的驾驶体验。在旅行中，他可以在笔记本电脑上工作，使用挡风玻璃作为屏幕。或者观看在所有窗户上显示的电影——这是一种虚拟的环绕体验，詹姆斯就在其中间。声音立体环绕，画面非常清晰，有时詹姆斯感觉自己不是在观看电影，而是在其中扮演角色。那将是一件很棒的事情！他还可以随时通过语音命令或手势与车辆进行交互。詹姆斯获得了有关行程和汽车的完整信息，并感觉自己与整个世界联系在一起：互联网、流媒体服务、视频会议以及各种新闻头条都可以实时访问。当他向外看时，他看到他的城市已经改变了。这种新型出行方式产生了巨大的影响。现在在城市中将看到更少的街道、更少的停车场和更多的公园和游乐场。

现在已经是晚上7点了，大多数人已经结束了一天的工作。但在韩国釜山市郊的一个工业园区里，繁忙的活动仍在继续。船舶工程师秀美正在加班。但是，她现在需要尽快回家，赶在孩子们睡觉前到家。30分钟前，她订了一辆自动驾驶穿梭巴士，它准时于晚上7:20在工厂门口停下。走上车后，她发现所有座位都已经被占满了。车上有大约十几个乘客，他们大多数人都是回家的，但也有一些人是去上晚班的。釜山的工厂是全天候运转的。

自动驾驶穿梭巴士在其他几家公司外面停车，以便人们上下车。虽然车辆沿着预定路线行驶，但随时可以根据需求停靠。时间表也有足够的弹性，自动驾驶穿梭巴士可以进行小小的绕路，以免通勤者走太远的路。又停了几站后，自动驾驶穿梭巴士到达一个换乘站，秀美必须换乘另一辆前往市中心的自动驾驶穿梭巴士。几分钟前，她的智能手机收到

重塑出行
自动驾驶时代的"出行即服务"

了换乘自动驾驶穿梭巴士的编号、她的座位号以及自动驾驶穿梭巴士将从哪个站台出发的信息。

为了确保一切顺利，秀美和釜山所有其他的通勤者提前使用应用程序输入他们的出发地点、时间和目的地。这些数据用于协调自动驾驶穿梭巴士，以确保尽可能少地换乘，并最大限度减少通勤者的总出行时间，这不一定是每个人的时间，而是集体的时间。令人印象深刻的是，即使在这个拥有数百万人口的韩国第二大城市，交通状况也有了显著的改善。不再有交通拥堵，即使在高峰时段，交通也十分有序，没有人在车站上行色匆匆，每个人都被分配到各自的自动驾驶穿梭巴士上。

与此同时，秀美已经坐在前往市中心的巴士上。这辆巴士比其他巴士要大，可容纳约 30 名乘客，通常服务于市中心和工业园区之间的主要干道。车窗在旅途中会变成屏幕，上面播放着视频和新闻节目。如果秀美想看，她只需要戴上耳机并激活一个应用程序。然而，她刚刚收到一条消息：她订购的杂货已经准备好，让她在下一个换乘站取货。它们被放在一个储物柜里，她可以用手机收到的代码来打开这个储物柜。

她所在的公司餐厅最近安装了一个大屏幕，上面显示当地一家超市连锁店售卖的所有产品。如果秀美点击她想要购买的产品并输入她的上下班时间，这些商品将被送到她途经的换乘车站之一，或者直接送到她家。现在，她换乘到一辆较小的自动驾驶穿梭巴士，这辆自动驾驶穿梭巴士开进她的社区，并把她送到家门口。在这辆车上，人们互相交谈，乘客们都是当地居民，他们彼此认识，很享受这段聊天的时光。整个通勤时间大约需要 47 分钟。在引入这些自动驾驶穿梭巴士之前，她需要花费 3 小时左右才能到达家里。

第六部分
公司可以做什么以及需要做什么

—— 生态系统是关键 ——

至少在一些国家，汽车工业是经济的支柱。这是你经常听到的话，并且有充分的理由。这不仅仅是因为汽车行业所创造的收入，在过去几十年里，许多其他以汽车为中心的产业也已经涌现（图 22.1）。例如，许多经销商和修理店提供了数百万个工作岗位。包括石油工业也是，有着数千个加油站，最近也增加了为电动汽车充电的充电站。此外，所有这些车辆都需要融资和保险，而专业的银行和保险公司也应运而生以满足这个需求。这是一个价值数十亿美元的产业，仅在美国它的总价值就可以达到约 2 万亿美元[4]。此外，政府当然也会从车辆及其使用方面的税收、费用和关税中获得其份额。

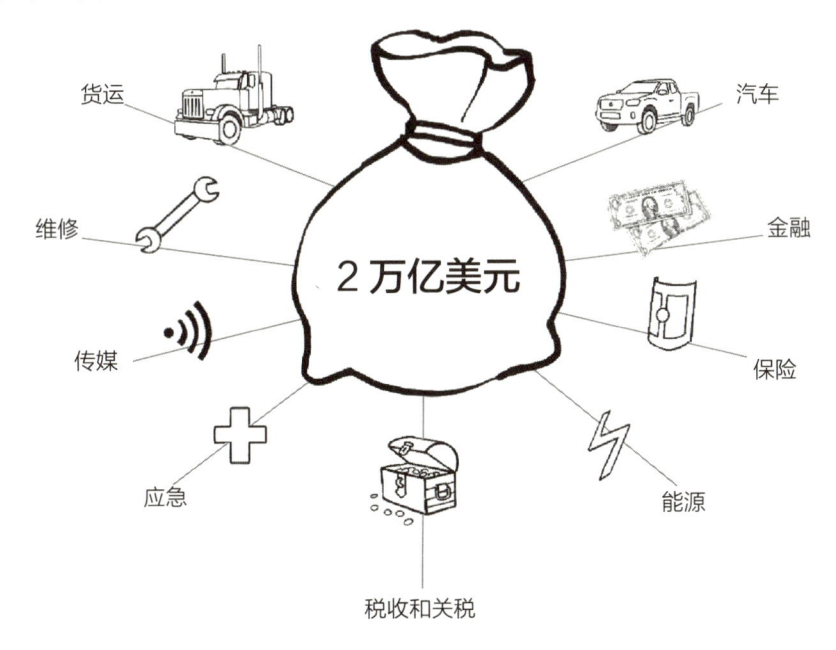

图 22.1 汽车工业的生态系统

来源 Original material.

另外则是所谓的"交通事故相关产业"。这包括救援服务、急诊诊所以及为事故受害者提供的所有医疗护理，包括康复中心，此外还包括拖车服务和车辆修理店。虽然目前没有准确的数据，但据估计，仅在美国，该产业每年创造的收入约为 8000 亿美元。但这还不是全部：为车内乘客提供娱乐和信息已经成为很重要的一部分，越来越多的公司竞相提供电影、新闻和其他产品和服务。正如我们已经看到的，随着车辆自动化水平的不断提高和以自动驾驶车辆为中心的"出行即服务"的新世界的到来，媒体变得比以往任何时候都更加重要。

这些行业互动方式的特点是：每个参与者都与其他参与者协调提供服务，但又彼此独立，例如汽车制造商制造汽车、银行处理融资、保险公司出售汽车保险、石油公司经营加油站等。然而，正如第三部分第九章的讨论所表明的那样，数字化正在导致传统价值链的瓦解（图 9.1）。成千上万的专业公司正在争夺出行市场，每家公司都只提供单独的模块。由于大部分模块是数字化的，因此可以快速轻松地组合在一起。然而，由于这种模块化，没有单独的某家公司能够满足出行者的多样化需求了。

这里的关键词是"生态系统"[5]。它是指将不同公司的产品和服务以某种方式结合起来，从而为客户带来特殊的体验。这个想法不仅是让各家公司像过去一样在生态系统内相互合作，而且是让这些公司现有的活动也相互补充，从而使得整个系统的总价值超过个别产品和服务的总和。客户甚至不会注意到最终产出是由来自不同公司的多种产品组成的。这是关键的不同之处！协调所有这些活动的任务通常落在某一个中心参与者或协调者身上。例如，中国平安保险公司通过一个中央平台协

第六部分
公司可以做什么以及需要做什么

调健康咨询、汽车销售、房地产交易和金融服务等业务。通过连接这些服务，该集团已经为近 4 亿客户提供服务，这使得中国平安成为全球最有价值的保险品牌。

无论是生物个体还是组织，生态系统只有在其内部运作实体之间存在模糊和开放的边界时才能蓬勃发展，而这需要能够平等地协同工作的能力。顺带一提，这不仅适用于自然界，现在对于出行行业的所有参与者也是如此。我们都熟悉汽车制造商的信条，即任何"不是自己发明"的东西都是毫无价值的。但在出行服务领域，持有这种态度的人很可能不会有太多进展。虽然汽车制造商在领导网络方面经验丰富，但通常他们只与供应商进行互动。许多汽车制造商仍然不愿意与其他行业的公司或专业模块的供应商进行合作。"坚持做最擅长的事情"似乎仍然是他们的座右铭。

无论我们喜欢与否，使自动驾驶穿梭巴士中的多式联运成为可能的信息通信技术正在从根本上改变汽车的性质[6]。我们所熟知的汽车并不适合"出行即服务"，因此必须重新发明汽车。图 22.2 显示了一个未来可能出现的生态系统，其轮廓在今天已经清晰可见。让我们举个例子：一家市政公用事业公司运营着一支在市中心行驶的自动驾驶汽车车队，这支车队主要在市区周围行驶。为了实现这一目标，运营商开始协调生态系统中众多公司的活动：Navya 提供自动驾驶穿梭巴士，无比视提供传感器和控制单元，Moovel 开发应用程序，Wunder Mobility 运营平台并将所有必需的出行数据汇集在一起，奈飞提供娱乐服务，美国有线电视新闻网提供新闻。客户享受他们的出行，而不会注意到所有公司是如何协同工作以让它们的出行成为可能。这就是出行市场中一个生态系统可

245

重塑出行
自动驾驶时代的"出行即服务"

能的样子：车辆转变为智能产品；一个智能系统可以监控和控制自身，甚至优化自身的使用方式。而更多的新事物必将随之而来。

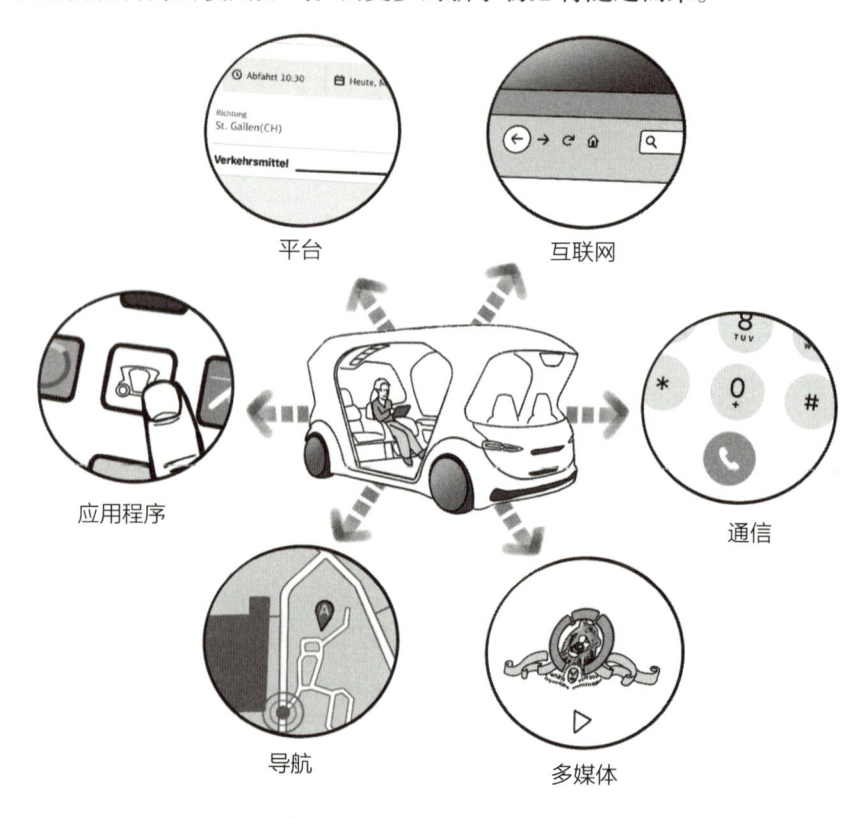

平台　　互联网

应用程序　　通信

导航　　多媒体

图 22.2　出行产业的生态系统

来源 Original material.

然而，自动驾驶座舱和自动驾驶穿梭巴士还能做更多的事情。例如，它们可以联系经销商或维修店安装软件或安排检查。此外，许多其他服务它们也可以做到，例如定位及导航到停车点并支付停车位费用，人们不再需要浪费时间在市中心周围寻找停车位。许多车辆已经能够通过蓝牙或 Wi-Fi 与智能设备进行通信，例如苹果的车载系统 CarPlay 和谷歌的 Android Auto。智能手机、平板电脑和可穿戴设备（即装有芯片

第六部分
公司可以做什么以及需要做什么

的衣服）都可以与车载信息娱乐系统进行交互。因此，正如我们所看到的，为争夺车内掌控主导权的竞争已经打响。谁将负责设计和提供乘客界面呢？是汽车制造商，还是谷歌、苹果、奈飞、亚马逊、脸书等其他公司？比赛开始了，让我们拭目以待吧！

第七部分
PART 7

城市引领潮流

第二十三章
想法、项目和愿景

在新冠疫情期间，使用公共交通的通勤者数量急剧下降。人们尽可能步行、骑自行车或使用滑板车上下班。世界卫生组织（WHO）欢迎这一发展，因为这些交通方式不仅可以实现足够的社交距离，而且还可以让人们的身体得到锻炼。遵循着温斯顿·丘吉尔"绝不浪费一场好危机"的建议，许多城市利用新冠疫情危机推广微出行，并提供支持其发展所需的基础设施。

—— 这都是有条件的 ——

2021 年可以被称为"全力支持自行车"的一年。在这一年中，罗马、维也纳、布达佩斯、曼彻斯特和巴塞罗那等城市新建了许多自行车道[1]。巴黎再次因其市长安妮·伊达尔戈而脱颖而出：该市计划快速建造 650 千米的自行车道，以实现其创建"15 分钟城市"的目标。在本节中，我们将提出一些重新构想都市地区的例子。特别是在巴黎，还有松

> **重塑出行**
> 自动驾驶时代的"出行即服务"

岛、大邱和巴塞罗那,政府正在努力设计全新的城市。这些倡议的共同点是它们都试图从根本上更新交通系统,虽然在不同的表现形式下,但"出行即服务"都将发挥至关重要的作用。

在建筑师和城市规划师的讨论中,各种交通方式都起着至关重要的作用:座舱、穿梭巴士、各种形式的微型交通工具,甚至缆车。有趣的是,由于各种原因,并非每种交通方式都适用于每个城市。图 23.1 表明,一些城市强调私人交通工具,而另一些城市选择主要关注公共交通。密度是交通规划中的一个关键因素。在人口密集、以私家车为主的中心区,

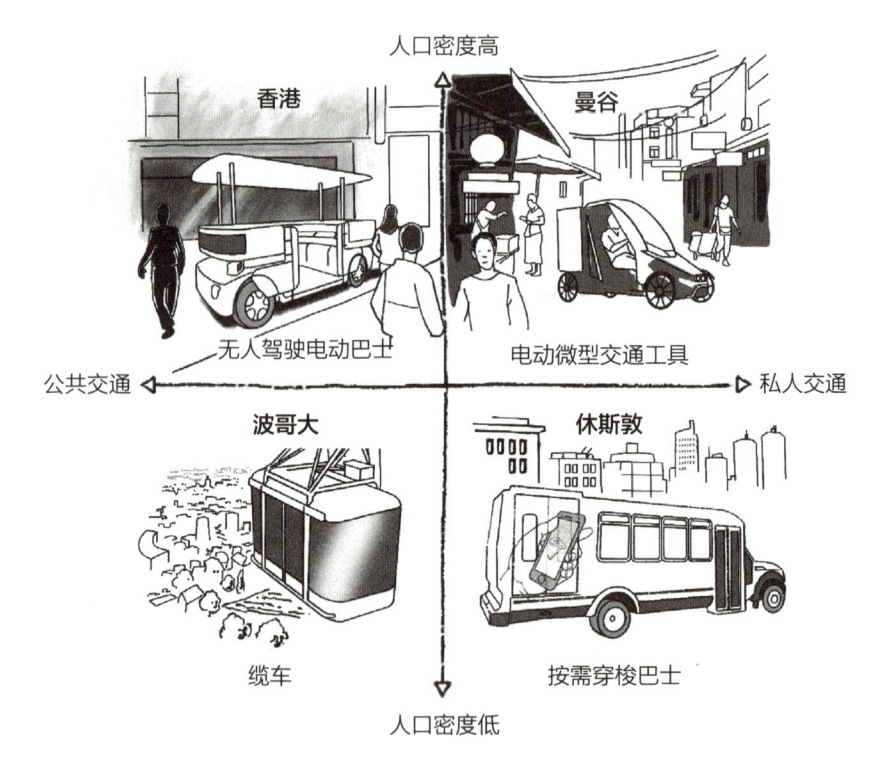

图 23.1 不同的城市有不同的交通方式

来源 Original material.

第七部分
城市引领潮流

所有类型的微型交通工具都是可行的选择。另外，在人口稀少的城市，拥有多种公共交通选择，即使是缆车也可以发挥作用。这突出了可选择的范围之广。交通选择需要巧妙匹配每个大都市地区的独有特征。

15 分钟城市

构建"15 分钟城市"的想法可以追溯到卡洛斯·莫雷诺（Carlos Moreno）。他的愿景是创造一个城市的节奏与人类生活的步伐相一致的地方，每一寸土地都可以用于多种用途——娱乐、运动、游戏、出行和结交朋友。许多城市规划师希望最终能够克服许多城市中心散发出的单调、令人反感甚至恐惧的氛围。为什么是 15 分钟呢？这大约是步行 1 千米或骑自行车 5 千米所需的时间[2]。卡洛斯·莫雷诺完全重新构想城市的愿景应该尤其具有吸引力，因为新冠疫情导致学校、商店、体育设施关闭，更不用说封锁和在家工作了。所有这些都支持小型、可管理的社区，人们在那里互相认识、交谈、相互照顾。

巴黎市长安妮·伊达尔戈受到这一愿景的启发，承诺打造一座为人民而非汽车而建的城市。为此，她计划重新设计市中心，使所有居民的关键资源（如超市、学校、政府办公室和医生办公室）都可以在大约 15 分钟内到达。这意味着开发出带有工作场所、餐厅、公园、体育设施和游乐场的社区，每个社区旨在像一个独立的微型城市一样运作。大多数街道将只对行人和骑自行车的人开放，市中心将禁止汽车进入。

大约 70% 的公共停车场可能会在未来几年内消失，相反，市政公园、绿地和娱乐设施正在建设中。巴黎将从根本上重建（图 23.2）：每

重塑出行
自动驾驶时代的"出行即服务"

条住宅街道的中心仍将是所有道路使用者共享的区域，那些开车来的人很可能会跟在骑三轮车玩耍的幼儿后面，超车几乎不可能。这些社区的送货将由电动货车和电动自行车处理，这是亚洲城市已经采用的一种系统。一旦自行车道网络建成，大多数汽车将从街道上消失。安妮·伊达尔戈承诺将在 2024 年禁止所有柴油发动机汽车，并在 2030 年禁止所有汽油发动机汽车。

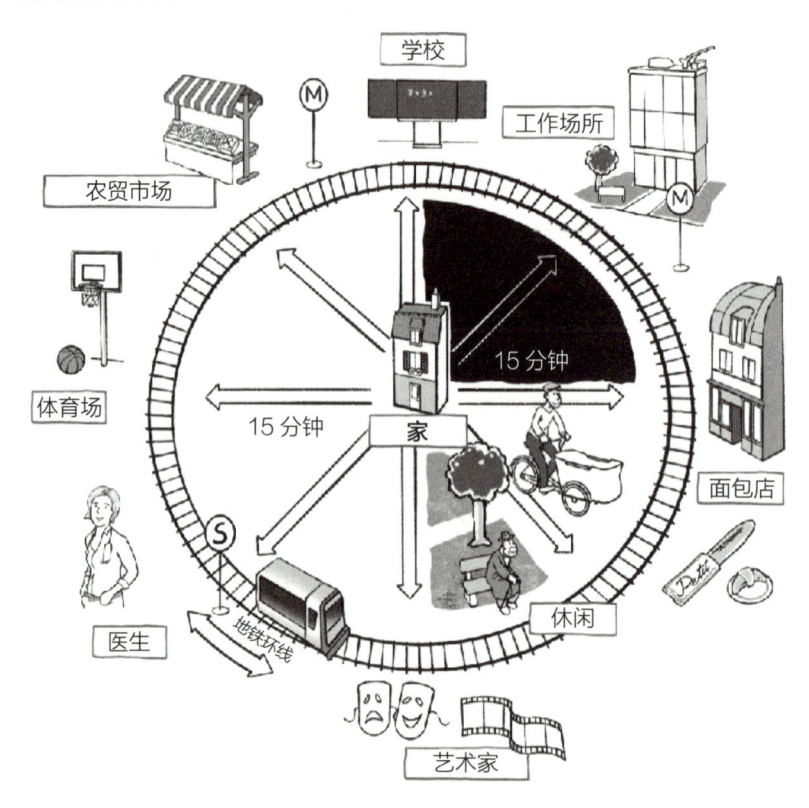

图 23.2 "15 分钟城市"的总体架构

来源 https://tomorrow.city/a/paris-the-15-minute-city.

"重塑巴黎"的概念甚至延伸到了香榭丽舍大街，这是一个像纽约时代广场一样繁忙的区域——每天的车流量超过 6.4 万辆，另外这个地

第七部分
城市引领潮流

区还存在远高于任何参考范围的空气污染。2024 年的巴黎奥运会提供了完美的理由来进行这一改造，他们将启动对这条标志性大道的重新设计：更宽敞的人行道和狭窄的车行道，中间穿插着绿地，横跨凯旋门到协和广场的整个区域，甚至到杜乐丽花园。政府总共已经拨出了 2.5 亿欧元用于此项目，一旦完工，香榭丽舍大街上的车流量将减半，这是林荫大道两侧奢侈品商店的业主们热切期盼的事情。

赫尔辛基也全力支持"15 分钟城市"的理念，其重建措施专注于增加市中心和老城区的密度。目标是创建几个互相重叠的 15 分钟社区，每个社区很快将拥有 3 万到 10 万的居民。居民能够在 15 分钟范围内骑自行车和滑板车出行，电车将在各个中心之间往复行驶。一切将不再围绕着汽车，相反，赫尔辛基计划减少停车位和车用道路，以夺回空间，造福所有居民[3]。尽管巴黎被认为是先锋，但斯堪的纳维亚城市也正在推进类似的项目，这些城市不仅包括赫尔辛基，还有奥斯陆和斯德哥尔摩。

—— 超级街区、开放街道和广场 ——

每天早晚，车辆在巴塞罗那的瓦伦西亚大街上蜿蜒穿行，车辆缓慢前进，每次只能前进一米。这并不令人意外，因为现在只有两条车道对车辆开放，右侧是自行车道，左侧是公共汽车道，另外还有人行道。与许多其他城市一样，最近出现了越来越多的"扩充"自行车道。总共增加了 3 万平方米的行人空间，20 千米长的新自行车道，以及 60 条禁止汽车通行的街道。新冠疫情将一切都向前推进了一步，但这并不是偶然

重塑出行
自动驾驶时代的"出行即服务"

的。市长艾达·科劳（Ada Colau）组建了一个由环保政治家和城市规划者组成的团队，这个团队专注于一个目标：重新夺回公共空间[4]。

时间紧迫，人们也很不耐烦。巴塞罗那多年来一直遭受严重的空气污染和噪声的困扰，并且经常超过所有污染物排放的阈值。这就是为什么市政府决定创建"超级岛屿"（super-islands）来减少交通。这涉及将住宅街区合并为两到三个街区长和宽的超级街区（superblocks），只有居民和送货车辆在特定时间被允许进入。根据 GPS 服务公司 TomTom 提供的数据，这将导致交通模式转移到其他街道，而不会造成额外的交通堵塞。在这些超级街区中，很少有汽车出现，相反，到处都是骑自行车的人和步行的人（图 23.3）。

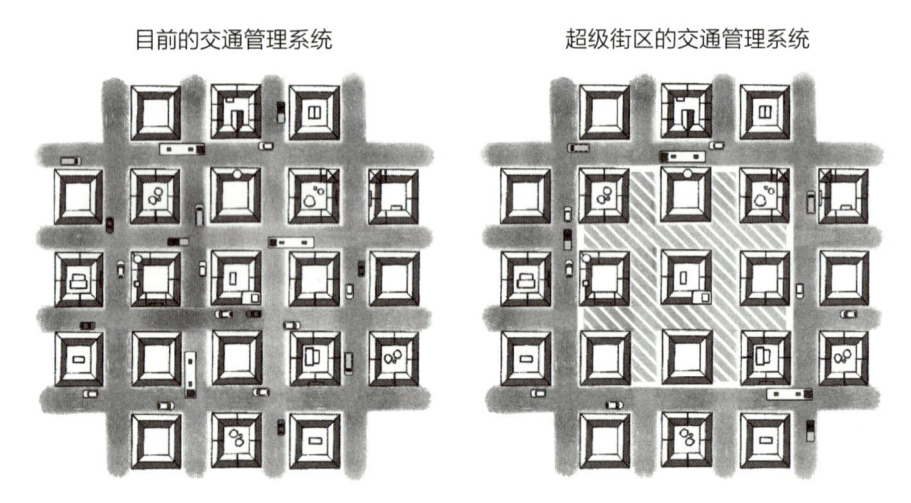

目前的交通管理系统　　　　　　超级街区的交通管理系统

图 23.3　超级街区的基本概念

来源 https://www.bloomberg.com/news/articles/2020-11-11/barcelona-s-new-car-free-superblock-will-be-big.

许多居民抓住机会在超级街区里设置公园长椅。人们可以见面，孩子们可以嬉戏玩耍，音乐家们可以演奏乐器。绿地、游乐场和足球场已经建成。成功的关键是要开创先例。许多居民坚信这场变革将会持续下去,并且已经在规划更多的超级街区。最终,这可能会给巴塞罗那带来一种全新的城市布局。珍妮特·桑兹(Janet Sanz)在市议会中主管生态、城市化和交通,她决心创建一个全新的巴塞罗那——一个为人而不是为汽车而建的巴塞罗那。

让人意想不到的是,米兰在街区改造上的成功是出于被迫[5]。我们都记得新冠疫情时的景象,以及意识到该地区的空气污染十分严重这一事实。现在,米兰正在认真解决这个问题:封锁街道并将其归还给居民享受。以"开放街道"为口号,这一倡议旨在逐步减少私家车流量,同时增加许多新的自行车道和步行道。同时,米兰计划将交通主干道的最高速度限制在30千米/时。这座城市计划做出的改变还远不止于此:"开放广场"(Piazze Aperte)项目计划让车辆远离中心地段和交叉口,从而为运动和游戏创造空间。此外,市中心的步行区也越来越多。米兰周围经常出现交通拥堵的地区也正在寻求解决方案,希望能够快速而明显地改善居民的生活质量。

—— 全速前进的亚洲地区 ——

当世界上许多地区还在争论是否应该改变交通方式时,韩国已经率先做出了改变。它不仅旨在改善交通状况,而是从根本上建立一个全新的城市。这座智慧城市被称为松岛,是一个拥有超过100万居民的仁川市的一部分[6]。尽管汽车并没有完全消失,但你可以看到,在这里,未来正在上演。一条道路网络将松岛与首尔和韩国其他地区以及机场连

重塑出行
自动驾驶时代的"出行即服务"

接起来。市政当局正在全力推进出行变革。电动汽车的充电站随处可见，公共铁路和公共巴士服务运作良好，任何地方都可以步行到达。在松岛，居民不再依赖私家车，这里有一个极其完善的自行车道网络。为了让居民意识到在城市中没有私家车也很容易出行，"无车日"（car-free days）已成为当地的一个常规活动。

大邱市是韩国第三大都市，与许多其他城市一样，也受到交通流量不断增长的困扰。因此，市政府决定使用自动驾驶汽车来帮助将人们运送到市中心。在项目的第一阶段，将使用4辆车，之后将增加更多车辆[7]。这些车辆将沿着固定的路线循环行驶，并在固定的站点停靠。随着时间的推移，路线和停靠点将变得更加灵活，并根据客户需求灵活调整。大邱智慧城市计划负责人金胜元强调道："我们希望通过我们的自动驾驶巴士网络，激发人们对'出行即服务'的热情。大邱市希望通过这种方式显著减少市中心的交通流量。我们认为自己是智能出行应用的先驱。"

除了大邱市的项目，韩国还有其他一些项目。该国将自己视为远离个人汽车，倡导智能化、共享式出行的国际领袖。

世界上最长、最安全、最准点的地铁系统位于上海，它同时还拥有最多的客流量。尽管进行了巨额投资，但这座城市似乎已经爆满，大量且长时间的交通堵塞仍然是一个问题。尽管政府进行了努力，但这座城市的空气质量仍然需要改善。为了解决这个问题，该市正在实施一系列措施：私家车共享公司需要将其服务整合到公共交通系统中；同时政府还在推行使用一种充电技术，使电动公共汽车只需充电10秒，就能行驶5千米。汽车牌照的拍卖已经受到限制，已经有超过16万辆不符合

第七部分
城市引领潮流

严格排放标准的汽车被从街上收回。此外，政府还计划迅速将地铁系统扩展到 800 千米，目标是通过每小时一趟的火车服务将浙江和江苏两个省与上海连接起来。

当丰田汽车公司数十年来首次关闭其生产设施的大门时，员工们流下了眼泪。但是，竞争对手和新冠疫情都没有让这座位于富士山附近的工厂终结。相反，丰田正在这个高地上建造一个以自动驾驶座舱和自动驾驶穿梭巴士为中心的未来城市。很快，大约 360 名居民将住在这座名为"编织之城"的未来城市中，未来几年内，城市内的居民数量将多达 2000 人。没有其他项目比这更能体现出丰田从汽车制造商向出行服务提供商转变的决心。在这里，该公司研究了如何将自动驾驶车辆融入城市生活方式以及如何通过驾驶服务赚钱。丰田的前社长丰田章男（Akio Toyoda）一再提醒员工，口号是"先软件，后硬件"。他认为过去车辆价值是根据其操控性、可靠性和工艺水平来判断的。如今，大部分增值都由软件提供。特斯拉已经展示了如何做到这一点——关键是集中控制所有的车辆功能。在走上这条新路的过程中，丰田章男抱有坚定的信念，因为他遵循了他父母的建议，他们认为每一代人都应该重塑公司。

—— 微出行正在兴起 ——

这一切都始于 2017 年 9 月在圣莫尼卡海滩上一个愉快的夜晚。一辆卡车停了下来，放下了几辆电动滑板车，上面有如何使用应用程序解锁并在威尼斯海滩周围的人行道上骑行的说明。在这里，骑自行车的人、滑旱冰者、滑板手和享乐青年比比皆是，人们争相尝试这种新奇的体验。人们的感兴趣程度超出了预期，仅仅几小时后，准备的 250 辆电动滑板车都投入了使用。

8 个月后，电动滑板车租赁服务公司 Bird 已经提供服务超 500 万次。因此，不难理解为什么仅仅几年后这家公司的估值就已经达到了 10 亿美元。Bird 的首席执行官特拉维斯·范德赞登（Travis VanderZanden）告诉圣莫尼卡市的市长，他的公司可以通过电动滑板车解决该市的交通问题。市长对此并不是特别热情，他回信称这种新的交通工具首先需要得到批准。但为时已晚，圣莫尼卡海滩上的人们已经做出了决定。大约 14 个月后，Bird 的电动滑板车已经在 120 个城市中开始提供服务。

在美国，电动滑板车市场正在以惊人的速度增长。截至 2020 年，177 个城市中有 15 万辆电动滑板车在使用。显然，微出行具有巨大的潜力，原因之一是在美国的主要城市，50% 的出行距离不到 5 千米。在中国，共享单车也在兴起。大约有 70 家公司提供超过 1600 万辆租赁自行车，且有超过 1.3 亿人经常使用这些自行车，约占总人口的 10%。难怪在 2015 年至 2020 年，投资者向 Bird、Bold、Circ、Dott、Hive、Jump、Lime、摩拜（Mobike）、Obike、ofo、Tier 等公司投资了超过 57 亿美元，以推广微出行的使用。麦肯锡的一项研究明确表示，到 2030 年，全球自行车和电动滑板车市场的价值可能会达到 3000 亿至 5000 亿美元[8]。

让我们回到 2017 年在哥本哈根举行的一次会议，这场会议被视为微出行的诞生标志。尽管该术语的用法多种多样，但至少在总体轮廓上存在大量共识，即私人拥有或共享的自行车和电动滑板车。它们的最高速度约为 30 千米/时，适用于最多 8 千米的短途出行。目前，一些笔者还将小型和轻型车辆包括在这个类别当中。

第七部分
城市引领潮流

毫无疑问，微出行正在兴起。巴黎、曼彻斯特、里斯本、米兰等大城市正在铺设道路。在天气晴朗、人们只需短距离出行、街道狭窄且常常出现汽车交通堵塞的地方，自行车和滑板车的需求量很大，这似乎是很自然的。在夏威夷，阳光总是很明媚，许多出行距离不到 5 千米，这是微出行的完美条件。此外，许多夏威夷人超重，医疗保健系统正在承受这一后果。因此，激励岛上居民骑自行车或步行而不是驾驶汽车，不仅可以减轻交通负担，还可以减轻医疗保险公司的负担。

让我们更深入地了解一下慕尼黑，这座城市可能很快就会从推广微出行中受益。如果自行车道的扩建和道路的缩减继续按计划进行，到 2030 年，该市的自行车和电动滑板车骑行量可能达到 2.5 亿次，占所有出行的 8%~10%[9]。更重要的是，这将消除约 30% 的汽车出行，这将对环境产生重大影响，每年排放的二氧化碳将比今天少 8 万吨。此外，可以回收相当于 180 个足球场大小的停车位。

尽管微出行受到了热情欢迎，但这个概念仍然存在一些缺陷。我们都见过这种情况：Bird、Lime、Tier 和其他公司在城市人行道上放置他们的电动滑板车和自行车，希望居民会使用它们。然而，这种策略对大城市并没有利：这些车辆通常没有集成到当地的公共交通系统中，而且经常设置在已经有良好的公共汽车、地铁和轻轨连接的地区。此外，很少有供应商有一个可行且可持续的商业模式。由于进入门槛低，大量的公司进入了这个市场，其中许多公司只能通过保持极低的员工成本来获得生存。尽管如此，仍有一些方法让我们看见了希望，同时也有一些勇敢、开创性的项目。我们将在下面介绍其中的一些，每个项目都有一个适当的座右铭[10]。

重塑出行
自动驾驶时代的"出行即服务"

"自行车永远有先行权！"在荷兰，骑自行车的人在交通规划中被优先考虑。在格罗宁根镇（Groningen）可以看到一个令人印象深刻的例子，如今那里有一半的居民骑自行车出行。这是因为老城区被细分为4个区域，汽车不允许从一个区域横跨到另一个区域，而必须绕着环形公路走。骑自行车更快更方便，因为你可以轻松地在4个区域之间穿梭。

"禁止汽车进入！"许多城市规划者都采用了这一座右铭，单车道、出入口通道或整个市中心地区至少定期禁止汽车通行。这样做的目的是促进微出行。还记得巴塞罗那的超级街区只允许车辆在特定时间进入吗？这创造了开放的区域，不仅可以用于娱乐和游戏，还可以用于自行车和滑板车交通。一个有趣的意外之喜是：健康保险公司报告说，人们的身心健康都得到了改善。

"为自行车腾出空间！"许多城市正在努力通过缩小街道和停车区并将这些地皮用于自行车道和人行道来扩大微出行的空间。在奥斯陆，市中心已经拆除了1000个停车位，许多街道已经禁止汽车通行。相反，该市在市中心外围创建了9000个停车位。同时，自行车租赁网络使通勤者能够从市中心前往周围的停车区。此外，居民在购买电动自行车时能够获得补贴。

"选择多式联运！"正如我们一再强调的那样，微出行主要适用于第一千米和最后一千米，也就是说，自行车和滑板车只能覆盖出行链的一部分，拼图的其他部分是公共汽车、火车和汽车。要想给客户提供全方位的出行体验，就必须将不同的交通方式连接起来。例如，柏林目前正在使用Jelbi应用程序将公共交通网络与所有私人出行服务连接起来，该程序允许出行者使用多种交通方式。

第七部分
城市引领潮流

"连接郊区！"在许多城市，与交通有关的主要政策挑战是将外围地区连接到交通网络。为偏远的居民区提供公共汽车和火车交通在经济上往往是不可行的。在这些情况下，微出行可以提供帮助。以哥本哈根为例，那里创建了自行车和电动滑板车的"高速公路"。这些双车道公路穿过桥梁和隧道，现在覆盖了大约200千米的距离——丹麦人正在广泛使用它们，由此每年可以减少大约数百万千米的汽车旅行。

"制定一些规则！"微出行市场正在蓬勃发展，许多公司纷纷涌入。在像巴黎这样的城市中心，自行车和电动滑板车杂乱无章地堆在每个人行道的角落上，它们可能会绊倒行人，从而导致居民投诉。巴黎市长宣布，她将结束这无节制的增长，并将运营商的数量限制在3个。未来，每个供应商需要许可证来最多运营5000辆滑板车。此外，该市计划建立专门的停车区，这样车辆就不会再阻塞人行道了。另一个问题是事故数量不断增加，尤其是电动滑板车和电动自行车的事故。不仅是在巴黎，在其他城市也都看到了这一类的现象，政府官员们需要尽快采取行动。

—— **需要规则吗** ——

竞争有利于企业发展！至少这是传统的智慧，尽管它并不总是适用。这里有一个例子：在大多数美国城市，由于大萧条（the Great Depression）结束后的经济和社会状况，出租车行业在20世纪20年代末和30年代初受到政府的监管，结果导致很高的失业率和很低的收入。解决方法是降低监管进入门槛，这实际上是邀请人们开设出租车服务。许多人决定这样做，他们所要做的就是租一辆车，挂上出租车的牌子，他们就可以运行了。然而，激烈的价格战很快接踵而至，谁都想做最便宜的那家从而获得更多的客人。1933 年,《华盛顿邮报》报道说，数百名没有经验的司机租用各种汽车提供出租车服务。一名司机承认多年来没有驾驶过汽车，结果可想而知——许多行人和骑自行车的人受伤，因为出租车司机互相争抢乘客。此外，司机的工作条件恶化，收入直线下降。

因此，经营出租车服务需要许可证，这个规定一直有效，直到 20 世纪 80 年代。当时，有一些城市无法抵抗再次尝试的诱惑。市场经济的逻辑表明，如果取消价格管制和市场壁垒，市场将扩大，价格将下降，客户等待时间就会减少，出租车公司的业绩将得到改善。这乍一看似乎很有道理，然而，如果出租车数量增加而需求没有增加，则会导致每位司机和车辆的乘客数量减少。经济上的反弹是残酷的：原先受雇于出租车公司的司机被迫自谋职业。尽管工作时间更长，但他们的收入却更少。许多城市决定反其道而行之，重新引入许可证模式以保护现有的出租车公司。

我们的结论是什么？放宽管制并没有改善顾客的处境，相反，在所有城市，乘坐出租车的费用实际上比管制时更昂贵。这一认识对于当前关于如何设计城市微出行的辩论非常重要。我们之前报道过，巴黎颁发许可证的目的是实现两个目标：阻止自行车和滑板车的无序扩张，并为剩余的公司创造收入和盈利的机会。这可能是最好的方法——制定规则，对有时限的许可证进行招标，允许预先确定运营商的数量，并在适当的时间后重新招标。需要明确的是，这并不是对国有计划经济的呼吁。但是，一个完全没有管制的市场可能会从一开始就破坏新兴起的微出行,这是我们必须防止的。我们需要微出行,这是减少噪声和排放并重新夺回当前专门用于交通的区域的唯一途径。

然而,过于严格的法规也是事实,它会阻止市场的发展,限制竞争的出现,并对顾客体验造成限制。由于管理网约车服务的法规,优步、来福车、格步及其竞争对手无法在欧洲扩张。我们只需要看看美国,特别是优步和来福车提供了更好的服务,等待时间更短,同时通过应用程序自动计费还增强了顾客体验。此外,私人司机拥有的车辆通常比出租车更新、更安全、更干净。

第二十四章
还有另一种方式

—— 一切都与激励有关 ——

现在让我们转向一个重要的问题。自动驾驶汽车的"出行即服务"能否真正解决许多城市正在经历的重大交通问题呢？现在已经有许多关于这个主题的研究，根据研究的重点和研究目的以及其基本假设的不同，所有这些研究都得出了不同的结论[1]。虽然一些人预测使用自动驾驶座舱和自动驾驶穿梭巴士将导致额外的交通流量，但也有人为认为，这一举措将减少道路上的车辆总数。

与往常一样，这里需要采取一种细致入微的方法——正如下面的讨论所示。首先，让我们花点时间再次想象一下出行的新世界：自动驾驶座舱和自动驾驶穿梭巴士在城市的街道上行驶，在乡村间穿梭，但这些交通工具并非私人所有，相反，它们由市政公用事业公司或其他运营商提供。当我们想去某个地方时，我们可以使用应用程序来预约车辆。出

第七部分
城市引领潮流

行平台将自动驾驶汽车和自动驾驶穿梭巴士与公共汽车和火车服务连接起来，远程操作中心通过控制这些车辆来优化交通流量。现在问题来了：这会导致流量增加还是减少？

无论支持某一结果的争论多么激烈，最终问题的根本都要回归到最初的假设上去。有些人认为我们的出行行为不会改变——未来的我们将像现在一样继续独自驾驶汽车[2]，只是主要出行工具变为了自动驾驶座舱。以前不能开车或根本不被允许开车的人，例如青少年、老年人和残疾人，也可以通过这种方式自由出行。结果将导致更多的交通流量！其他人则认为，当引入"出行即服务"时，我们需要从一开始就提供正确的激励措施，以让尽可能多的出行者使用自动驾驶穿梭巴士而不是自动驾驶座舱。假设我们有能力改变人们的出行习惯，那么就有可能证明，运送旅客所需的车辆将比过去少得多。这将导致更少的交通流量！

但这次讨论确实让我们得出了一个重要的结论：为了让"出行即服务"为减少而非增加交通流量铺平道路，人们的出行行为必须改变。我们需要有能够为一人、两人或家庭提供服务的座舱，因为有些类型的旅行需要一定程度的隐私——比如去面试、去约会或者去剧院；运送老人、病人或残障人士，或者当你需要去演讲，或者与你的伴侣或孩子一起享受美好时光的时候。但是，自动驾驶座舱绝不能成为我们的主要交通工具。载有8名、10名、12名或16名乘客的自动驾驶穿梭巴士将不得不承担主要的交通压力——类似于公共汽车和火车服务，但在时间安排和停靠站点方面具有更大的灵活性。由于步行距离和等待时间较短，它们对乘客来说更方便，同时还减少了乘客换乘其他交通工具的需求。作为公共交通的完美补充，自动驾驶穿梭巴士确实应当承担绝大部分的乘客运输。否则，就会存在增加

重塑出行
自动驾驶时代的"出行即服务"

交通流量的风险。每个人都赞同的一件事是，只有当一个高度完善的"出行即服务"系统能够真正减少交通流量时，社会才能获得所有这些好处。

因此，如果人们不愿意采用自动驾驶穿梭巴士作为一种交通方式，那么是时候考虑采取激励措施了。这不仅意味着财政和税收优惠，还意味着，在城市交通中，自动驾驶穿梭巴士也会得到优先考虑。此外，作为一种促销手段，公司可以支付个人的自动驾驶穿梭巴士费用。这里有无穷无尽的关于可以采取的激励措施的想法！但其他方法也是可能的：如前所述，一些城市正在尽最大努力通过缩窄车道、关闭道路和减少停车位等方式让人们放弃驾驶私家车。无论如何，"出行即服务"不仅是一个围绕应用程序、出行平台和自动驾驶汽车的技术挑战，也是一个社会挑战。成功改变出行行为意味着，用产品和服务取悦人们，并通过创新和激励措施赢得他们的青睐！

—— 城市类型和交通概念 ——

"出行即服务"能否在每个城市都同样出色地运作？这个概念是解决全球所有交通问题的灵丹妙药吗？这似乎不太可能。这就是为什么我们应该研究一些城市原型，每个原型都有自己的特征：人口密度、居民数量、总面积等。这些特征将决定"出行即服务"是否是改善城市交通状况的正确概念。也许在研究某些类型的城市时，我们会发现公共汽车和铁路服务需要扩展，而自动驾驶座舱和自动驾驶穿梭巴士无法真正提供帮助。以下讨论的研究结果来自慕尼黑波士顿咨询公司和圣加伦大学（University of St. Gallen）出行研究所的联合研究[3]。

第七部分
城市引领潮流

典型城市

研究人员最初的想法是使用多种标准来描述选定的 44 个城市，例如它们的拓扑结构、密度、大小、位置、年龄、道路布局和路线模式，然后再用数学和统计方法来识别特定类型的城市。图 24.1 显示了按城市结构划分的 5 类大都市圈（metropolitan area）。图像中的每个点都代表一块土地的用途：住宅区、购物区或工业区、游乐园、学校场地等。这 5 类大都市圈的具体描述如下[4]：

紧凑的中型城市：柏林、蒙特利尔、布拉格、圣彼得堡、西雅图、温哥华、维也纳。

汽车中心城市：亚特兰大、底特律、迪拜、洛杉矶、墨尔本、利雅得、多伦多。

蓬勃发展的创新中心：阿姆斯特丹、巴塞罗那、波士顿、里斯本、罗马、旧金山、特拉维夫。

新兴城市中心：曼谷、布宜诺斯艾利斯、香港、墨西哥、莫斯科、孟买。

高密度大都市圈：北京、新德里、伊斯坦布尔、雅加达、纽约、圣保罗、上海。

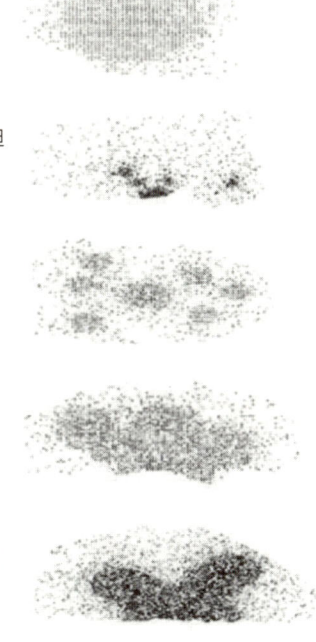

图 24.1　5 种典型城市的结构

来源 Original material.

重塑出行
自动驾驶时代的"出行即服务"

紧凑的中型城市（compact, medium-sized cities）的特点是，居民居住在市中心附近，其中许多人也在市中心工作。这意味着人们能使用所有可用的交通方式——有时是汽车，有时是公共汽车，有时是火车。此外，他们还会转向各种形式的微型交通工具，尤其是自行车。与此同时，步行也将起着越来越重要的作用。这类城市的例子包括柏林、蒙特利尔、布拉格、圣彼得堡、西雅图、温哥华和维也纳等。

汽车中心城市（car-centric cities）拥有高密度中心（high-density centre）和分布广泛分散的工作地点和住宅区。这些城市的公共交通系统不是很发达，因为公共汽车和火车无法到达高度分散的住宅区。这意味着，汽车是主要的交通方式，而这将导致通往市中心的道路在早晚高峰出现交通拥堵。此类大都市的例子包括亚特兰大、底特律、迪拜、洛杉矶、墨尔本、利雅得和多伦多等。

蓬勃发展的创新中心（flourishing centres of innovation）显示出惊人的经济增长，并拥有多个中型中心（medium-sized centres）。此外，这类城市大多都有历史街区，而这些街区的车道往往十分狭窄且蜿蜒曲折，这对现代交通路线无疑也是一大挑战。鉴于这样的城市结构已经演化发展了几个世纪，故而私人和公共交通工具都可以在城市里找到。此类城市的例子包括巴塞罗那、波士顿、伦敦、旧金山、新加坡和特拉维夫等。

新兴城市中心（up-and-coming urban centres）正在经历巨大的人口和经济增长。此外，这些城市的中心人口特别稠密——这极大程度上限制了交通基础设施的发展。这些大都市区的副中心（sub-centres）通常位于河流沿岸。由于这些城市的交通状况极具挑战性并且经常出现混乱，人们倾向于使用公共汽车和火车作为出行交通工具。此类城市的例子包括曼谷、布宜诺斯艾利斯、墨西哥城、莫斯科、孟买和深圳等。

高密度大都市圈（High-density metropolises）是年轻的现代化城市，其特点是人口快速增长，每天都有成千上万的人涌入其中。有几个边远的中心位于人口非常稠密的城市核心周围。由于这些城市相对较新，它们的街道通常彼此呈直角布置。然而，在这些城市中，现有的交通选择往往难以满足持续增长的交通流量。此类城市的例子包括伊斯坦布尔、雅加达、新德里、纽约、圣保罗和上海等。

让我们再看看这些模式。一个城市的扩张方式及其居住结构本身就足以决定各种交通方式的优缺点。一个紧凑的中型城市最好由铁路和公路组成的星形交通系统提供出行服务，这将使居民能够在市中心的工作地点和郊区的住宅区之间轻松、快速地通勤。相比之下，一个蓬勃发展的创新中心最好由几个像自治城市一样运作的城市中心组成。人们可以通过电动滑板车、电动自行车甚至步行的方式轻松往来于这几个城市副中心。然后，火车服务可以在连接各个副中心的环线上运行。正如我们所看到的，这些不同类型的大都市圈对汽车、火车、微型交通工具以及自动驾驶汽车等交通工具的运用可能不尽相同。

模拟

为了模拟选定的44个大都市区的交通状况，我们需要大量的交通数据，以明确上述5类大都市圈的划分依据，即各类大都市区中各种交

重塑出行
自动驾驶时代的"出行即服务"

通工具的使用程度。这里举一个十分浅显易懂的例子[5]：在以汽车为中心的大都市地区，人们使用汽车完成近 60% 的出行，因此一切都围绕着汽车。而在新兴城市中心和高密度大都市圈，这一数字不到 30%（图 24.2）。这有什么区别吗？

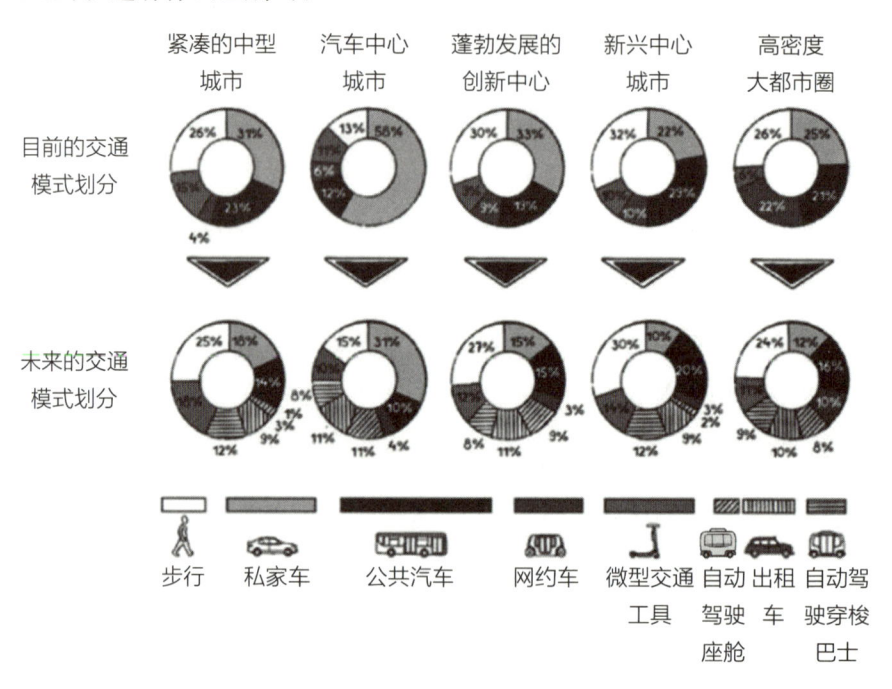

图 24.2 使用自动驾驶车辆带来的交通模式划分变化

来源 Original material.

能否通过自动驾驶汽车的"出行即服务"来改善交通状况？各类城市最佳的交通组合方式是什么？要回答这些问题，我们首先要制定我们的标准。我们想要达到的"最好"，是指尽可能减少交通流量，减少致命事故的发生次数，减少出行时间和运输成本，减少停车位数量以及减少汽油或电力的消耗。可供考虑的是 3 种类型的自动驾驶汽车：最多可容纳 2 人的座舱，最多可容纳 5 名乘客的出租车，以及最多可容纳 15

第七部分
城市引领潮流

名乘客的自动驾驶穿梭巴士。

所有这些数据以及包括每个大都市地区的交通状况和基础设施情况等在内的其他信息，都会被输入到模拟中。例如，车辆的平均速度，公共交通路线，停车位的数目及位置，汽车、公共汽车和火车的平均载客量，微型交通工具等信息，都将被持续追踪。需要注意的是，执行这种用于确定未来最佳交通方式划分的模拟是为了改进上述标准。

我们来看一看模拟的最终结果，在高密度大都市圈中，自动驾驶的座舱、出租车和穿梭巴士将占到出行的27%。这意味着私家车的使用占比将从25%减少到12%（图24.1）。在这里，我们应该注意到，公共汽车和火车服务将继续在所有城市中发挥关键作用。幸运的是，随着自动驾驶汽车数量的增加，私家车将被挤出市场。

— 方案 —

更重要的是，通过使用自动驾驶汽车，交通状况真的可以得到改善吗[6]？图24.3显示了基于从今天到2030年的两种情景的预测变化。如果目前的模式划分方式没有改变，考虑到44个城市预计会出现的人口和经济增长，我们预期将带来以下影响：交通流量将会增加，致命事故的数量将会增多，等等。另外，如果像前面描述的那样，自动驾驶的座舱、出租车和穿梭巴士开始发挥作用，我们应该会看到显著的改进：尽管出行人数大幅增加，但致命事故的数量将下降，停车位的数量也有望减少。

重塑出行
自动驾驶时代的"出行即服务"

与 2020 年相比的变化

	到 2030 年，还和过去一样	到 2030 年，有了自动驾驶车辆
交通量	+6%	−4%
致命事故	+4%	−37%
能源消耗	+1%	−12%
停车位	+8%	−35%
运输成本	+1%	−13%
运输时间	≈ 0%	−3%

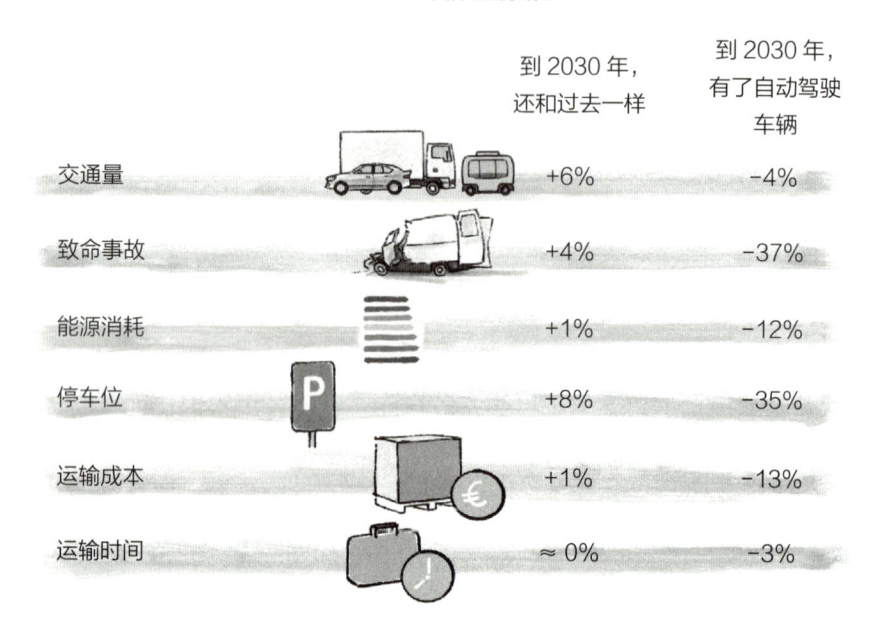

图 24.3　两种情况下的交通状况预测

来源 Original material.

我们究竟该怎么办呢？未来的城市会是什么样子？应该考虑什么样的交通方式？为了有效利用自动驾驶汽车的潜力，城市规划者必须迎接挑战，为大都市地区开发并实施新的交通概念。在下文中，我们侧重于不同的交通方式，提出了 4 种方案。图 24.4 展示了这些城市在不久的将来的样子。

方案 1：减少私家车。许多大都市地区已经在努力将私家车赶出市中心。例如，斯堪的纳维亚国家正将资金投入到火车和公共汽车等公共交通工具上，直到自动驾驶座舱和自动驾驶穿梭巴士可供广泛使用。除了各种形式的驾驶禁令和费用外，许多城市现在还在推广具有相似应用程序的平台，以整合各种交通方式，造福旅行者。

第七部分
城市引领潮流

方案 1：减少私家车
城市只允许有限数量的汽车，并扩大公共交通（公共汽车、火车）

方案 3：专注于自动驾驶穿梭巴士
城市部署可搭载 8~15 人的穿梭巴士，它代表着私人和公共交通工具之间的中间地带

方案 2：更多的微出行
城市提倡使用电动自行车和电动滑板车，并限制汽车数量

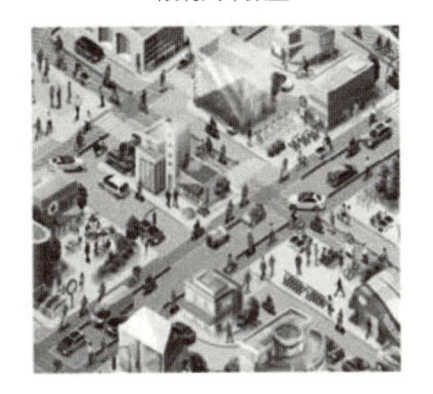

方案 4：专注于自动驾驶座舱
城市选择搭载一个或两个乘客的座舱，在需要时可以使用应用程序进行呼叫

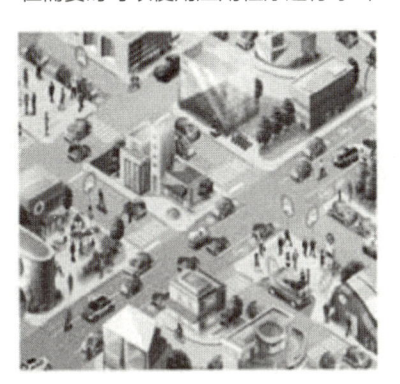

图 24.4　未来城市的方案

来源　Original material.

方案 2：更多的微出行。多年来，哥本哈根、斯德哥尔摩和奥斯陆等城市一直选择在中央住宅区和商业区扩建微出行专用车道。然而，要做到这一点，必须说服人们共享电动自行车和电动滑板车，并将多种交

275

通方式结合起来，以便在城市以外的地方出行。与此同时，限制城市地区汽车通行的法规正在生效。

方案3：专注于自动驾驶穿梭巴士。未来几年，这些车辆可能会在最先进城市的市内运输中发挥重要作用。由于它们的载客量比公共汽车和火车少，但比私家车多很多，因此被认为是一种混合交通方式。虽然自动驾驶穿梭巴士有规划好的固定停靠点，但它们也可以中途停车以满足乘客的个人需求——这将是迈向未来的重要一步。

方案4：专注于自动驾驶座舱。这种形式的汽车很快也会在一些大都市地区崭露头角。就像出租车和网约车一样，自动驾驶座舱的行驶路线十分灵活，没有预先确定的固定停靠点。自动驾驶座舱为人们提供了一个相对私人的环境，人们可以选择独自或结伴出行，而不必考虑其他出行者的需求。可以说，自动驾驶座舱在城市规划者构想的未来城市的愿景中发挥着重要作用。在前文中我们说到，自动驾驶穿梭巴士的主要目的是担负主要干道上的交通流量，而自动驾驶座舱则是对自动驾驶穿梭巴士的完美补充。

交通规划

这4种方案对所考虑城市的交通流量、致命事故数量、出行时间和运输成本、停车位数量以及汽油或电力的消耗水平有什么影响？或者换句话说，4种方案最适合哪种典型城市。为了确定这一点，我们进行了另一个模拟来检测4种方案对每个类型城市交通状况的影响，结果如图24.5所示[7]。

第七部分
城市引领潮流

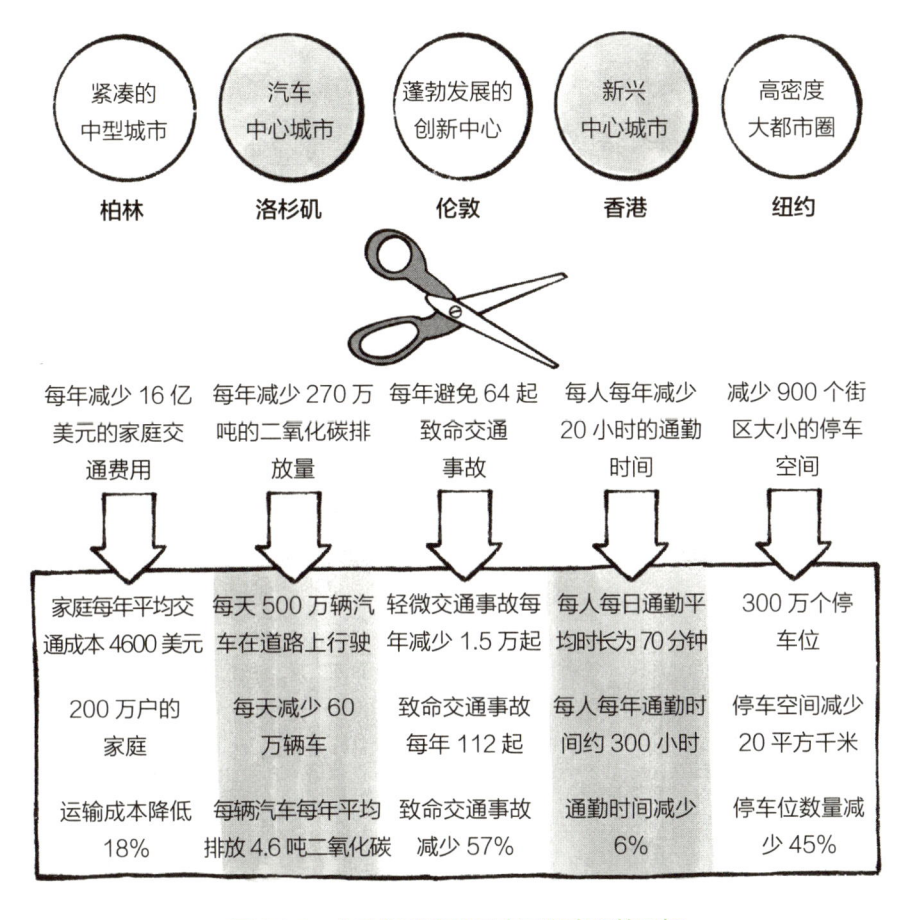

紧凑的中型城市	汽车中心城市	蓬勃发展的创新中心	新兴中心城市	高密度大都市圈
柏林	洛杉矶	伦敦	香港	纽约
每年减少 16 亿美元的家庭交通费用	每年减少 270 万吨的二氧化碳排放量	每年避免 64 起致命交通事故	每人每年减少 20 小时的通勤时间	减少 900 个街区大小的停车空间
家庭每年平均交通成本 4600 美元	每天 500 万辆汽车在道路上行驶	轻微交通事故每年减少 1.5 万起	每人每日通勤平均时长为 70 分钟	300 万个停车位
200 万户的家庭	每天减少 60 万辆车	致命交通事故每年 112 起	每人每年通勤时间约 300 小时	停车空间减少 20 平方千米
运输成本降低 18%	每辆汽车每年平均排放 4.6 吨二氧化碳	致命交通事故减少 57%	通勤时间减少 6%	停车位数量减少 45%

图 24.5　自动驾驶穿梭巴士可以实现的目标

来源 Original material.

　　对于像维也纳和西雅图这样的紧凑的中型城市，减少私家车（方案1）将是最有效的。这些城市中心已经拥有发达的公共汽车和火车网络，此外还有电动自行车和电动滑板车可以作为补充。特别是，这将减少交通流量、停车位数量和致命事故的数量。举个例子，这种方案每年可将柏林的运输成本降低约 18%，从而节省约 16 亿美元。

　　包括墨尔本和多伦多在内的汽车中心城市，其特点是住宅区分布广

277

重塑出行
自动驾驶时代的"出行即服务"

泛且分散，公共交通系统极不发达。通过引入自动驾驶穿梭巴士（方案3），可以大大减少致命事故的数量以及停车所需的空间。这一方案还将消除洛杉矶对约60万辆私家车的需求，从而每年减少约270万吨的二氧化碳排放。

阿姆斯特丹和新加坡等蓬勃发展的创新中心的特点是，它们有几个不同的中心。在工作时间，这些中心之间有大量的交通往来，通过定期运行的自动驾驶穿梭巴士可以很好地处理这些流量（方案3）。此外，这还可能导致致命事故的数量和停车所需空间的显著减少。仅在拥有多个中心的伦敦，每年就可以避免60多起（减少57%）致命事故和1.5万多起轻微事故的发生。

在新兴中心城市，特别是曼谷、墨西哥城、孟买和深圳，基础设施发展的选择受到极端城市密度的限制。这就是微出行（方案2）的用武之地：它可以与公共汽车和铁路服务结合使用，以管理随着人口增长带来的交通量。通过增加电动自行车和电动滑板车的使用，香港每个通勤者每年在通勤上花费的时间可以减少约20小时。

在北京、伊斯坦布尔、雅加达和新德里等面临着人口爆炸性增长和交通流量快速增加的高密度大都市圈，部署自动驾驶穿梭巴士可能是有效的（方案3）。它们至少可以取代部分的私家车、出租车和所有网约车服务，这将有助于使这些城市的交通更环保、更安全、更实惠。此外，这还将减少停车占用的空间：以纽约市为例，我们谈论的是900个街区，每个街区有80米×274米大。

下一步我们该做什么？首先，让我们看看维也纳，一个紧凑的中型城市，其目标是大幅减少汽车交通。除了必要的宣传工作和扩大公共交通，还必须缩窄甚至关闭某些街道，并制定昂贵的市中心停车费用标准。由于居民主要进行短途出行，因此投资微出行的基础设施是有意义的。亚特兰大是一个汽车中心城市，它正面临着另一种挑战：公共交通不足，而且住宅区和市中心之间的距离很远，所以微出行几乎没有用处。因此，一切都以汽车为中心。在这种情况下，该如何说服人们使用自动驾驶穿梭巴士呢？试点项目可能是吸引通勤者关注"自动驾驶穿梭巴士"这一概念的第一步。然后，可以逐步扩大自动驾驶穿梭巴士的服务区域，并设置单独的自动驾驶穿梭巴士车道。

—— 结论 ——

在本节中，我们学到了一个重要的教训：没有一个单一的交通概念可以解决世界上所有城市和地区的所有交通问题。虽然很遗憾，但这在我们的意料之中！然而，我们可以通过以下3个步骤帮助各个大都市地区明确其可以采取的解决方案。首先，可以通过人口密度、居民人数和总面积等特征明确每个城市属于哪一类典型城市。然后，根据归属典型城市的不同，进一步提出相应的指导交通政策的建议。例如，是否应该扩大微出行，还是说选择公共汽车和火车服务或自动驾驶穿梭巴士会是更好的选择。最后，将上一步提出的交通政策建议转化为切实的行动，例如通过缩窄车道和在市中心创建30千米/时的限速区来鼓励微出行。

使用自动驾驶穿梭巴士将有助于防止事故发生，减少排放和噪声，并回收目前被交通占用的空间。显然，这种交通方式不会在每个城市都

重塑出行
自动驾驶时代的"出行即服务"

带来所期望的成功。因为很明显,自动驾驶共享汽车并不是解决世界上所有交通拥堵问题的灵丹妙药。但是,如果在正确的地点使用,它们就可能产生重大影响。

第八部分
PART 8

"出行即服务"的社会效益

第二十五章

就业与繁荣

"出行即服务"牵扯甚广

有些人不惜一切代价要推广自动化、智联化、电动化的交通工具，而另一些人则仍然反对它的推行。一旦他们意识到这种交通是在多式联运的基础上共享和组织起来的，许多人的恐惧几乎变得显而易见。他们的反对意见通常集中在假想的"出行即服务"对个体的缺点上：

"我不会再有属于自己的车了；我将不得不使用多种交通方式；我将不再像拥有自己的汽车时那样灵活自由；我可能需要提前计划我的旅程；我不能说走就走；我不想改变我的出行方式……"

诸如此类的言论不胜枚举，而我们也十分清楚这些争论的存在。

然而，一旦人们真正开始体验"出行即服务"，这些担忧很可能就不再存在了。此时人们的讨论会转向另一个完全不同的方向：

"不需要维修汽车；旅途中有属于自己的时间；不再发生事故；更

少的交通拥堵；更少的排放；更宜居的城市；不再需要寻找停车位；方便的点对点出行；不必在雨中步行走到停车场……"

类似上述的言论还有许多。而对于视障者来说，他们可能还会补充道："我终于拥有了出行自由；不会再被优步司机拒绝了；再也不用依靠别人才能出行……"

无论如何，包括我们作为作者在内，没有人要求人们放弃私家车。然而，交通运输的社会成本确实太高了，需要降低，因此我们需要说服那些仍然固守现状的人改变想法。而只有在出行转变带来的经济影响激发起消费者的愉悦和信心时，这一点才能实现。然而，在一些以汽车工业为主的国家，几乎每天都会提到与这种转型相关的风险。"出行即服务"真的能带来高度的繁荣吗？汽车行业及其众多供应商所提供的岗位将会发生什么变化？收入和税收又将如何变化呢？

有一件事是肯定的：汽车制造商和供应链上的公司都面临着有史以来最关键、影响最为深远的转型。一些公司已经通过与其他科技公司合作或独立运作的方式，向集成硬件或软件公司的方向转型。其他公司正在重新进行构想，计划向出行公司转型，开发多式联运系统，参与出行平台的搭建并提供乘车服务，甚至帮助设计未来的城市——想想丰田及其提出的"编织之城"项目。但是一些公司，实际上是相当多的公司，仍然固守他们传统的商业模式——生产汽车，并希望这场出行变革不会来得太快或者太触及根本。过去，这些公司总是可以依靠国家——汽车行业从未被放任自流。

"出行即服务"牵扯甚广。全球汽车行业从业人员约 900 万人，我们很清楚地记得，在新冠疫情之前，行业的总营业额超过 2 万亿美元。

第八部分
"出行即服务"的社会效益

另有 5000 万人在与汽车生产密切相关的公司里工作[1]，包括进口商、经销商、维修人员等。再想想有多少零部件供应商呢？仅在德国，就有约 5% 的工作岗位在一定程度上是与汽车行业密切相关的，因此人们担心和恐惧是很自然的。一组数字预测，在美国，由于出行行业的快速转型，可能会失去多达 400 万个工作岗位[2]。事实上，技术变革几乎总是在短期内带来失业或转型。但同样真实的是，许多新技术也确实提高了生产力，改善了生活质量，催生了新的产业和部门，并最终创造了新的、更好的就业机会。而"出行即服务"，以及支撑它的自动驾驶技术、应用程序和出行平台，可能也会做到这一点。

在一份有趣的报告中，大卫·蒙哥马利（David Montgomery）等人预测，美国的失业率最初会在 21 世纪 30 年代和 21 世纪 40 年代上升，但随后会显著下降[3]。而出行方式的转变不仅会带来社会成本，还会带来巨大的社会效益：更少的事故，更少的拥堵，更少的噪声和空气污染，以及在城市中心有更多的空间。但是，是否有任何数字可以支持这一讨论呢？

弗劳恩霍夫协会（Fraunhofer Society）——一家德国领先的研究机构，与大众汽车合作，计算了用电力驱动取代内燃机会对就业的影响[4]。他们估计，到 2029 年，就业率将下降约 12%。然而，令人惊讶的是，这些工作岗位的流失实际上与驱动模式本身的变化几乎没有多少关系，它更有可能反映的是汽车销售和生产流程改进的总体趋势。至少就制造商而言，那些经常被提及的噩梦场景似乎就是这样。

然而，对于供应商来说，情况并不那么乐观。读者们应该还记得，一台内燃机大约有 2500 个部件——是制造一个电动机所需部件的 10 倍，电动机仅需大约 250 个部件。弗劳恩霍夫协会的综合计算表明，这意味着所需员工的数量会减少 70%。这向我们表明了需要采取行动的地方：减轻许多传统上生产内燃机零部件的中小型供应商的压力，并支持其向新产品和新商业模式的过渡。这对许多国家的经济政策来说是一个挑战。但电动汽车也代表着机遇，包括在各种组建的电池生产、冷却和管理系统，以及整个充电基础设施等方面。

—— 出行就是一切 ——

有时候，不仅只有展望未来是重要的，回顾过去也是值得的。众所周知，历史往往会重演，下面有两个统计数据特别有趣：温德尔·考克斯（Wendell Cox）和珍·洛夫（Jean Love）将州际公路系统（interstate highway system）的建设描述为美国有史以来做出的最佳决定。他们计算出，在该项目上每投资 1 美元，国家就能获得超过 6 美元的回报。同样，笔者认为，互联网的发展是一个和上面例子类似的成功故事，统计数据表明，这种连接人、产品和企业的方式将生产力提高了约 10%[5]。

这两个例子的共同点在于缩短了距离——几乎所有行业都持续从这一要点中受益。但这不仅仅是距离的问题：新的行业和新的参与者也如雨后春笋般涌现。截至 2021 年年底，亚马逊、苹果、脸书、谷歌和奈飞的总市值接近 8 万亿美元——这是一个十分惊人的数字！相比之下，领先的汽车制造商的市值不到 1 万亿美元。很明显，拥抱进步是有回报的。当然，动荡也是艰难的，并且往往会带来社会困难。但是，不惜一切代价保护一个行业并不是一个长期的选择。而这正是传统汽车行业和

第八部分
"出行即服务"的社会效益

正在兴起的出行行业所面临的困境。所以，继续向前看，不断向上发展吧！事情不一定会变得更糟，相反，它们可能会变得更好。

缩短距离显然是关键。一些有趣的统计数据显示：早晚高峰时段的车速提高 10%，可以使通勤范围内的工作岗位增加 15%~18%[6]，另外公司也能从中受益——他们在招聘时有更多的候选人可供选择，使他们能够获得技能水平更高的劳动力。雷米·普鲁德（Remy Prud'homme）和李昌云（Chang-Woon Lee）估计，这可以将个体工商户的生产率提高 3%[7]。无论你是否接受这个数字，它都向我们表明，人们能够在 1 小时的通勤过程中尽可能到达更远的地方这一点是多么重要。读者们应该还记得，我们在第一部分第二章中讨论过这个问题。

让我们将讨论范围扩大到伦敦和俄亥俄州。30 分钟的车程使通勤者能够到达大约 1.2 万家商店、公司和机构，它们总共雇用了 25 万人。现在的想法是以自动驾驶穿梭巴士的形式用"出行即服务"取代手动驾驶的车辆。如果当地居民减少 40 分钟的通勤时间，利用这段时间在自动驾驶车辆上工作，那么在通勤距离之内，他们将会到达 3.8 万家公司以及它们所提供的约 80 万个工作岗位。这意味着将会产生 55 万个额外的就业机会，对企业和个人而言都是十分重大的进步，这全都归功于全新的出行方式！

图 25.1 显示了另外 4 个美国城市的研究结果[8]。无论在哪个城市，都出现了相同的情况：用自动驾驶穿梭巴士取代手动驾驶的车辆，使更多的工作机会触手可及。在这 4 个城市中，增幅都超过 100%，其中 3 个城市增幅甚至超过了 200%。诚然，通勤者需要经历更长的出行时间，但他们不再需要自己开车，车辆将代替人们完成这一切，同时他们可以

> **重塑出行**
> 自动驾驶时代的"出行即服务"

利用这段时间做一些有意义的事情。关键点在于，必须要明确在哪些城市或地区提供更加流畅、快捷的交通，能够让就业机会得到显著改善。对于交通规划人员来说，这是一项至关重要的任务。

城市	乘坐自动驾驶汽车30分钟内所能到达的额外工作场所数量	乘坐自动驾驶穿梭巴士和座舱40分钟内所能到达的额外工作场所数量	增长
尼尔斯－本顿港，密歇根州	63035	206945	228%
加里，印第安纳州	388802	1225216	215%
埃尔迈拉市，纽约州	58636	123805	111%
威尔明顿市，特拉华州	492500	1479969	201%

图 25.1　通过不同的交通方式可以到达的额外工作场所数量

来源　改编自《保障美国未来能源：美国劳动力和自动驾驶的未来》（2018）。

第二十六章
多一点生活，少一点交通

于是，我们又回到了最初的话题。在第一部分第三章中，我们讨论了出行的成本，例如交通堵塞、频发的交通事故、噪声和污染，以及交通运输所需的巨大空间。现在我们开始考虑，使用自动驾驶座舱和自动驾驶穿梭巴士的"出行即服务"可以在多大程度上帮助降低这些成本。"出行即服务"必须在改善个人出行方式的同时，做到削减与之相关的社会成本。这可能是一个挑战，但我们相信它会带来回报。

更少的交通堵塞

驾驶员的行为几乎总是交通堵塞的根源，这一点不足为奇。大多数延误往往是由突然的操作引起的，这些操作会让其他交通参与者感到意外。我们都知道这里的"突然操作"指的是什么：突然刹车、突然加速、不可预测且没有信号的变道，这些行为都会阻碍车辆的顺畅驾驶，取而代之的是走走停停的交通或交通堵塞。观察结果还证实，高交通流

> **重塑出行**
> 自动驾驶时代的"出行即服务"

量会导致堵塞[1]——没有人对此表示异议。然而，令人惊讶的是，即使交通流量适中，堵塞仍然会发生。这是为什么呢？一个主要原因是各位驾驶员的驾驶操作完全没有相互协调，每个驾驶员只考虑到了自己的驾驶操作。

这就是自动驾驶汽车的用武之地。正如我们在第三部分第十章中所述，它们能够相互通信以及与基础设施通信，因此驾驶操作将更加协调，可以使更多的车辆沿着预设的道路行驶。这将提高汽车行驶的平均行驶速度，缩短车与车之间的距离，从而实现更高的吞吐量。图 26.1 说

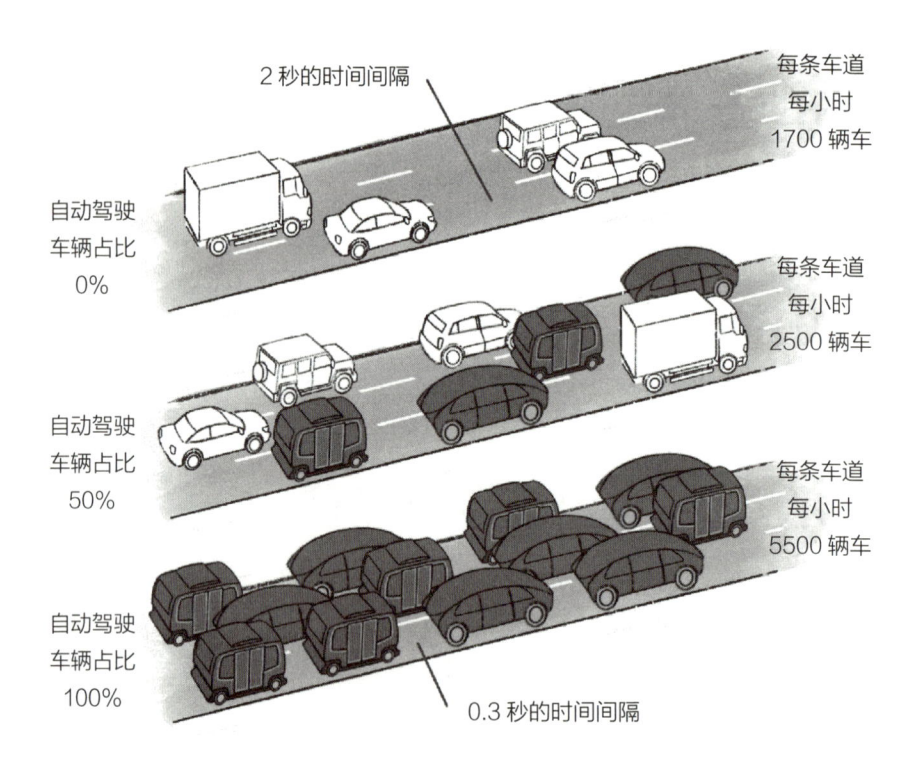

图 26.1 通过使用自动驾驶车辆提高交通吞吐量

来源 https://www.kgd-a.org/laureates/en/phoebe-crisman-the-elizabeth-river-project-3nc64-sxd4d.

明了这一点[2]：交通运输工程（transportation engineering）的既定规则之一，是一条车道每小时可以运载大约1700辆手动驾驶的汽车。但是，如果这些汽车中有50%是自动驾驶的，那么容量将增加到每小时2500辆汽车。一旦这个转变完成，道路上的所有车辆都是无人驾驶车辆，容量将再次增加，增加到5500辆以上，这意味着交通堵塞将得到显著缓解。

但是，为什么车道的容量会上升？产生这种更高的交通吞吐量的原因是什么？这里有两个方面很重要[3]：第一个是间隔，即一辆车和下一辆车之间的距离——可以量化为大约2秒。对于自动驾驶汽车，在100千米/时的速度下，这个间隔可以大大减少到0.3秒。第二个关键因素是"行动点"（action point），即两次驾驶操作之间的时间间隔，例如加速和刹车或保持稳定速度和切换车道。驾驶员在两个操作之间切换需要0.5~1.5秒，但无人驾驶车辆只需0.1秒。因此，自动驾驶汽车在间隔和行动点上的表现都优于人类，这就是为什么拥有更多的自动驾驶汽车会增加任意交通车道的容量的原因。

—— 更少的交通事故 ——

尽管我们可能不愿意相信，但机器确实比人类更能胜任驾驶员的角色。当然，无人驾驶汽车也会发生事故。我们都记得新闻中对优步的无人驾驶车辆造成行人死亡以及特斯拉带有辅助驾驶功能的车辆与卡车相撞的报道。2021年4月在特斯拉车祸中又有两人死亡，而这场事故也十分严重，关于该汽车是否开启了自动驾驶模式的争论非常激烈。然而，世界各地88%~94%的道路交通事故都是由人为错误造成的。许多驾驶员在开车时实际上并没有集中注意力，他们在开车时摆弄他们的智能手机或被乘客分心。每年，美国国家公路交通安全管理局（US National Highway Traffic Safety Administration）都会发布一些真正可怕的数据，这些数据是关于在服用药物、吸毒或饮酒的情况下驾车的人数[4]，还有些驾驶员则是因为抑郁等病症严重影响了他们的驾驶能力。

Aurora Innovation 的联合创始人兼首席执行官克里斯·乌尔姆森是自动驾驶的先驱之一。在 2015 年的一次 TED 演讲中，他辩称：

"在过去的 130 年里，我们一直在围绕汽车中最不可靠的部分——驾驶员——开展工作。我们让汽车变得更坚固，增加了安全带和安全气囊。而在过去的 10 年里，我们开始试图让汽车更加智能，以解决驾驶员这个缺陷。"

弗吉尼亚理工大学交通研究所非常想要量化这一点，因此该研究所的研究人员为 100 辆汽车配备了视频设备来跟踪人类的驾驶行为。除了实际驾驶，他们对驾驶员除驾驶之外的其他活动也特别感兴趣。他们的发现令人惊讶：一些司机在开车时反复寻找太阳镜、手机或水瓶等东西，这种行为使他们发生事故的可能性比注意力集中的驾驶员高 9 倍。阅读报纸、涂抹化妆品或输入电话号码会使事故风险增加 3 倍。而因观看风景而分心的司机发生事故的风险会增加 4 倍。

在 2019 年夏天，本书的其中一位作者亲身体验了自动驾驶汽车，特别是车联网的好处。自动驾驶汽车在密歇根州底特律附近的一个试验场参加了模拟道路交通紧急情况的测试。汽车沿着标记的路线依次行驶，然后一个假人突然跑到了路上。领头的车辆立即刹车，但也采取了规避动作，因为它没有足够的时间停下来。好消息是假人幸免于难，更

第八部分
"出行即服务"的社会效益

重要的是,有关道路上行人的信息被实时传达给了所有后边的车辆。它们能够与领头车辆同时刹车,并依次按序换到道路的另一侧,避免了追尾事故的发生。如果汽车是由人类驾驶的,假人不太可能幸存下来,而且还可能引发连环碰撞事故,因为人类驾驶员根本无法如此迅速地做出反应。

有趣的是,随着自动驾驶汽车在道路交通条件下的测试越来越频繁,争论已经转移到事故责任问题上。到目前为止,责任始终由驾驶员承担——完全合乎逻辑,因为他们在事故发生时是车辆的实际控制者。人类驾驶员所能期望的最好的是机械支持(mechanical support),例如动力转向系统(power steering)或辅助刹车(assisted braking)。但现在,自动化意味着驾驶操作的掌控权已经从人类驾驶员转移到了机器上。事实上,在某些情况下,人类驾驶员甚至无法干预机器——这意味着责任在于机器。但是,责任立法始终关注着机器背后的人类代理人——所有者、运营商或生产商。

沃尔沃预见到了这场争论,并率先宣布将对其自动驾驶汽车涉及的任何事故承担全部责任。这一承诺也可以被视为这些车辆以及其传感器、算法和中央控制单元性能良好的证明。但事故仍会发生,即使只是因为轮胎爆胎导致车辆无法正确操纵。因此,沃尔沃不得不将自动驾驶风险因素纳入定价考虑范围。另一种选择是向客户、所有者和操作者要求额外的保险,但这看起来不太可能。那么,沃尔沃的承诺实际上需要付出什么代价呢?

计算实际上非常简单。在美国,一辆普通车辆的保险费用约为每年900美元。如果你将这个数字解释为手动驾驶所涉及的风险成本,那么

> **重塑出行**
> 自动驾驶时代的"出行即服务"

一辆在道路上行驶了 12 年的汽车的成本将增加约 10800 美元（900 美元 ×12 年），而且这还没有算上利息。但在美国，94% 的事故可以归因于人为错误，因此，事故的人为因素是非人为因素的约 16 倍。在预期车辆寿命为 12 年的情况下，每辆车的额外成本仅为 648 美元——这是沃尔沃承诺的一个合理价格。

—— 更少的排放 ——

众所周知，围绕气候变化的争论包括二氧化碳、一氧化二氮和颗粒物等的排放，尤其是二氧化碳排放，目前受到了全球的关注。目前，世界每年排放约 36 万亿千克的二氧化碳，也就是 360 亿吨[5]。这些排放中约有四分之一可以追溯到交通运输部门——船舶、飞机、卡车、汽车和其他运输方式。为了减少排放，欧盟设定了 95 克/千米的汽车排放目标；美国和中国的这一指标分别定为了 121 克/千米和 117 克/千米。欧盟计划到 2030 年将汽车的二氧化碳排放量减少 30%，这不可不谓是一个雄心勃勃的目标。

那么，"出行即服务"能否通过使用自动驾驶电动汽车来实现这一目标呢？让我们做一个简单的计算。在第一部分第三章中，我们从报告中可知，世界各地的司机每年行驶约 16 万亿千米——当然，这只是一个估计值，因为没有人确切知道。但是，如果我们假设他们的车辆平均每 100 千米消耗 6.5 升燃料，那么全球每年的燃料消耗量将高达 1.04 万亿升[6]。

一辆消耗 1 升汽油的车辆会排放约 2.37 千克的二氧化碳；对于柴油车，这个数字还要更高，会达到 2.65 千克。这些排放从何而来？答案是，

第八部分
"出行即服务"的社会效益

汽油是一种碳氢化合物，燃烧会使碳与空气中的氧气发生反应。1个碳原子与2个氧原子结合产生1个二氧化碳分子（CO_2），碳氢链中的氢原子（其原子量为1）与氧原子（其原子量为16）交换。然后，氢原子与氧原子会结合形成水（H_2O）。汽油和柴油产生不同数量的二氧化碳排放量的原因是汽油比柴油含的氢更少，因此燃烧需要结合的氧也就更少。

但回到我们的计算：1.04万亿升燃料产生2.46万亿千克二氧化碳（为了简单起见，我们不区分汽油和柴油）。关键问题[7]是：自动驾驶座舱和自动驾驶穿梭巴士有什么好处？正如我们已经提到的，事故数量可能会显著减少，从而为使用轻型材料来制造车辆创造了空间。行业的经验法则是，车辆重量每减轻10%，油耗就会降低6%~7%。更重要的是，无人驾驶汽车之间的间隔可以减少到3~4米（具体数字取决于速度），从而进一步降低约10%的油耗，包括领头的车辆。通过登记乘客的起点和目的地，还可以优化路线，减少车辆实际需要行驶的千米数。尤其重要的是，车辆之间的通信和车辆与基础设施之间的通信意味着，不再会有急刹或突然起步的操作；相反，车辆能够顺畅地融入交通，从而节省更多的燃料。

—— 更多的空间 ——

有时，你需要俯瞰我们的城市。从直升机上，你会发现城市中30%~40%，甚至更多的空间正在被交通基础设施占据。这不仅包括道路、停车场、人行道和自行车道，还有火车站和轨道。在德国，这种交通基础设施所需的总空间相当于德国整个石勒苏益格－荷尔斯泰因州的

> **重塑出行**
> 自动驾驶时代的"出行即服务"

面积，约等于德国总面积的 1/20。如图 26.2 所示，以美国得克萨斯州的休斯敦为例，美国城市在分配交通基础设施的空间方面更加慷慨，或者可以说是浪费。中间的图像标识了所有市中心的停车场[8]，这些停车场覆盖了巨大的区域，约占总空间的一半。难道没有别的办法吗？

图 26.2　美国城市的车辆停放空间与未来愿景

来源 Original material.

第八部分
"出行即服务"的社会效益

现在让我们想象一下使用自动驾驶座舱和自动驾驶穿梭巴士的"出行即服务"会是什么样子的：乘客将乘坐火车或自己开车进入城市，切换成有轨电车、轻轨或地铁服务，然后在市中心使用无人驾驶出租车服务完成最后几千米的旅程。自动驾驶穿梭巴士路线可以优化，自动驾驶穿梭巴士的载客率通常远大于私家车的1.5人，因此交通流量可能会低很多。自动驾驶穿梭巴士也能全天候运行，不像私家车。而且，重要的是，自动驾驶穿梭巴士使乘客能够在城市的不同地点上下车，但在偏远地区停放和维护。影响是显而易见的——城市可以减少用于道路和停车场的空间，让人们重新获得空间。这只是一个白日梦吗？不，斯堪的纳维亚和亚洲的一些城市已经在努力实现这样的情景。图 26.2 底部的图像说明了未来的样子：市中心将由购物中心、办公空间、居住空间、游乐场和体育设施组成。

图 26.3 展示了建筑师和城市规划师认为纽约未来可能的样子。在如今多车道交通（multilane traffic）强行通过的建筑之间的狭窄间隙，那里可能会变为游戏区和绿地。这可能是一个彻底改造城市的机会，为人们提供聚会、社交和闲逛的空间，不仅可以改变城市的建筑面貌，而且还有利于人们的心理健康。城市可能会压倒我们，恐吓我们，压抑我们的情绪——但它们也可以鼓励和激励我们。新的出行方式可以改变大都市中心的生活方式。

重塑出行
自动驾驶时代的"出行即服务"

图 26.3　建筑师对未来城市的设想

来源 3Deluxe Transdisciplinary Design.

第二十七章

重塑出行

—— 还有一些工作要做 ——

早在第一部分第二章中，我们就指出，全世界约有 10 亿人——相当于全球人口的 15% 左右，患有某种残疾[1]。其中大约五分之一（大约 2 亿人）患有严重的残疾，残疾的种类很多，包括失明和视力受损、失聪和听力障碍、手动控制能力受损、慢性疾病、精神病以及一系列语言、认知和学习障碍。大多数受影响者生活在无法独立出行的国家和地区。残障人士在没有帮助的情况下无法乘坐公共汽车或火车，他们只能梦想拥有自己的汽车，但很多情况下，残障人士也无法驾驶。

残疾与贫穷之间存在着恶性循环，特别是在发展中国家。残疾和贫穷是相辅相成的，穷人患残疾的风险很高，而残障人士陷入贫困的风险也很高。我们可能想象不到，非洲国家人民遭受残疾的主要原因居然是交通事故。然而，穷人别无选择。为了找到至少几个小时的工作并赚点钱，他们每天都要出门面对混乱的交通。而自动驾驶汽车所提供的更高的安全性，则能帮助他们避免很多痛苦的状况。

但在发达国家，也仍有大量的工作要做[2]。在优步和来福车的网站上都提供可以运输轮椅的车辆。虽然详细的数字很难获得，但最准确的估计是，每200辆车中只有大约一辆车能够运输轮椅，所以在纽约的试验中所发生的事情就在意料之中了[3]：一位轮椅使用者叫了一辆车，但等了很长时间才到达第一辆车。当司机看到这个人有轮椅时，他开走了。然后同样的事情一次又一次地发生。大多数司机根本不想接残疾乘客，因为这太耗时了。其他人又无法接走这个人，因为他们没有适合残障人士的车辆。

不过，残障人士还是有一线希望的。例如，伦敦交通局有一个应用程序，可以让视力障碍者在错综复杂的伦敦地铁和轻轨网络中找到自己的路——任何在伦敦待过的人都会知道这有多棘手！依旧在英国，萨里郡的皇家山公园住房开发项目是一个创新项目，包括为视力障碍者指引方向的感官路径（sensory paths），它们以有香味的植物、地面上各处的条形照明、独特的路灯和轮椅通道为特色。关于开发使用自动驾驶座舱的问题也在讨论中，如今有很多想法和一些成功案例，而现在所需要的只是实施的意愿。

除了所有的数据和论据，一些真实发生在个人身上的故事也真正使这个问题变成了个人问题。事实上，也许这些故事才是促使变革发生的真正原因。这让我们深受触动：本书的其中一位笔者有一个残疾的侄女，很明显，让自动驾驶车辆上路并实现"出行即服务"能够帮助这位女士实现独立出行，这对于她来说将是十分重要的。回想一下我们在第

第八部分
"出行即服务"的社会效益

一部分第一章中引用的阿尼尔·刘易斯和迈瑞欧·迪克森的声明。正如他们所指出的那样，残障人士渴望出行——他们希望能够不依赖他人而独立出行。对他们来说，这关乎自由和自决权。而"出行即服务"可能是实现这种自由的关键。

除了情感上的争议，交通规则也是值得我们考虑的问题之一。法律的立场是什么？谁负责保护残障人士？在大多数情况下，规则规定所有道路交通参与者都应相互考虑。这在理论上听起来不错，但在许多国家中，现实情况却有所不同。法律规定，交通必须畅通无阻，而在大多数情况下，"出行"意味着汽车。任何限制都需要具体情况具体分析——换句话说，如果你所使用的交通工具比汽车慢，那就只能等着老天爷来帮你了。这种态度可以追溯到20世纪20年代和30年代，在当时汽车是主要的出行工具，而且它至今仍然影响着我们的法律。规划者不需要证明建造道路的必要性，对自行车道来说却不是这样。另外，步行区也只有在特殊情况下才被允许建立。你想要封锁公路通道，想要更宽的人行道和更窄的车道？别做梦了！为漫长的抗争过程做好准备吧。请记住，交通必须保持畅通。

但是，也许"出行即服务"能够真正帮助我们完成让交通法规适应现代条件的这一壮举，而新冠疫情甚至可能会加速这一进程。最需要法律保护的人不是最快和最强的司机，而是最慢和最虚弱的行人。阿姆斯特丹在实践中很好地践行了这一原则，那里的交通规划是围绕行人和骑自行车的人而不是汽车展开的。你可以在荷兰的道路规则中看到这一点：慢者和弱者优先，即如果汽车与行人相撞，一般假设行人是无过错方。如果14岁以下的儿童受伤，几乎无一例外都是司机承担责任。此外，当需要下车时，学车人士通常会被教导要用右手打开车门。这迫使他们查看身后的交通情况，使他们能够看到位于视野盲区中的骑自行车的人。很明显，阿姆斯特丹运用了公认的智慧：强者保护弱者。这可能导致交通速度降低，但道路将更安全、更安静、更轻松，从而使城市更具吸引力。最重要的是，残障人士能够独立出行。

一座城市的自我迭代

西班牙的蓬特韦德拉几乎完全没有汽车。而没有汽车，也就意味着没有噪声和尾气。孩子们在街上玩耍，行人可以安全行走。那么，这是一个乌托邦吗？当米格尔·安克索·费尔南德斯·洛雷斯（Miguel Anxo Fernández Lores）当选市长时，他为居民提出了一个十分了不起的建议。他想为弱者、残疾人、老年人和年幼的孩童们创建一个城市：在这座城市中，所有人都能够自由进入市中心。自 2015 年以来，欧盟一直在鼓励主要城镇和城市，希望它们能帮助所有居民都实现自由出行。

20 年前，蓬特韦德拉的交通水平正处于瘫痪状态：到处都是汽车，即使在历史悠久的市中心也是如此，步行成了一场噩梦——到处都是噪声、废气，还可能随时被车辆撞倒。行人和骑自行车的人不再涉足此地，市中心逐渐被遗弃。但是这位市长——同时也是一名医生，他认为步行是最重要的出行方式，至少在相对较短的距离内（短于 3 千米）是这样的。正如他所认为的，步行还可以解决大多数由于不良的生活方式所导致的疾病，如肥胖和糖尿病，以及缺乏运动所带来的影响。

但蓬特韦德拉的问题不仅在于它的交通政策，还有一个重要的社会

第八部分
"出行即服务"的社会效益

问题也亟待解决。市长认为,公共空间应该是为所有居民服务的,而不仅仅是汽车和司机的,因此城市规划需要始终考虑到行人的利益。结果是,现在蓬特韦德拉的市中心禁止汽车进入,周围的道路也有速度限制和停车时间限制,停车位从路边转移到距离市中心至少 10 分钟步行路程的地下停车场。

该市现在有了人行道和步行区,车道也被拆除了,安装了大量的长椅,并增加了绿地和游乐场。同时,规划者希望创造经济激励措施,因此允许在老城区设立商店、办公室和服务机构,以改善蓬特韦德拉的生活质量。曾经由汽车主导的城市不复存在,一个全新的空间出现了。而这些努力也得到了回报:现在,该市 70% 的出行方式都是步行。

"Pasominuto"——这一项面向所有人的步行计划,极大地促进了蓬特韦德拉人的步行意愿。该计划设计了 20 条横跨城镇的步行路线,每条路线都标有步行所需步数和人们将消耗的卡路里量。在地图上,还具体显示了 20 千米半径内的每条自行车道,包括长度、坡度、潜在危险等。世界卫生组织一再强调每天步行 1 万步对健康的重要性。市长费尔南德斯·洛雷斯经常提到这一目标,而"Pasominuto"计划是他为帮助公民实现这一目标而做出的贡献。

—— 包容性出行 ——

从伦敦市我们可以看到这样一个事实,即仅仅呼吁为残障人士提供无障碍出行是远远不够的。实际上,你需要做出更多的改变:重新设置停靠点,调整标牌,改善接入点,当然还有推出"出行即服务"。城市在设计出行时需要考虑所有群体的需求——毕竟，这被称为包容性设计！这个词是由美国建筑师罗纳德·梅斯（Ronald Mace）创造的，他在9岁时患上了小儿麻痹症，余生都将与轮椅为伴。因此，毫不意外，拆除障碍物成了他作为建筑师工作的一个主要重点，他还为残障人士设计了家用电器[4]，包括床和特殊的轮椅。罗纳德·梅斯还成立了无障碍住房中心，现在在世界范围内被称为 RL Mace 通用设计研究所（RL Mace Universal Design Institute）。在他的指导下，该研究所制定了通用设计的原则。

这些设计原则的基础是确保尽可能多的人可以使用房屋、汽车、咖啡机、计算机和其他任何你想提及的东西。无论每个人的能力、年龄、性别或文化背景如何，每个人都应该能够平等地参与社会活动。特别是在美国，包容性设计通常与无障碍通道相伴相生，并由此产生了一系列法律法规。这些规则还包括通行规范和设计标准，它们旨在使残障人士的生活更加便利。

遥控系统（Remote control systems）是由有身体限制的人设计的，同时也是为他们自己设计的。现在很难想象没有遥控器的生活：不得不从沙发上站起来更换电视频道，调节收音机的音量，或者打开或关闭某个设备。定速巡航装置（cruise control）也是如此，它实际上是由一个盲人发明的，起因是他发现很难应对驾驶员不断改变速度的情况。而现在，下斜路缘已经成为法律要求，这使得轮椅使用者能够通行。其实这对我们所有人来说，都是一个福音，无论我们是使用轮椅、推婴儿车还是拖拉行李箱，都会更加便捷。

每个人都希望能自由出行。事实是每个人都应该有这个权利，而不仅仅是只有幸运的少数人才能够拥有。因此，我们认为自动驾驶车辆是包容性设计的一部分。它们应该能够很容易地进入，并且每辆车都应该有一个坡道和一个安全的空间来放置轮椅。熟悉车内的布局是快速而简单的，用一个应用程序就可以轻松打车。但车辆本身只是一个开始，基础设施也必须符合包容性设计的原则，例如降低对轮椅使用者来说可能是难以逾越的障碍的路缘石，或者使用盲道，使残障人士能够找到他们的路，就像伦敦所做的那样。可以说，使用包容性设计的机会几乎是无穷无尽的！

第二十八章

新的地点，新的国家

只要看一眼世界地图，就会发现目前有很多地方正在开展"出行即服务"计划[1]。在日本、韩国、中国以及欧洲，特别是芬兰、德国、瑞典、瑞士和英国，每天都在创建和扩展新的区域来试点智联和自动驾驶。当然，在美国也有很多事情正在进行。每个制造商都在那里试行他们的车辆，特别是在亚利桑那州、加利福尼亚州和犹他州，其他州现在也在迎头追赶并创建必要的技术和法律框架。新加坡渴望引领这一领域，在那里不仅建立了测试设施，还邀请了汽车制造商和科技公司进入以开发多式联运并创造新的商业模式。

在中国，它已经是目前世界上最重要的电动汽车市场。中国的10年计划《中国制造2025》提出将中国建设为制造强国，特别是在汽车领域[2]。这不仅包括电动汽车，还包括自动化和智联化汽车以及必要的基础设施。中国工信部的目标是，通过使用智能互联汽车，到2025年将交通事故减少30%，燃料消耗减少10%，排放减少20%。目前，中国不仅已经有了较为明确的计划，并且已经启动了一系列项目和研究合作安

第八部分
"出行即服务"的社会效益

排，以帮助实现该计划。

凤凰城、匹兹堡和旧金山，北京、杭州和上海，首尔和东京，也许还有巴黎、伦敦、慕尼黑、奥斯陆和斯德哥尔摩，都可能很快就会成为新的出行方式的中心。而且我们还没有提到两个最重要的城市：特拉维夫和耶路撒冷。近年来，这两个城市已形成了一种自动化、智联化和电动化驾驶的生态系统。所有的主要参与者——汽车制造商及其供应商都在那里设有研究设施，同时还有许多科技公司正在那里开发传感器、控制系统、应用程序和平台。甚至铁路公司和市政公用事业公司也在那里开设了办事处，以便他们能够掌握不断发展的多式联运的脉搏。简而言之，世界各地任何对"出行即服务"感兴趣的人都在特拉维夫或耶路撒冷开设了办公点。

那么，是什么让这两个城市如此吸引人呢？实际上，有许多因素[3]。以色列在研发方面的支出占其GDP的5%以上，与韩国并列，是世界上最高的。没有其他国家对未来进行如此多的投资，同时他们的研究人员和开发人员占总员工人数的比例是最高的。研发中心是以色列的核心，来自世界各地的公司都在那里设有基地。然后是它的大学，也属于全世界高等教育中最好的一批学校。商业与军事之间的联系确保公司始终能够获得最新的专业知识。在将有前途的技术转化为产品和服务方面，以色列正迅速地站稳脚跟。想一下，在新冠疫情期间，该国启动和运行疫苗接种运动的速度有多快，就知道了。

但回到我们的论点上，智能出行倡议的负责人阿纳特·邦什蒂恩告诉我们：

以色列政府有一个未来出行计划，即到2030年，它计划成为自动驾驶和智联化驾驶领域的全球领导者，当然还有"出行即服务"。

但是，如果没有国内的汽车工业，它能做到这一点吗？事实上，这种缺乏被视为是利大于弊的：没有现有的产业，国家就不必担心损害到既得利益者的利益。没有哪一个组织会不惜一切代价保留旧事物，甚至以错过新事物为代价。没有怀疑论者，也没有纸上谈兵的专家。对任何在欧洲的人来说，抵制变革的人的名单都是很熟悉的。但是，拥有年轻和非传统公司的以色列，对新型出行方式所提供的机会充满热情并为之着迷——这是我们将在之后回过头来讨论的。

令人惊讶的是，许多不同的私人和公共出行倡议都完美地衔接在一起。智联化和自动驾驶以及"出行即服务"领域的所有活动都是在不少于 11 个不同的行业中进行管理和协调的。这意味着，关于监管和能源政策的辩论以及基础设施发展等领域的决策都得到了协调和整合。所有参与者都步调一致地朝着相同的目标迈进，而且至关重要的是，他们正在以惊人的速度实现这一目标。似乎是政府制定和实施的新出行计划与大量创业举措的结合，让许多投资者、初创企业和衍生公司对以色列产生了浓厚的兴趣。

这种方法已经初见成效：在 2014 年至 2019 年期间，以色列初创企业的数量从 50 家增长至 600 多家[4]，而且它们都专注于新型出行方式。自 2019 年以来，这一数字还在进一步增长，因此以色列目前吸引到的投资比法国、德国、日本、英国和美国等传统汽车生产国还要多也就不足为奇了。然而，这不仅仅涉及初创企业。全球的行业领导者也开始在以色列设立分支机构，其中最引人注目的是无比视，这是一家全球领先的基于摄像头传感器的驾驶辅助系统公司，也是自动驾驶领域的关键参

第八部分
"出行即服务"的社会效益

与者。Argus 和 GuardKnox 也是重要的参与者——这两家公司都专注于网络安全，Innoviz 提供激光雷达（光探测和测距）系统，Otonomo 推出了用于记录和评估车辆数据的云系统，Cortica 使用复杂的算法从模糊、不精确的摄像数据中提取有关车辆周围环境的信息，Autotalks 销售用于车辆之间以及车辆与基础设施之间通信的软件。而上述列举出的这些公司仅仅是其中一小部分。

我们能从中学到什么呢？我们已经多次提到，汽车行业正经历着其 140 年历史中规模最大、影响最深远的变革。回顾经济和工业的历史就会发现，任何根本性的变化都会催生出新的参与者以及新的有利地点——这适用于各个领域，而不仅仅是汽车制造商！当前汽车行业正在发生的变革需要一个全新的起点，让其能够不受过去包袱的束缚。它需要新的想法、新的知识和新的经验，不再拘泥于传统。已经有证据表明，新的地点正在涌现，新的参与者正在崛起。同样值得记住的是，在向汽车时代转型的过程中，美国的马车制造商一个也没有幸存下来，而卡尔曼（Karmann）是唯一一家得以幸存的德国公司。对于那些仍然不相信有必要做出转变的人来说，这应该是一个警告。以色列似乎已经意识到了这一需求，并正在采取行动。

第二十九章
怎样才能成功

终于自由了！2021年夏天，为抗击新冠疫情而实施的许多限制措施正在逐步解除。欢迎回归生活——在公园散步，在健身房锻炼，和朋友在市区喝咖啡，甚至是可能即将到来的假期。出行重新回到了中心舞台，实现《巴黎协定》设定目标的必要性也随之成为人们关注的焦点。现在是时候解决出行行业的转型问题了，而不是停留在现在的状态了。危机总能带来机遇！除了保护环境，我们还希望看到一种向以人类需求和自然保护为中心的综合的、包容的和公平的出行形式的转变。这种转变必须成功，因为我们不能简单地继续走"一切照旧"的老路。

为了确保出行革命能够排除万难真正实现，各利益相关者都必须尽到自己的责任，无论是城市和市政当局，还是价值链中的公司，无论是老牌公司还是初创企业、立法者，当然还有我们每一个人。因为如果人们对出行革命置之不理，它就不可能成功。因此，让我们来看看真正重要的是什么，什么将有助于为每个人提供"出行即服务"。我们编制了一份关于愿望、想法和建议的清单。它绝不是完整的，可以通过多种方式实施。这不重要，最重要的是我们开始行动；我们有勇气和力量应对这场革命，赢得民心，并与公司合作启动重要且可持续的项目，然后迅速扩大所得到的解决方案。我们正处于技术范式（technological paradigm）转变的临界点，S 曲线呈现出指数增长，这是 21 世纪的伟大使命之一。让我们开始行动吧！

—— 多式联运，而不是各归各的 ——

"出行即服务"是一个以快速、简便、安全、廉价、连接最少的多式联运方式运输人和货物的系统。这将需要一个出行平台来计划、预订和支付旅行费用，并且由一个应用程序来提供客户界面。该平台将包含尽可能多的有关不同运输方式的信息，以便可以确定每个用户在每个时刻的最佳多式联运行程。重要的是，城市和地区不应该试图开发自己单独的应用程序。拼凑而成的地方或区域性解决方案将无助于赢得人们对新型出行方式的认可。

—— 以人为中心进行设计，而不是以盈利为目的 ——

除了姓名、银行账户信息、年龄、性别、地址等个人数据，用户还通过他们的出行行为来展示他们对特定运输方式的偏好和最喜爱的路线。这些信息可用于构建用户出行行为画像，以使出行系统得到改进，并为用户提供定制的个人出行建议。一个重要的方面是，个人数据只能用于事先商定好的特定目的。人们需要能够信任和接受这些解决方案，

重塑出行
自动驾驶时代的"出行即服务"

因为它们改善了他们的生活！

—— 采取激励措施，而不是禁令 ——

这里有一个大胆的想法：乘客们乘坐自动驾驶座舱或自动驾驶穿梭巴士的旅行不是由他们个人支付费用，而是由他们要去的商店、电影院、餐馆或咖啡馆出资——这个想法是否真的会发生还有待观察。出行服务运营商、公用事业单位以及公共汽车或火车公司担心他们将不再能够控制客户界面。相反，麦当劳、星巴克等企业反而可能有机会与出行者进行对话——这对运营商来说是一场噩梦。正如我们所看到的，争夺乘客界面控制权的战斗已经打响。不要忘记其他竞争者，如亚马逊、奈飞和谷歌。紧张感加剧！

—— 使用，而不是拥有 ——

看起来有一件事情是不可避免的：当"出行即服务"实现真正的突破时，我们将不再需要自己的汽车。这一定是个好消息，因为没有必要再为购买汽车借款了。许多汽车订阅模式已经在指明前进的方向。想想个人或家庭订阅以及苹果音乐（Apple Music）、苹果电视（Apple TV）、奈飞、声破天（Spotify）和迪士尼+（Disney+）提供的许多不同的付款方式，例如"统一费率"或"按次付费"。这种方式也适用于出行市场，适用于各种乘车服务，无论我们是进行多式联运还是使用自动驾驶座舱。对于每段行程，都有一个理想的出行方式。

第八部分
"出行即服务"的社会效益

—— 以人为中心，而不是以汽车为中心 ——

"出行即服务"为我们提供了彻底重塑城市的机会。迄今为止，正如我们所看到的，城市一直以汽车为中心。现在我们可以创建以人为中心的城市。电动化、自动驾驶和相关的座舱和穿梭巴士运营着共享服务，它们把通勤者运送到市中心然后再运送回家。突然之间，各种机会出现了：汽车禁行区、15分钟城市，以及以前是街道和停车位的体育和娱乐场所。想象一下，一个没有交通噪声或尾气排放的市中心。试想一下，这将如何改变人们的生活：没有压力或喧嚣，取而代之的是一个放松、和谐和诱人的空间。

—— 合作，而不是单打独斗 ——

价值链正在瓦解，而许多大大小小的科技公司正在冲击着市场。软件、传感器、算法和控制系统是新的关键词。汽车制造商可以主宰和控制价值链的日子已经一去不复返了。没有人能够独自应对迫在眉睫的挑战，唯一的出路是团结一致。因此，这将需要汽车制造商、技术公司、车队运营商、平台供应商、电信公司、应用程序开发商、城市规划师、建筑师和公共事业部门之间在不断变化的合作和竞争中建立多样化的伙伴关系。许多事情都在不断变化，新的出行世界充满了多样性。

—— 向前进，不后退 ——

汽车行业正在经历其历史上最具颠覆性的转型。很多迹象表明，我

重塑出行
自动驾驶时代的"出行即服务"

们正处于一些重大技术创新的起点，这些创新主要受到没有方向盘或踏板的汽车的重新发明的推动。实际上，我们正在走向下一个 S 形曲线。电动化、智联化、自动驾驶座舱和穿梭巴士正在推动出行革命的进行。在典型的 S 形曲线发展中，这些车辆的运营可能会从小规模开始，而后随着时间的推移呈指数级增长。城市现在需要促进这些出行创新，以使其自身成为未来新出行行业的位置竞争者之一。尽管"出行即服务"的客户福利备受关注，但始终存在着出行行业将在何处扎根的问题。因为尽管我们始终关注着"出行即服务"给客户带来的好处，但这背后始终存在着一个问题，即新的出行行业将在哪里扎根。它会在已有的汽车中心城市之一扎根，还是会出现全新的中心，比如新加坡、特拉维夫、匹兹堡、上海或斯德哥尔摩？

——— **为了一个更美好的世界，而不是维持现状** ———

在关于出行革命利弊的辩论中，我们不能忘记，我们目前设计的出行方式造成了巨大的社会成本，而自动驾驶电动出行解决方案可以将其转化为社会福利。每年可以挽救 130 多万人的生命，消除大约 5000 万起伤害事故，其中一些甚至会带来改变人生的后果。同时，目前汽车所排放的废气会导致许多人患上肺部和心脏问题，每年造成 400 万人死亡，这一问题也可以得到解决。此外，为了建造更多街道和停车位而无情破坏自然的现象也可以被制止和逆转。毫无疑问，我们可以做得更好。我们需要将目光投向"零伤亡愿景"——没有死亡、没有伤害、没有事故。

第八部分
"出行即服务"的社会效益

—— 参与，而不是不作为 ——

我们每天都能看到这一点，有时甚至在我们自己身上：对许多人来说，汽车不仅仅是从 A 地到 B 地的一种交通工具，它更是成功和自由的象征，是赢得他人认可的手段。声望和地位影响着我们的行为，以至于许多人会拥有多辆车，而几乎不考虑其他出行方式。然而，希望还是存在的：婴儿潮一代（出生于 1945—1965 年）经历了汽车的全面崛起，他们感受到的是驾驶的纯粹乐趣！直到年轻一代，人们才开始谈论出行的社会成本，表达对交通拥堵、排放、事故和土地使用的担忧。他们中的许多人没有驾照，只有在必要时才会开车。他们每年行驶的千米数较少，对替代出行方式持开放态度。对他们来说，智能手机和山地自行车更重要。体验才是关键！显然，出行革命的种子已经在新生代中种下。现在我们需要的是社会对话和讨论，以说服其他群体共同完成这一转变。

—— 人人享有出行权利 ——

无论年龄、残疾与否以及居住在农村地区还是城市，出行必须适用于每个人。出行应该服务于每个人，因为它提供的远不仅是从一个地方到另一个地方的自由，它还关乎每个人的前景和机遇，以及能否参与社交生活，因为出行也是维系社会凝聚力的纽带。因此，多式联运出行必须无缝衔接，自动驾驶座舱和自动驾驶穿梭巴士必须提供无障碍通行。而且，细节处理将是非常重要的事情。例如，出行应用程序必须设计成

重塑出行
自动驾驶时代的"出行即服务"

让盲人或视力部分受损的人能够像其他人一样舒适、快捷、简便地使用的模式。

我们都很熟悉对自由、出行和旅行的渴望。我们回忆起过去旅程的画面，同时也享受着规划下一次冒险的乐趣。为此，联合国将出行自由纳入《世界人权宣言》当中，并将其与言论自由、集会自由和宗教自由放在同等重要的地位上。从这里，我们可以得出基本出行权利的概念，即不是指各种旅行，而是指例如去看医生、买药、上学、上班或去杂货店等出行。至少目前，我们可以对这种想法进行探索和测试。

参考文献

第一章

1. Available at: https://reisespatz.de/reisezitate/.
2. Csikszentmihalyi, M. *Flow and the Foundations of Positive Psychology*. New York, NY: Springer; 2014.
3. Csikszentmihalyi, M. *Beyond Boredom and Anxiety. Experiencing Flow in Work and Play*. New York, NY: John Wiley; 1975.
4. Hensher, D., Ho, C.Q., Mulley, C., Nelson, J.D., Smith, G. and Wong, Y.Z. *Understanding Mobility-as-a-Service*. Amsterdam: Elsevier; 2020.

   Sperling, D. *Three Revolutions. Steering Automated, Shared, and Electric Vehicles to a Better Future*. Washington: Island Press; 2018.

   Neckermann, L. *The Mobility Revolutions*. London: Troubador Publishing; 2015.

   Deloitte. *Forces of Change: The Future of Mobility*. London: Deloitte; 2017.

   McKinsey & Company. *The Trends Transforming Mobility's Future*. New York, NY: McKinsey & Company; 2019.

   McKinsey & Company. *A Road Map to the Future for the Auto Industry*. New York, NY: McKinsey & Company; 2014.
5. Mom, G., Pirie, G. and Tissot, L. *Mobility in History. The State of the Art in History of Transport, Traffic, and Mobility;* Paris: Alphil; 2002.
6. United Nations. *World Report on Disability*. New York, NY: United Nations; 2011.

   United Nations. *Disability and Development Report*. New York, NY: United Nations; 2018.
7. Available at: https//:gsdrc.org/topic-guides/disability-inclusion/the-situation-of-people-

with-disabilities/poverty-and-disability/.

Available at: https//:www.npr.org/sections/health-shots/2015/07/23/424990474/why-disability-and-poverty-still-go-hand-in-hand-25-years-after-landmark-law.

8. See Volkswagen Group of America on inclusive mobility.

第二章

1. Kaufman, S., Moss, M.L., Hernandez, J. and Tyndall, J. *Mobility, Economic Opportunity and the New York City Neighborhoods*. NYU Wagner Research Paper No 2598566, New York, NY2015.

   Moovit. *Facts and Statistics about Public Transit in New York City*. Ness Ziona: Moovit; 2020.

2. National Bureau of Economic Research. *Where is the Land of Opportunity? The Geography of Intergenerational Mobility in the United States*. Cambridge, MA: National Bureau of Economic Research; 2014.

3. Boston Consulting Group. *Give Workers a Ride, Give Employment a Boost*. Boston, MA: Boston Consulting Group; 2020.

4. Available at: https://data.oecd.org/transport/infrastructure-investment.htm.

5. Wendell, C. and Love, J. *The Best Investment a Nation ever Made: A Tribute to the Dwight D. Eisenhower System of Interstate and Defense Highways*. 1996.

   Montgomery, D., Mudge, R., Groshen, E., Helper, S., MacDuffie, J. P. and Carson, C. *America's Workforce and the Self-driving Future. Securing America's Future Energy*. Washington: SAFE; 2018.

6. Moovit. *Facts and Statistics about Public Transit in São Paulo Region*. Ness Ziona: Moovit; 2020.

7. Mead, N. *The Four-Hour-Commute: The Punishing Grind of Life on São Paulo's Periphery*. The Guradian, October 2017.

8. Chiland, E. *LA Drivers Face Nation's Fifth-worse Traffic*. Curbed, Los Angeles, CA. 2019.

   Lopez, S. Her six-hour-commute each day seems crazy, but her affordable rent is not. *Los Angeles Times*. December 2017.

9. Worstall, T. The story of Henry Ford's $5 a day wages: it's not what you think. *Forbes*

Magazine. Collingdale, PA: Diane Publishing; 2012.

10. Available at: https://www.ancestry.com/corporate/blog/henry-ford-the-model-t-and-the-birth-of-the-middle-class/.

第三章

1. Available at: https://www.oica.net.

2. Sperling, D. *Three Revolutions. Steering Automated, Shared, and Electric Vehicles to a Better Future*. Washington: Island Press; 2018.

   Neckermann, L. *The Mobility Revolutions*. London: Troubador Publishing; 2015.

3. Herrmann, A., Brenner, W. and Stadler, R. *Autonomous Driving. How the Driverless Revolution Will Change the World*. London: Emerald; 2018.

4. World Economic Forum. *The Countries with the Worst Traffic Congestion – and Ways to Reduce It*. Geneva: World Economic Forum; 2020.

5. Inrix. *Global Traffic Scorecard*. Kirkland, WA: Inrix; 2020.

   Texas A&M University. *Urban Mobility Report and Appendices*. College Station, TX: Texas A&M University; 2021.

6. World Health Organization. *Road Traffic Deaths*. Geneva: World Health Organization; 2021.

   Rocky Mountain Insurance Information Association. *Cost of Auto Crashes & Statistics*. Greenwood Village, CO: Rocky Mountain Insurance Information Association; 2020.

7. United Nations. *Global Plan Decade of Action for Road Safety 2011 to 2020*. New York, NY: United Nations; 2010.

   Chen, S., Kuhn, M., Prettner, K. and Bloom, D.E. The global macroeconomic burden of road injuries: estimates and projections for 166 countries. *Lancet Planet Health*, 2019; 3(9), E390–E398.

8. Available at: https://www.nhtsa.gov/equipment/driver_assistance_technology/.

9. World Health Organization. *Air Pollution*. Geneva: World Health Organization; 2021.

10. World Resource Institute. *Climate Watch – Historical Emissions Data Source Interactive Emissions Calculator*. Washington, DC: World Resource Institute; 2021.

    Our World in Data. *CO2-Emissions from Transport – Interactive Data Visualization*. 2021.

11. World Economic Forum. *These Are the Cities with the Biggest Carbon Footprint.* Geneva: World Economic Forum; 2020.

    World Health Organization. *WHO Global Urban Ambient Air Pollution Database.* Geneva: World Health Organization; 2016.

    European Environment Agency. *Air Quality in Europe.* Copenhagen: European Environment Agency. 2018.

    American Public Health Association. *The Hidden Health Costs of Transportation.* Washington, DC: American Public Health Association; 2010.

12. Karagulian, F., Belis, C., Dora, C. and Prüss-Ustün, A. Contributions to cities' ambient particulate matter (PM). A systematic review of local source contributions to global level. *Atmospheric Environment*, 2015; 20, 475–483.

    Climate Watch. *Historical Emissions Data Source – Interactive Emissions Calculator.* 2020. Available at: www.climatewatch.org.

    Levy, J., Buonocore, J. and von Stackelberg, K. Evaluation of the public health impacts of traffic congestion. A health risk assessment. *Environmental Health*, 2010; 9, 65.

    OECD – Organization for Economic Cooperation and Development. *Health Impacts of Road Transport.* Paris: OECD; 2014.

13. Parkopedia. *Global Parking Index.* London: Parkopedia; 2017.

    IBM. *Global Parking Survey.* Armonk, NY: IBM; 2020.

14. Institute for Mobility at the University of St. Gallen. *Comparisons of Transportation Modes.* St. Gallen: University of St. Gallen; 2021.

15. Available at: https://www.gigacalculator.com/articles/what-is-the-average-speed-of-different-modes-of-transportation/.

    Available at: https://transportgeography.org/contents/chapter1/transportation-and-space/table_transport_speed/.

    Available at: https://www.witpress.com/Secure/elibrary/papers/UT11/UT11022FU1.pdf.

    Available at: https://ops.fhwa.dot.gov/publications/fhwahop18085/fhwahop18085.pdf.

16. Available at: https://www.zukunft-mobilitaet.net/78246/analyse/flaechenbedarf-pkw-fahrrad-bus-strassenbahn-stadtbahn-fussgaenger-metro-bremsverzoegerung-vergleich/.

    Linton, J. *Big Wonky Good News. L.A. City Adopts People-Centered Transportation Metric. VMT In, LOS Out.* Los Angeles: Streetsblock; 2019.

17. Rand Corporation. *Driving to Safety*. Santa Monica, CA: Rand Corporation; 2019.

    Rand Corporation. *The Enemy of Good*. Santa Monica, CA: Rand Corporation; 2017.

18. National Highway Traffic Safety Administration. *Report 2020*. Washington, DC: National Highway Traffic Safety Administration; 2021.

19. World Bank. *Road Deaths and Injuries Hold Back Economic Growth in Developing Countries*. Washington, DC: World Bank; 2018.

    World Bank. *Estimation of Direct Economic Costs of Traffic Congestion in Cairo*. Washington, DC: World Bank; 2015.

    World Bank. *Big Data in Transportation. An Economic Perspective*. Washington, DC: World Bank; 2020.

    World Bank. *Road Safety. An Integral Part of the World Bank's Mission*. Washington, DC: World Bank; 2019.

20. World Economic Forum. *Traffic Congestion Cost the US Economy Nearly US Dollar 87 Billion in 2018*. Geneva: World Economic Forum; 2019.

    World Economic Forum. *These are the Most Congested Cities in the World*. Geneva: World Economic Forum; 2017.

21. Available at: https://infrastructurereportcard.org.

    Available at: https://www.asce.org.

    American Society of Civil Engineers. *Failure to Act – Closing the Infrastructure Gap for America's Economic Future*. Reston, VA: American Society of Civil Engineers; 2016.

    World Economic Forum. *Strategic Infrastructure Steps to Prioritize and Deliver Infrastructure Effectively and Efficiently*. Geneva: World Economic Forum; 2012.

第四章

1. Available at: https://popularmechanics.com.

   Available at: https://www.wired.com.

   Available at: https://www.loc.gov.

   Available at: https://www.ww2classroom.org.

   Transport and Environment. *Less (Cars) Is More*. Paris: T&E; 2019.

2. Available at: https://resoures.mpi-inf.mpg.de.

3. United States Department of Transportation. *The UMOT Project*. Washington, DC: United States Department of Transportation; 1979.
4. Weiner, E. *Urban Transportation Planning in the United States: An Historical Overview*. Westport, CT: Praeger; 1999.

第五章

1. United Nations. *World Urbanization Prospects*. New York, NY: United Nations; 2018.
2. United Nations. *The World's Cities*. New York, NY: United Nations; 2018.
3. PricewaterhouseCoopers. *Rapid Urbanisation*. London: PricewaterhouseCoopers; 2019.
4. Morgan Stanley. *Rise of China's Supercities. New Area of Urbanisation*. New York, NY: Morgan Stanley; 2019.
5. United Nations. *The World's Cities*. New York, NY: United Nations; 2018.
   McKinsey & Company. *Urban World. Mapping the Economic Power of Cities*. New York, NY: McKinsey & Company; 2011.
6. McKinsey & Company. *Urban Mobility at a Tipping Point*. New York, NY: McKinsey & Company; 2015.
   Gose, J. *New Studies on Urbanization Highlight the Good, the Bad and the Opportunity;* New York, NY: Forbes; 2018.
   Sengupta, S. and Popovich, N. *Cities Worldwide are Reimagining their Relationship with Cars;* New York,NY: New York Times; 2019.
7. Taubenböck, H., Weigand, M., Esch, T., Staab, J., Wurm, M., Mast, J., et al. A new ranking of the world's largest cities. Do administrative units obscure morphological realities? *Remote Sensing of Environment*, 2019; 232, 111353.
   Taubenböck, H. and Wiesner, M. The spatial network of megaregions – types of connectivity between cities based on settlement patterns derived from EO-data. *Computers, Environment & Urban Systems*, 2015; 54, 165–180.
8. Herrmann, A., Brenner, W. and Stadler, R. *Autonomous Driving. How the Driverless Revolution Will Change the World;* London: Emerald. 2018.
9. Interview with Hannes Taubenböck, Earth Observatory Center, Munich.

参考文献

第六章

1. Available at: https://www.oecd-ilibrary.org.
   Available at: https://www.itf-oedc.org.
2. World Economic Forum. *How Can We Bridge the US Dollar 1 Billion Infrastructure Gap?* Geneva: World Economic Forum; 2015.
3. Available at: https://www.itf-oedc.org.
4. Available at: https://www.itf-oedc.org.
   Davis, A.Y., Pijanowski, B.C., Robinson, K. and Engel, B. The environmental and economic costs of sprawling parking lots in the United States. *Land Use Policy*, 2010; 27(2), 255–261.
5. Available at: https://www.itf-oedc.org.
   International Energy Agency. *Global Land Transport Infrastructure Requirements*. Paris: International Energy Agency; 2013.
6. Research Institute for Housing America. *Quantified Parking. Comprehensive Parking Inventories for Five U.S. Cities*. Washington, DC: Research Institute for Housing America; 2018.
7. *BusinessLine*. Child road-crash fatalities see in 12% rise in 2019. *BusinessLine*. October 2020.
8. Sennett, R. Civitas. Frankfurt: Fischer; 2009.
9. Jokela, M., Bleidorn, W., Lamb, M., Gosling, S. and Rentfrow, P. Geographically Varying associations between personality and life satisfaction in the London metropolitan area. *Proceedings of the National Academy of Science*, 2015; 112(3), 725–730.
   Chetty, R. and Hendren, N. The impacts of neighborhoods on intergenerational mobility – childhood exposure effects and country-level estimates. *The Quarterly Journal of Economics*, 2018; 133, 1107–1162.
   Montgomery, C. *Happy City. Transforming Our Lives through Urban Design*. London: Penguin Books; 2013.
10. Available at: http://www.richardwiseman.com/quirkology/pace_home.htm.
    Adli, M. *Stress and the City*. Berlin: Bertelsmann; 2017.
    Victoria Transport Policy Institute. *Urban Sanity. Understanding Urban Mental Health Impacts and how to Create Saner, Happier Cities*. Victoria: Victoria Transport Policy

Institute; 2020.

11. Institute for Mobility at the University of St. Gallen. *Walking Speed of Pedestrians*. St. Gallen: University of St. Gallen; 2020.

第七章

1. McKinsey & Company. *Fewer Emissions and Less Congestion. How Cities Can Develop Integrated Next-generation Mobility Strategies*. New York, NY: McKinsey & Company; 2019.

   Deloitte. *The 2019 Deloitte City Mobility Index*. London: Deloitte; 2019.

   Oliver Wyman. *Urban Mobility Readiness Index*. New York, NY: Oliver Wyman; 2019.

   Deloitte. *Smart City. Smart Nation*. London: Deloitte; 2019.

   Arthur D. Little. *The Future of Mobility 3.0*. Boston MA: Arthur D. Little; 2018.

   Deloitte. *Forces of Change. The Future of Mobility*. London: Deloitte; 2017.

   World Economic Forum. *Cities around the World Are Looking to Get Quieter and More Peaceful*. Geneva: World Economic Forum; 2019.

   World Economic Forum. *Cities around the World Are Leading the Change for Cleaner Air*. Geneva: World Economic Forum; 2019.

2. Jennings, K. *The World's Widest Highway Spans a Whopping 26 Lanes*. New York, NY: Traveler; 2018.

3. United States Department of Transportation: Smart Mobility Initiative. Available at: www.transportation.gov.

   Schaller Consulting. *The New Automobility. Lyft, Uber and the Future of American Cities*. New York, NY: Schaller Consulting; 2018.

   McKinsey & Company. *The Future(s) of Mobility. How Cities Can Benefit*. New York, NY: McKinsey & Company; 2017.

4. Rand Corporation. *The Road to Zero. A Vision for Achieving Zero Roadway Deaths by 2050*. Santa Monica, CA: Rand Corporation; 2018.

   Available at: https://visionzero.lacity.org.

   Available at: https://visionzero.global.

5. Available at: https://www.c40.org.

参考文献

第八章

1. United States Department of Transportation. *Getting around Town*. Washington, DC: United States Department of Transportation; 2017.

   United States Department of Transportation. *Beyond Traffic 2045*. Washington, DC: United States Department of Transportation; 2015.

2. History of suburbanization. Available at: https://www.roads.maryland.gov.

3. World Economic Forum. *Digitizing and Transforming Mobility Systems: Lessons from the Detroit Region*. Geneva: World Economic Forum; 2020.

4. Dize, V. *Increasing Transportation Options in Rural America for Older Adults and People with Disabilities*. National Association of Area Agencies in Aging, Working Paper, Washington; 2017.

   World Economic Forum. *Transforming Rural Mobility in Japan and the World*. Geneva: World Economic Forum; 2020.

第九章

1. Henry Ford Biography. Available at: https://corporate.ford.com.

   Henry Ford: an American industrialist. Available at: https://britannica.com.

2. Graves, R. *The Triumph of an Idea. The Story of Henry Ford*. 2013.

   Lane, R., Ford, H. and Crowther, S. *The Story of Henry Ford: An American Dream Come True*. Garden City, NY: Doubleday, Doran & Company; 2009.

3. Gosh, S. *Strategic Value Chain Analysis for Investors and Managers*. 2019.

   PricewaterhouseCoopers. *EASCY – The Five Dimensions of Transforming the Automotive Industry*. London: PricewaterhouseCoopers; 2017.

4. Deloitte. *The Future of the Automotive Value Chain*. London: Deloitte; 2020.

   McKinsey & Company. *The Trends Transforming Mobility's Future*. New York, NY: McKinsey & Company; 2019.

5. Arthur D. Little. *The Future of Automotive Mobility*. Boston, MA: Arthur D. Little; 2021.

   Ipsos View. *The Future of Mobility*. Paris: Ipsos; 2018.

   McKinsey & Company. *Rethinking Car Software and Electronics Architecture*. New York, NY: McKinsey & Company; 2018.

6. Morgan Stanley. *Shared Mobility on the Road of the Future*. New York, NY: Morgan Stanley; 2016.

Boston Consulting Group. *The Reimagined Car*. Boston, MA: Boston Consulting Group; 2017.

第十章

1. Pushy ants avoid traffic congestion. Available at: www.scientificamerican.com/article/pushy-ants-avoid-traffic/.

   Here's why ants are practically immune to traffic jams, even on crowded roads. Available at: www.sciencealert.com/ant-roads-are-practically-immune-to-traffic-jams-even-when-it-gets crowded.

2. National Highway Traffic Safety Administration. *Vehicle-to-Vehicle-Communication*. Washington, DC: National Highway Traffic Safety Administration; 2021.

   United States Department of Transportation. *Vehicles-to-Infrastructure-Communication*. Washington, DC: United States Department of Transportation; 2018.

3. Herrmann, A., Brenner, W. and Stadler, R. *Autonomous Driving. How the Driverless Revolution Will Change the World*. 2018.

   World Economic Forum. *Shared, Electric and Automated Mobility. Governance Framework*. Geneva: World Economic Forum; 2019.

   World Economic Forum. *The Hidden Downside of Autonomous Vehicles – And How to Avoid Them*. Geneva: World Economic Forum; 2019.

   IHS Markit. *Autonomous Vehicles. Automotive and Transportation Disruptions*. London: IHS Markit; 2020.

   Deloitte. *Picturing How Advanced Technologies Are Reshaping Mobility*. London: Deloitte; 2019.

   McKinsey & Company. *A New Look at Autonomous-Vehicle Infrastructure*. New York, NY: McKinsey & Company; 2019.

4. Sperling, D. *Three Revolutions. Steering Automated, Shared, and Electric Vehicles to a Better Future*. 2018.

   Herrmann, A., Brenner, W. and Stadler, R. *Autonomous Driving. How the Driverless Revolution Will Change the World*. 2018.

参考文献

5. Lipson, H. and Kurman, M. *Driverless*. 2016.

   Mauer, M., Gerdes, C.J., Lenz, B. and Winner, H. *Autonomous Driving. Technical, Legal, and Social Aspects*. 2016.

6. Mauer, M., Gerdes, C.J., Lenz, B. and Winner, H. *Autonomous Driving. Technical, Legal, and Social Aspects*. Berlin: Springer; 2016.

   Sperling, D. *Three Revolutions. Steering Automated, Shared, and Electric Vehicles to a Better Future*. Washington: Island Press; 2018.

7. Deloitte. *What's Ahead for Fully Autonomous Driving*. London: Deloitte; 2017.

   Herrmann, A., Brenner, W. and Stadler, R. *Autonomous Driving. How the Driverless Revolution Will Change the World*. London: Emerald; 2018.

   Lipson, H. and Kurman, M. *Driverless*. Boston: MIT Press; 2016.

8. Idaho National Laboratory: history of electric cars. Available at: https://avt.inl.gov.

9. McKinsey & Company. *The Future of Mobility Is at Our Doorstep*. New York, NY: McKinsey & Company; 2019.

   McKinsey & Company. *Making Electric Vehicles Profitable*. New York, NY: McKinsey & Company; 2019.

   World Economic Forum. *Here's Why E-Mobility Must Be at the Heart of the Green Recovery*. Geneva: World Economic Forum; 2020.

   Deloitte. *Powering the Future of Mobility*. London: Deloitte; 2017.

10. Boston Consulting Group. *The Future of Battery Production for Electric Vehicles*. Boston, MA: Boston Consulting Group; 2018.

    IHS Markit. *The Battery Electric Vehicle*. London: IHS Markit; 2020.

    Prime Minister's Office Israel. *Fuel Choices and Smart Mobility*. Tel Aviv: Israel Public Policy Institute; 2019.

    World Economic Forum. *How to Unlock the Promise of Electric Transportation*. Geneva: World Economic Forum; 2020.

11. Transport and Environment. *Electric Surge. Carmakers' Electric Car Plans across Europe 2019-2025*. Brussels: Transport and Environment; 2019.

    World Economic Forum. *Electric Vehicles for Smarter Cities: The Future of Energy and Mobility*. Geneva: World Economic Forum; 2018.

12. European Commission. *EU Competitiveness in Advanced Li-ion Batteries for E-Mobility*

and *Stationary Storage Applications – Opportunities and Actions*. Brussels: European Commission; 2017.

13. Deloitte. *New Markets. New Entrants. New Chances. Battery Electric Vehicles*. London: Deloitte; 2019.
14. National Highway Traffic Safety Administration. *Vehicle-to-Vehicle-Communication*. Washington, DC: National Highway Traffic Safety Administration; 2021.
15. United States Department of Transportation. *Vehicles-to-Infrastructure-Communication*. Washington, DC: United States Department of Transportation; 2018.
16. Neckermann Strategic Advisers. *The Interface between Humans and Machines*. London: Neckermann Strategic Advisers; 2020.

    McKinsey & Company. *Automotive Software and Electronics 2030*. New York, NY: McKinsey & Company; 2019.

    McKinsey & Company. *Monetizing Car Data*. New York, NY: McKinsey & Company; 2016.
17. McKinsey & Company. *Reserve a Seat. The Future of Mobility Is Arriving Early*. New York, NY: McKinsey & Company; 2018.

    Deloitte. *Tech Trends 2020*. London: Deloitte; 2020.

    McKinsey & Company. *Mastering New Mobility*. New York, NY: McKinsey & Company; 2020.

    PricewaterhouseCoopers. *Digital Auto Report 2020*. London: PricewaterhouseCoopers; 2020.

    McKinsey & Company. *Race 2050. A Vision for the European Automotive Industry*. New York, NY: McKinsey & Company; 2019.

第十一章

1. INRIX Research. *Die Folgen der Parkplatzproblematik in den Vereinigten Staaten, Großbritannien und Deutschland*. Kirkland, WA: INRIX Research; 2017.
2. A.T. Kearney. *The Demystification of Car-sharing*. Chicago, IL: A.T. Kearney; 2019.

    Shared-Use Mobility Center. *Shared Mobility and the Transformation of Public Transit*. Chicago, IL: Shared-Use Mobility Center; 2016.

    Boston Consulting Group. *What's Ahead for Car-sharing?* Boston, MA: Boston

参考文献

Consulting Group; 2016.

McKinsey & Company. *How Sharing the Road is Likely to Transform American Mobility*. New York, NY: McKinsey & Company; 2019.

Fluctuo. *European Shared Mobility Index*. Paris: Fluctuo; 2021.

McKinsey & Company. *How Shared Mobility will Change the Automotive Industry*. New York, NY: McKinsey & Company; 2017.

3. Deloitte. *Saving Space in the City through Smart Mobility*. London: Deloitte; 2018.
4. Available at: https://www.autocar.co.uk/car-news/industry/analysis-will-car-sharing-replace-vehicle-ownership.

   Available at: https://link.springer.com/article/10.1007/s11116-021-10184-6.

   Available at: https://m.co/se/en-US/press/one-car-shared-with-M-replaces-eight-privately-owned-cars/.
5. Statista. *Prognose zum Umsatz im Markt für Mobilitäsdienste nach Segmenten weltweit für die Jahre 2017 bis 2025*. Hamburg: Statista; 2020.
6. A.T. Kearney. *The Demystification of Car-sharing*. Chicago, IL: A.T. Kearney; 2019.
7. Roland Berger. *A New Breed of Cars – Purpose-built Electric Vehicles for Mobility on Demand*. Munich: Roland Berger; 2018.
8. Schaller Consulting. *The New Automobility. Lyft, Uber and the Future of American Cities*. Brooklyn, NY: Schaller Consulting; 2018.
9. Clewlow, R. *Carsharing and Sustainable Travel Behavior: Results from the San Francisco Bay Area. Transport Policy*, 51, 158–164; 2016.

   Leard, B. and Xing, J. *What Does Ridesharing Replace?* Resource for the Future, Working Paper, Washington; 2020.

   California Air Resources Board. *Technical Background Document on Impacts of Car-sharing Based on a Review of the Empirical Literature*. Sacramento, CA: California Air Resources Board; 2013.

   Mineta Transportation Institute. *Greenhouse Gas Emission Impacts of Car-sharing in North America*. San Jose, CA: Mineta Transportation Institute; 2010.

   World Economic Forum. *Ride-hailing Apps Are Making the Developing World's Traffic Problem Worse*. Geneva: World Economic Forum; 2019.
10. Boston Consulting Group. *Unlocking Cities. The Impact of Ridesharing across India.*

Boston, MA: Boston Consulting Group; 2018.

World Economic Forum. *What India's Cities Show Us about Improving Urban Mobility*. Geneva: World Economic Forum; 2019.

11. Boston Consulting Group. *Unlocking Cities. The Impact of Ridesharing across India*. Boston, MA: Boston Consulting Group; 2018.

12. Boston Consulting Group. *Unlocking Cities. The Impact of Ridesharing in Southeast Asia and Beyond*. Boston, MA: Boston Consulting Group; 2017.

    World Economic Forum. *How Can Emerging Economies Navigate the Mobility Transition?* Geneva: World Economic Forum; 2020.

13. World Economic Forum. *Collaboration in Cities. From Sharing to Sharing Economy*. Geneva: World Economic Forum; 2017.

    Sundararajan, A. *The Sharing Economy*. Boston: MIT Press;2016.

    Boston Consulting Group. *Hopping aboard the Sharing Economy*. Boston, MA: Boston Consulting Group; 2017.

第十二章

1. Heikkilä, S. *Mobility-as-a-Service – A Proposal for Action for Public Administration*. Working Paper, Alto University, Helsinki, Heikkilä; 2014.

    The Institution of Engineering and Technology. *Could Mobility-as-a-Service Solve Our Transport Problems?* Michael Faraday House: The Institution of Engineering and Technology; 2018.

    McKinsey & Company. *An Integrated Perspective on the Future Mobility*. New York, NY: McKinsey & Company; 2016.

    World Economic Forum. *Three Trends Shaping the Future of Mobility in 2020*. Geneva: World Economic Forum; 2020.

2. Hietanen, S. Mobility-as-a-Service. A new transport model. ITS & Transport Management Supplement. *Eurotransport*, 2014; 12(2), 2–4.

    Deloitte. *Mobility-as-a-Service. The Next Revolution in Mobility*. London: Deloitte; 2019.

3. UITP – International Association of Public Transport. *Report on Mobility-as-a-Service*. Brussels: UITP – International Association of Public Transport; 2019.

参考文献

Transport and Environment. *Less (Cars) Is More*. Brussels: Transport and Environment; 2019.

4. Catapult. *Mobility-as-a-Service. Exploring the Opportunity for Mobility-as-a-Service in the UK*. Melbourne: Catapult; 2016.

5. Urban Transport Group. *MaaS Movement. Issues and Options on Mobility-as-a-Service for City Region Transport Authorities*. Leeds: Urban Transport Group; 2019.

6. Accenture. *Mobility-as-a-Service. Mapping a Route towards Future Success in the New Automotive Ecosystem*. Dublin: Accenture; 2018.

7. Boston Consulting Group. *Seeking Perceptual Motion with Mobility-as-a-Service*. Boston, MA: Boston Consulting Group; 2019.

Deloitte. *The Rise of Mobility-as-a-Service*. London: Deloitte; 2017.

8. Hensher, D., Ho, C.Q., Mulley, C., Nelson, J.D., Smith, G. and Wong, Y.Z. *Understanding Mobility-as-a-Service*. Amsterdam: Elsevier; 2020.

9. Deloitte. *Car-sharing in Europe*. London: Deloitte; 2017.

McKinsey & Company. *What US Consumers Think of Shared Mobility*. New York, NY: McKinsey & Company; 2017.

L.E.K. Consulting. *New Mobility: Is the Sharing Economy Replacing Ownership with Access?* New York, NY: L.E.K. Consulting; 2019.

10. Nikolaeva, A. and Nello-Deakin, S. Exploring velotopian urban imaginaries: where Le Corbusier meets constant? *Mobilities*, 2020; 15(3), 309–324.

第十三章

1. Available at: https://whimapp.com/.

2. Catapult. *Mobility-as-a-Service. Exploring the Opportunity for Mobility-as-a-Service in the UK*. Melbourne: Catapult; 2016.

3. Urban Transport Group. *MaaS Movement. Issues and Options on Mobility-as-a-Service for City Region Transport Authorities*. Leeds: Urban Transport Group; 2019.

Deloitte. *Toward a Mobility Operating System*. London: Deloitte; 2019.

4. UITP – International Association of Public Transport. *Report on Mobility-as-a-Service*. Brussels: UITP – International Association of Public Transport; 2019.

Deloitte. *The Rise of Mobility-as-a-Service*. London: Deloitte; 2017.

5. Institute for Transportation and Development Policy. *Pedestrians First: Tools for a Workable City*. New York, NY: Institute for Transportation and Development Policy; 2020.
6. Available at: https://en.wikipedia.org/wiki/European_Green_Deal.

第十四章

1. Deloitte. *The Future of the Automotive Value Chain*. London: Deloitte; 2020.
   Deloitte. *Connecting the Future of Mobility*. London: Deloitte; 2016.
2. UITP – International Association of Public Transport. *Report on Mobility-as-a-Service*. Brussels: UITP – International Association of Public Transport; 2019.
   National Center for Mobility Management. *Mobility-as-a-Service. Concept and Practice*. Washington, DC: National Center for Mobility Management; 2018.
   AARP Public Policy Institute. *Universal Mobility-as-a-Service*. Washington, DC: AARP Public Policy Institute; 2018.
3. Urban Transport Group. *MaaS Movement. Issues and Options on Mobility-as-a-Service for City Region Transport Authorities*. Leeds: Urban Transport Group; 2019.
4. Boston Consulting Group, University of St. Gallen. *Can Self-Driving Cars Stop the Urban Mobility Meltdown?* Boston, MA: Boston Consulting Group; 2020.
5. Available at: https://www.smartgrowthamerica.org/documents/transportation-costs-and-the-american-dream.pdf.
   Available at: https://www.itdp.org/2019/05/23/high-cost-transportation-united-states/.
   Available at: https://www.valuepenguin.com/average-household-budget.

第十五章

1. McKinsey & Company. *An Integrated Perspective on the Future of Mobility*. New York, NY: McKinsey & Company; 2016.
   PricewaterhouseCoopers. *Sustainable Mobility. Inverting the Transport Pyramid*. London: PricewaterhouseCoopers; 2021.
   World Economic Forum. *Guidelines for City Mobility*. Geneva: World Economic Forum; 2020.

参考文献

2. World Economic Forum. *Designing a Seamless Integrated Mobility System*. Geneva: World Economic Forum; 2018.
3. World Economic Forum. *Activating a Seamless Integrated Mobility System: Insights into Leading Global Practices*. Geneva: World Economic Forum; 2020.
4. Ten best multi-modal transit hubs around the world. Available at: https://www.rethinkingthefuture.com.
5. World Economic Forum. *How to Build Seamless Integrated Mobility Systems for the Cities of the Future*. Geneva: World Economic Forum; 2020.

第十六章

1. McKinsey & Company. *Change Vehicles: How Robo-taxis and Shuttles Will Reinvent Mobility*. New York, NY: McKinsey & Company; 2020.
   PricewaterhouseCoopers. *Aufbruch auf der letzten Meile. Neue Wege für die städtische Logistik*. London: PricewaterhouseCoopers; 2017.
   Roland Berger. *A New Breed of Cars. Purpose-built Electric Vehicles for Mobility on Demand*. Munich: Roland Berger; 2018.
   Deloitte. *Picturing How Advanced Technologies are Reshaping Mobility*. London: Deloitte; 2019.
2. EU-Cordis. *Final Report Summary – CityMobil*. Brussels: EU-Cordis; 2016.
3. Forrester. *Forrester Analytics. Online Retail Forecast*. Cambridge, MA: Forrester; 2019.
4. McKinsey & Company. *An Integrated Perspective on the Future of Mobility*. New York, NY: McKinsey & Company; 2016.
5. Capgemini Research Institute. *The Last-Mile Delivery Challenge*. London: Capgemini Research Institute; 2019.
6. World Economic Forum. *The Future of the Last-Mile Ecosystem*. Geneva: World Economic Forum; 2020.

第十七章

1. Available at: https://mobility.ch.
   Available at: https://nhts.ornl.gov.

World Economic Forum. *Social Mobility Report*. Geneva: World Economic Forum; 2020.

Statista. *Mobility Services Report*. Hamburg: Statista; 2021.

2. These calculations were performed by Mobileye.

Goldmann Sachs. *Rethinking Mobility*. Atlanta, GA: Goldmann Sachs; 2017.

3. Nahezu alle Automobilhersteller, deren Zulieferer sowie die vielen Technologiefirmen legten inzwischen Brechnungen für den Fahrpreis pro Kilometer vor. [Nearly all auto manufacturers, their suppliers, and the many technology companies have calculated the ticket price per kilometre].

4. GM Cruise. *Pricing and TAM for Ride-haling with SDVs*. San Francisco, CA: GM Cruise; 2019.

Wolfe Research. *Pricing and TAM for Ride-haling with SDVs*. New York, NY: Wolfe Research; 2019.

RethinkX. *Rethinking Transportation 2020-2030*. RethinkX; Washington: A RethinkX Sector Disruption Report; 2019.

第十八章

1. Tesla. *Gross Profit from a Single Robo-taxi*. Fremont, CA: Tesla; 2020.

Keeney, T. *Mobility-as-a-Service. Why Self-driving Cars could Change Everything*. Discussion Paper. ARK Invest; 2017.

2. Strategy Analytics. *Accelerating the Future. The Economic Impact of the Emerging Passenger Economy*. Boston, MA: Strategy Analytics; 2017.

3. Herrmann, A., Brenner, W. and Stadler, R. *Autonomous Driving. How the Driverless Revolution Will Change the World*. London: Emerald; 2018.

4. Available at: https://www.goodreads.com/quotes/.

5. Deloitte. *How the Pandemic Is Changing the Future of Automotive*. London: Deloitte; 2020.

McKinsey & Company. *From no Mobility to Future Mobility: Where Covid-19 Has Accelerated Change*. New York, NY: McKinsey & Company; 2020.

World Economic Forum. *For Resilient, Sustainable City Mobility after Covid-19. These Trends Must Continue*. Geneva: World Economic Forum; 2020.

McKinsey & Company *The Impact of Covid-19 on Future Mobility Solutions*. New

York, NY: McKinsey & Company; 2020.

Rotterdam School of Management, Erasmus University. *Urban Mobility Post 2020*. Rotterdam: Rotterdam School of Management, Erasmus University; 2020.

McKinsey & Company. *Rethinking Last-mile Logistics, Post-Covid-19. Facing the Next Normal*. New York, NY: McKinsey & Company; 2020.

第十九章

1. Kristal, A. and Whillans, A. Why it's so hard to change people's commuting behavior. *Harvard Business Review*. December 2019, 57–61.

   Deloitte. *Framing the Future of Mobility*. London: Deloitte; 2017.

2. Boston Consulting Group. *What Drives Drivers? How to Influence Mobility Behaviors*. Boston, MA: Boston Consulting Group; 2020.

   Institute for Mobility Research and German Aerospace Center. *The Impact of Vehicle Automation on Mobility Behavior*. Munich: Aerospace Center; 2016.

3. Urban Agenda for the European Union. *Promoting Mobility Behaviour Change*. Brussels: EU; 2020.

   Available at: https://trimis.ec.europa.eu.

   Available at: https://www.smartcitiesdive.com.

   Available at: https://mobilitybehaviourchange.eu.

第二十章

1. Deloitte. *Who's Going to Pay for the Future of Mobility?* London: Deloitte; 2020.

   PricewaterhouseCoopers. *Driving the Future: Understanding the New Automotive Consumer*. London: PricewaterhouseCoopers; 2016.

   Deloitte. *Global Automotive Consumer Study*. London: Deloitte; 2021.

   Schoettle, B. and Sivak, M. A survey of public opinion about autonomous and self-driving vehicles in the US, the UK, and Australia. University of Michigan, Ann Arbor, Transportation Research Institute; 2014.

2. Ernst & Young. *Who's in the Driving Seat? How the Rise of Autonomous Vehicles Will Transform the Relationship between Man and Car*. London: Ernst & Young; 2015.

3. McKinsey & Company. *The Future of Car Buying. Omnichannel, Personalized, and Fun*. New York, NY: McKinsey & Company; 2020.

Deloitte. *Future of Automotive Sales and Aftersales*. London: Deloitte; 2020.

4. Fraunhofer IAO and Horváth & Partners. *The Value of Time*. Stuttgart: Horváth & Partners; 2016.

第二十一章

1. Herrmann, A., Brenner, W. and Stadler, R. *Autonomous Driving. How the Driverless Revolution Will Change the World*. London: Emerald; 2018.

2. Deloitte. *Experiencing the Future of Mobility*. London: Deloitte; 2017.

3. Available at: https://jalopnik.com/driving-behavior/.

   Available at: https://www.ncbi.nlm.nih.gov.

   Available at: https://medicine.wustl.edu/news/can-changes-in-driving-habits-predict-cognitive-decline-in-older-adults/.

4. Available at: https://www.researchgate.net/publication/336606888_Driving_Behaviour_in_Depression_Findings_from_a_Driving_Simulator_Study.

   Available at: https://www.mdpi.com/2313-576X/5/4/70.

   Available at: https://www.sciencedirect.com/science/article/abs/pii/S1369847820305349.

5. Available at: https://www.google.ch/search?q=robo+shuttles&source=lnms&tbm=isch&sa=X&ved=2ahUKEwjL36u6ktPxAhVMy6QKHQJHAL8Q_AUoAXoECAEQAw&biw=1146&bih=682.

第二十二章

1. McKinsey & Company. *Mastering New Mobility*. New York, NY: McKinsey & Company; 2019.

   Heineke, K., Padhi, A., Pinner, D. and Tschiesner, A. Reimagining mobility. A CEO's guide. *McKinsey Quarterly*. February 2019, 34–41.

2. Available at: https://www.oica.net.

3. Available at: https://waymo.com.

   Available at: https://www.dezeen.com/tag/google-self-driving-car/.

4. Deloitte. *Forces of Change. The Future of Mobility*. London: Deloitte; 2017.

Deloitte. *Examining the Evolving Mobility Ecosystem*. London: Deloitte; 2016.

5. Porsche Consulting. *The Art of Building Customer Ecosystems*. Stuttgart: Porsche Consulting; 2020.

   Accenture. *Orchestrating a Mobility Ecosystem*. Dublin: Accenture; 2019.

   Swiss Re. *Mobility Ecosystems. Striving towards a Seamless Interface for Customers*. Zürich: Swiss Re; 2019.

6. BearingPoint. *Partnership Ecosystems: The Driving Force behind Mobility Innovations?* Chicago, IL: BearingPoint; 2018.

   KPMG. *Mobility 2030. Transforming the Mobility Landscape*. Amstelveen: KPMG; 2019.

   Roland Berger. *A CEO Agenda for the (R)evolution of the Automotive Ecosystem*. Munich: Roland Berger; 2016.

   Deloitte. *Governing the Future of Mobility. Opportunities for the US Government to Shape the New Mobility Ecosystem*. London: Deloitte; 2019.

第二十三章

1. Available at: https://english.elpais.com/society/2020-11-06/bike-lanes-how-cities-across-the-world-are-responding-to-the-pandemic.html.

   Newman, P. and Kenworthy, J. *The End of Automobile Dependence*. New York, NY: Springer; 2015.

2. Whittle, N. *Welcome to the 15-Minute-City*. Financial Times, July 17, 2020.

   Available at: https://tomorrow.city/a/paris-the-15-minute-city.

   Available at: https://www.bloomberg.com/news/features/2020-11-12/paris-s-15-minute-city-could-be-coming-to-an-urban-area-near-you/.

   Available at: https://urbanfinland.com/2021/01/08/inspiration-for-a-15-minute-city-action-plan/.

3. Available at: https://www.bbc.com/worklife/article/20201214-how-15-minute-cities-will-change-the-way-we-socialise/.

4. Available at: https://www.bloomberg.com/news/articles/2020-11-11/barcelona-s-new-car-free-superblock-will-be-big.

   Available at: https://energy-cities.eu/best-practice/superblocks-free-up-to-92-of-publicspace-in-barcelona/.

5. Available at: https://www.pri.org/stories/2020-06-09/after-lockdown-milan-rolls-out-plan-open-more-streets-cyclists-and-pedestrians.

6. Available at: https://smartcityhub.com/urban-planning-and-building/songdo-model-of-the-smart-and-sustainable-city-of-the-future/.

7 . Available at: https://ieeexplore.ieee.org/stamp/stamp.jsp?arnumber=9306816.

8. McKinsey & Company. Micromobility. *Industry Progress and a Closer Look at the Case of Munich*. New York, NY: McKinsey & Company; 2019.

    McKinsey & Company. *Micromobility's 15.000 Mile Checkup*. New York, NY: McKinsey & Company; 2019.

9. Deloitte. *Small Is Beautiful. Making Micromobility Work for Citizens, Cities, and Service Providers*. London: Deloitte; 2019.

    Inrix. Shared bikes and scooters could replace nearly 50% of downtown vehicle trips – Green Car Congress. 2019.

    Boston Consulting Group. *How E-scooters Can Win a Place in Urban Transport*. Boston, MA: Boston Consulting Group; 2020.

    Boston Consulting Group. *The Promise and Pitfalls of E-scooter Sharing*. Boston, MA: Boston Consulting Group; 2019.

    European Commission. *How Many People Can You Reach by Public Transport, Bicycle or on Foot in European Cities?* Brussels: European Commission; 2020.

10. Roland Berger. *Mobilizing Micromobility. How Cities and Providers Can Build a Successful Model*. Munich: Roland Berger; 2020.

    European Environment Agency. *The First and Last Mile. The Key to Sustainable Urban Transport*. København: European Environment Agency; 2019.

第二十四章

1. Boston Consulting Group. *Self-Driving Vehicles, Robo-Taxis, and the Urban Mobility Revolution*. Boston, MA: Boston Consulting Group; 2016.

    McKinsey & Company. *Automotive Revolution. Perspective towards 2030*. New York, NY: McKinsey & Company; 2016.

    Boston Consulting Group. *Making Autonomous Vehicles a Reality*. Boston, MA: Boston

Consulting Group; 2017.

2. World Economic Forum. *Reshaping Urban Mobility with Autonomous Vehicles. Lessons from the City of Boston*. Geneva: World Economic Forum; 2018.

3. Boston Consulting Group and University of St. Gallen. *Can Self-Driving Cars Stop the Urban Mobility Meltdown?* Boston, MA: Boston Consulting Group; 2020.

   Neckermann, L. *The Mobility Revolutions*. London: Troubador Publishing; 2015.

4. Boston Consulting Group and University of St. Gallen. *Can Self-Driving Cars Stop the Urban Mobility Meltdown?* Boston, MA: Boston Consulting Group; 2020.

   McKinsey & Company. *The Trends Transforming Mobility's Future*. New York, NY: McKinsey & Company; 2019.

5. Boston Consulting Group and University of St. Gallen. *Can Self-Driving Cars Stop the Urban Mobility Meltdown?* Boston, MA: Boston Consulting Group; 2020.

   McKinsey & Company. *A Road Map to the Future for the Auto Industry*. New York, NY: McKinsey & Company; 2014.

6. Boston Consulting Group and University of St. Gallen. *Can Self-Driving Cars Stop the Urban Mobility Meltdown?* Boston, MA: Boston Consulting Group; 2020.

   Deloitte. *Forces of Change: The Future of Mobility*. London: Deloitte; 2017.

7. Boston Consulting Group and University of St. Gallen. *Can Self-Driving Cars Stop the Urban Mobility Meltdown?* Boston, MA: Boston Consulting Group; 2020.

   Sperling, D. *Three Revolutions. Steering Automated, Shared, and Electric Vehicles to a Better Future*. Washington: Island Press; 2018.

第二十五章

1. Available at: https://www.oica.net/.

2. Center for Global Policy Solutions. *Stick Shift. Autonomous Vehicles, Driving Jobs, and the Future of Work*. Washington, DC: Center for Global Policy Solutions; 2017.

3. Securing America's Future Energy. *America's Workforce and the Self-Driving Future*. Washington, DC: Securing America's Future Energy; 2018.

   Center for Global Policy Solutions. *Stick Shift. Autonomous Vehicles, Driving Jobs, and the Future of Work*. Washington, DC: Center for Global Policy Solutions; 2017.

4. Fraunhofer-Institut für Arbeitswirtschaft und Organisation. *Automobiler Wandel:*

Perspektiven für die Beschätigung 2030. Stuttgart: Fraunhofer-Institut für Arbeitswirtschaft und Organisation; 2020.

5. Wendell, C. and Love, J. *The best Investment a Nation ever made: A Tribute to the Dwight D. Eisenhower System of Interstate and Defense Highways*. Collingdale, PA: Diane Publishing. 1996.
6. Hartgen, D. and Fields, G. *Gridlock and Growth*. Los Angeles: Reason Foundation; 2009.
7. Prud'homme, R. and Lee, C.W. *Size, Sprawl, Seed, and the Efficiency of Cities*. *Urban Studies*, 1999, 36(11), 1849–1858.
8. Securing America's Future Energy. *America's Workforce and the Self-Driving Future*. Washington, DC: Securing America's Future Energy; 2018.

第二十六章

1. Available at: https://www.tand fonline.com/doi/full/10.1080/21680566.2016.1245163.
   Available at: https://www.semanticscholar.org/paper/A-stop-and-go-queueing-framework-for-congestion-Golestani/d8d442db2c7830fe710153a174aec3af9dad0f64.
   Available at: https://ops.fhwa.dot.gov/congestion_report/chapter2.htm.
2. Herrmann, A., Brenner, W. and Stadler, R. *Autonomous Driving. How the Driverless Revolution Will Change the World*. London: Emerald; 2018.
3. Available at: https://www.sciencedirect.com/science/article/abs/pii/S0968090X16301140.
4. National Highway Traffic Safety Adminstration. *Critical Reasons for Crashes Investigated in the National Motor Vehicle Crash Causation Survey*. Washington, DC: National Highway Traffic Safety Adminstration; 2015.
   International Transport Forum. *Safer Roads with Automated Vehicles?* Paris: International Transport Forum; 2018.
5. Available at: https://www.iea.org/reports/global-energy-review-2021/co2-emissions.
6. MaaS Global. *Mobility-as-a-Service*. Helsinki: MaaS Global; 2019.
7. Deloitte. *Smart Mobility. Reducing Congestion and Fostering Faster, Greener, and Cheaper Transportation Options*. London: Deloitte; 2015.
8. Deloitte. *Saving Space in the City through Smart Mobility 40% Fewer Parking Spaces in 2040*. London: Deloitte; 2018.

参考文献

Davis, A. Y., Pijanowski, B. C., Robinson, K. and Engel, B. *The Environmental and Economic Costs of Sprawling Parking Lots in the United States. Land Use*, 2010, 27(2), 255–261.

Perkins & Will. *Designing for Future Mobility*. Chicago, IL: Perkins & Will; 2018.

第二十七章

1. Available at: https://www.who.int/disabilities/world_report/.

   McKinsey & Company. *As Cities Go Smart, Vulnerable Populations are Pushed Further to the Margins*. New York, NY: McKinsey & Company; 2018.

   Guzman, L.A., Oviedo, D. and Rivera, C. Assessing equity in transport accessibility to work and study. *Journal of Transport Geography*, 2017; 58, 236–246.

   Pereira, R.H., Schwanen, T. and Banister, D. Distributive justice and equity in transportation. *Transport Review*, 2017; 37(2), 170–191.

   Pyrialakou, V.D., Gkritzka, K. and Fricker, J.D. Accessability, mobility, and realized travel behavior. *Journal of Transport Geography*, 2016; 51, 252–269.

2. Securing America's Future Energy. *Self-driving Cars. The Impact on People with Disabilities*. Washington, DC: Securing America's Future Energy; 2017.

   World Economic Forum. *It's Time for Mobility to Be Innovative and Accessible. Here's How*. Geneva: World Economic Forum; 2021.

3. New York Lawyers for the Public Interest. *Left Behind – New York's For-Hire Vehicles Industry Continues to Exclude People with Disabilities*. New York, NY: New York Lawyers for the Public Interest; 2018.

   San Francisco Municipal Transportation Agency. *TNCs and Disabled Access*. San Francisco, CA: San Francisco Municipal Transportation Agency; 2019.

   Institute of Transportation Studies at University of California at Los Angeles. *Access Denied? Perceptions of New Mobility Services among Disabled People in San Francisco*. Los Angeles, CA: Institute of Transportation Studies at University of California at Los Angeles; 2020.

4. Available at: https://inclusivedesign principles.org.

第二十八章

1. UITP – International Association of Public Transport. *Report on Mobility-as-a-Service*. Brussels: UITP – International Association of Public Transport; 2019.

   Catapult. *Mobility-as-a-Service. Exploring the Opportunity for Mobility-as-a-Service in the UK*. Melbourne: Catapult; 2016.

   Urban Transport Group. *MaaS Movement. Issues and Options on Mobility-as-a-Service for City Region Transport Authorities*. Leeds: Urban Transport Group; 2019.

2. Oliver Wyman. *Where China Is Leading the Mobility Revolution*. New York, NY: Oliver Wyman; 2021.

3. McKinsey & Company. *Israel – Hot Spot for Future Mobility Technologies*. New York, NY: McKinsey & Company; 2019.

   McKinsey & Company. *Israel on Road to Become a Global Autotech Hub*. New York, NY: McKinsey & Company; 2019.

   Roland Berger. *Isreal's Automotive and Smart Mobility Industry*. Munich: Roland Berger; 2018.

   State of Israel Prime Minister's Office. *Israel – An Innovation Hub for Smart Mobility*. Jerusalem: State of Israel Prime Minister's Office; 2018.

4. Senor, D. and Singer, S. *Start-up Nation – The Story of Isreal's Economic Miracle*. New York, NY: Twelve; 2011.

   Forbes. An oasis of mobility innovation: the origin of Israel's silicon wadi (forbes.com). *Forbes*. July 4, 2020.

   McKinsey & Company. *Analyzing Start-up and Investment Trends in the Mobility Ecosystem*. New York, NY: McKinsey & Company; 2017.

后 记

所以我们真的需要一篇后记吗？也许我们需要，但这主要是为了提出一个大胆的愿景：想象一下，一个世界，或者至少是一个城市或地区，在那里，我们在前面章节中所描述的电动化、自动驾驶、智联化的座舱和穿梭巴士都是共享的。用户要么支付一定的费用，要么由商店、企业、餐厅、电影院等来承担出行费用。在一些地方，出行已被认为是一项基本人权，人们不需要为此支付费用。这种新的出行愿景会实现什么转变呢？正如本书前几个章节已经讨论过的，减少排放、减少噪声、减少用于交通的空间，这些都是它能带来的转变。它将对环境保护做出重大贡献，同时它还将是实现《巴黎协定》目标的有意义的一步，除此之外还有许多其他的好处。因此，尽管存在种种阻力和疑虑，但我们仍有充足的理由来支持"出行即服务"的发展。

我们还想继续思考并讨论我们在书中提到的一个场景：想象一下，某个星期一的早晨，生活在大都市中的数百万人前往各自的工作地点，他们自己开车、步行、骑自行车或者搭乘公交和火车，在 1 小时内能到达多少个工作场所？现在，将自动驾驶座舱和自动驾驶穿梭巴士添加到这个场景中去，它们甚至可能替代先前的其他交通方式。结果是：没有交通堵塞，这个城市中的每个居民在 1 小时内可以到达的工作场所比过去的两倍还要多。反过来，这也意味着公司可以得到更多的求职申请，并从中选择最优秀的候选人。而对于寻找工作的人来说，他们找到工作的机会将大大增加，这可能会对他们未来的前景和收入产生积极的连锁效应。总体而言，这应该意味着大多数人工资的增高以及失业率的下降。

值得注意的是，数字是有意义的，尤其是对于国家来说。投资先进的交通基础设施实际上可以减轻公共财政的负担，同时带给人们更好的交通工具，使他们能够更快、更远地旅行，扩大个人的出行范围，这对于所有相关方来说都是双赢的局面。国家不再需要为社会福利项目支付高昂的费用，企业可以获得更大的劳动力资源池，求职者们可以拥有更多的职位选择。与此同时，残疾人、老年人以及没有驾驶执照的年轻人可以享受更大的自由，能够独立地从 A 地到 B 地出行。交通政策也是社会政策——这可能是需要再次重申的显而易见之事，但在政府预算的政治争论中经常被忽略。也许我们需要这种新的、不同的方法来帮助塑造未来的出行方式，也许更加关注交通和社会政策制定之间的界面将帮助我们更加大胆、果断地应对出行方式的转变，并牢固地确立"出行即服务"。

我们正处于一个新时代的开端。我们的技术成就不仅带来了巨大的经济和商业机遇，也带来了社会机遇——这就是本书所讲述的内容。本书不仅是关于价值 7 万亿美元的市场，更是关于每年挽救超过 100 万人的生命，并释放我们目前在汽车上共计花费的 6000 亿小时的时间。这是一个我们重塑汽车和出行方式的世纪，它将强调以人为中心，更加关注人们的需求。